PETER THILO
HASLER

Reich
werden
an der
Börse

100 Lektionen für den
langfristigen Börsenerfolg

Börsenbuch◉*verlag*

Copyright 2018:
© Börsenmedien AG, Kulmbach

3. Auflage 2020

Gestaltung Cover: Johanna Wack
Gestaltung und Satz: Sabrina Slopek
Gesamtherstellung: Daniela Freitag
Lektorat: Egbert Neumüller
Korrektorat: Claus Rosenkranz
Druck: CPI books GmbH, Leck, Germany

ISBN 978-3-86470-573-1

Bibliografische Information der Deutschen Nationalbibliothek:
Die Deutsche Nationalbibliothek verzeichnet diese Publikation in der
Deutschen Nationalbibliografie; detaillierte bibliografische Daten
sind im Internet über <http://dnb.d-nb.de> abrufbar.

BÖRSEN MEDIEN
AKTIENGESELLSCHAFT

Postfach 1449 • 95305 Kulmbach
Tel: +49 9221 9051-0 • Fax: +49 9221 9051-4444
E-Mail: buecher@boersenmedien.de
www.boersenbuchverlag.de
www.facebook.com/boersenbuchverlag

Inhalt

3

INHALT

INHALT

INHALT

Vorwort

Autoren, die Börsenratgeber verfassen, in denen sie Tipps geben, wie die Leser reich werden können, tun dies in der Regel, weil sie selbst mit ihren Börsentipps und Anlagestrategien genau das nicht geschafft haben. Wären sie reich, würden sie sich kaum einige Hundert Stunden an ihr Notebook setzen und ihre wertvollen Ratschläge ausgerechnet Ihnen, verehrter Leser, offenbaren – für ein Autorenhonorar, das auf die Arbeitsstunde hochgerechnet kaum ein Überleben in einer deutschen Großstadt ermöglichen würde. Mit aller Wahrscheinlichkeit würden sie ihren ohne besonderes Arbeitsleid erworbenen Reichtum bei einem Glas Chianti auf ihrem großzügigen Rustico in der Toskana genießen.[1]

Wie ist es also um die Glaubwürdigkeit dieses Buches bestellt?
Die Ausbildung der Deutschen in Bezug auf den Kapitalmarkt ist erbärmlich. Überspitzt formuliert (und ohne die von mir geliebten Schulfächer Werken und Biologie herabsetzen zu wollen) lernen Kinder an unseren Grundschulen Häkeln und Stricken sowie in wochenlanger Detailarbeit das Knochengerüst von Singvögeln, nicht aber, was Unternehmensanleihen sind, welche Renditeerwartung sie an Wertpapiere haben können oder welche Rechte Aktionäre auf der Hauptversammlung wahrnehmen können. Das Grundwissen, was Aktienkurse wirklich antreibt: Fehlanzeige. Die jüngsten Umfragen des Bankenverbandes zeigen sogar, dass sich das Finanzwissen der Deutschen von niedrigem Niveau aus noch weiter verschlechtert. Jahrzehnte mangelhafter Finanzausbildung haben dafür gesorgt, dass deutsche Anleger allen Ernstes glauben, Aktien seien per se „spekulativ" und Anleihen per se sicher. In krassem Gegensatz dazu steht die Selbsteinschätzung der Deutschen: Drei Viertel der Bundesbürger sind nämlich davon überzeugt, sich in Finanzfragen gut auszukennen.

---

[1] Den Widerspruch sieht auch Norman Augustine, der seinem Ruf, genau das zu sagen, was er meint, Rechnung trug, als er trefflich meinte: „Wenn Börsenexperten so gut wären, würden sie Aktien kaufen, nicht ihre Beratung verkaufen."

Und lassen ihr Geld prompt auf Sparbüchern verschimmeln, die trotz verordneter Minizinsen immer dicker werden. Die Diskussion, welche Konsequenzen diese mit „suboptimal" bestenfalls euphemistisch benannte Kapitalanlage der Deutschen langfristig haben wird, etwa auf die Vermögens- und Einkommensverteilung unserer alternden Gesellschaft, hat gerade erst begonnen. Dabei gibt es immer mehr Menschen in unserem Land, denen durchaus bewusst ist, dass sie etwas an ihrer Sparbuch- und Lebensversicherungs-Mentalität ändern müssen. Doch an die Börse trauen sich viele nicht heran. Zum einen fehlt es am nötigen Vertrauen, zum anderen am Grundverständnis für Aktien, Anleihen und Co.

Denjenigen, die daran etwas ändern wollen, ist dieses Buch gewidmet. Dieses Buch richtet sich an Leser, die die Prozesse des Kapitalmarkts verstehen und zu ihren Gunsten nutzen wollen. Ziel meines Projekts „Reich werden an der Börse" ist es, interessierten Anlegern das für einen langfristigen Börsenerfolg notwendige Basiswissen zu vermitteln. Dabei sollen sich sowohl Börsenanfänger als auch die an den Kapitalmärkten Erfahreneren angesprochen fühlen. Denn auch den vermeintlichen Börsenprofis unterlaufen typische Anfängerfehler, die sich leicht vermeiden ließen. „Der Mensch wird besser, wenn man ihm zeigt, wie er ist", schreibt Tschechow. So soll auch dieses Buch jedem, der es liest, Anregungen vermitteln, wie er ein besserer Anleger werden kann. Denn Aktien zu kaufen ist mehr als eine Gier nach Profit, nach Performance; es ist eine Grundhaltung gegenüber dem Kapitalmarkt. Auf diese Weise versucht dieses Buch auch Wege zu realistischen Renditeerwartungen aufzuzeigen. Nicht zu finden sind dagegen explizite Aktientipps, schon allein aufgrund der diesen innewohnenden Halbwertszeit. Insofern hat dieses Buch eher die Funktion eines Kompasses als einer Landkarte.

Gewidmet ist dieses Buch meiner Frau Susanne, meinen Söhnen Vincent und Christopher sowie meinen Freunden Rene Assion, Ernst G. Wittmann, Christoph Karl, Ralf Frank und Christian Obst, die für mich stete Quellen der Inspiration sind.

München, im Frühjahr 2018

TEIL **1**

Einleitung und Grund- lagen

Menschen, die
mit Kapitalmärk-
ten etwas am Hut
haben, können angesichts der selt-
samen Strategien vieler Anleger nur den Kopf schütteln: Lebens-
versicherungsfonds, die langfristige Anlageziele verfolgen, beschäftigen Fondsmanager, die zwar langlaufende und möglichst
risikoarme (und häufig auch renditearme) Wertpapiere erwerben,
diese aber, kaum im Depot, mit enormer Leidenschaft und in hoher Frequenz wieder verkaufen, nur um durch regelmäßige Depotumschichtungen ihre eigene Stellung zu rechtfertigen. Privatanleger studieren Schnäppchenangebote des lokalen Lebensmit-
tel-Discounters mit größerer Leidenschaft als die Fundamentaldaten von Aktien, für die sie ohne zu zögern einen tausendfachen
Betrag ausgeben – nur weil sie von einem Freund empfohlen

wurden –, und beantworten die Frage über das Geschäftsmodell des Unternehmens mit der Gegenfrage: „Ist das denn wichtig?"

Viele Anleger sind frustriert, weil es ihnen nicht gelingt, für „bloß einen kurzfristigen Zock" zu Tiefstkursen ein- und zu Höchstkursen wieder auszusteigen, und weil sie dies für überlebensnotwendig halten, ziehen sie sich nach einer Stippvisite wieder aus den Börsen zurück. Andere Anleger verkaufen ihre Aktien nach wenigen Monaten, wenn nicht Wochen, weil sie spärliche Buchgewinne sicherstellen wollen, und sind stolz, weil es ihnen gelungen ist, den Markt endlich mal auszutricksen. Manche Anleger glauben, Pennystocks seien in jedem Fall günstig, weil Aktien von so niedrigen Niveaus aus einfach nicht mehr weiter fallen könnten. Auch gibt es Anleger, die glauben, die Geschwindigkeit einer Einschätzung sei wichtiger als die Fehlerfreiheit der Urteilsfindung. Oft haben Anleger keine Vorstellung von den Risiken, die mit ihrer Aktie verbunden sind, und schließlich glauben viele, Aktien seien grundsätzlich spekulativ, während Anleihen doch eine sichere Sache seien.

Kapitalmärkte sind verwirrend und können Anleger in der Tat aufs Glatteis führen – kurzfristig. Langfristig indes sind Kapitalmärkte langweilig, weil zuverlässig und vorhersehbar.

1. Warum Aktien die bessere Alternative sind

„Geld, das Zinseszinsen trägt, wächst anfangs langsam."

Die Aufteilung oder Allokation (englisch „Allocation") des Vermögens auf die einzelnen Anlageklassen (auch Assetklassen genannt) gilt als die wichtigste Einzelentscheidung der Kapitalanlage. Unterstützt wird diese Einschätzung durch die akademische Forschung, die davon ausgeht, dass bis zu 90 Prozent der langfristigen Anlagerenditen auf die Asset Allocation zurückzuführen sind.

Üblicherweise beginnt die Asset Allocation mit der grundsätzlichen Entscheidung, welchen Anteil Ihres Vermögens Sie in Aktien investieren sollen, welchen Anteil in Anleihen, Immobilien, Rohstoffe, Gold und neuerdings Bitcoin. Manche Vermögensverwalter verwenden dabei pauschale (und häufig geradezu skurrile) Faustregeln wie 100 (alternativ 110 oder 120, je nach Gusto) abzüglich des Lebensalters als den prozentualen Anteil, den ein Anleger idealerweise in Aktien investieren sollte. Auch wenn diese Formeln recht willkürlich erscheinen, so beachten sie immerhin die grundlegende Einsicht, dass jüngere Anleger grundsätzlich risikofähiger sind als ältere. Hintergrund ist, dass jüngere Anleger in Form ihres langfristigen Arbeitseinkommens über einen „zinsähnlichen" Einkommenszufluss verfügen. Problematisch wird es dagegen im weiteren Verlauf der Asset Allocation, wenn zu entscheiden ist, welche Anteile des Vermögens innerhalb der einzelnen Assetklassen investiert werden sollen. Nachfolgende Tabelle der Möglichkeiten innerhalb der Assetklasse Aktien zeigt, wie schwierig eine Abgrenzung und erst recht eine Allokation innerhalb dieser einen Assetklasse ist.

Abbildung 1 **Asset Allocation im Bereich Aktie**

Regionale Allokation (Auswahl)	Größen- Allokation	Sektor-Allokation (Auswahl)
Deutsche Aktien	Global Titans	Banken und Versicherungen
Aktien in der EU-Zone	Large Caps	Energiewerte
Aktien aus Großbritannien, Schweiz etc.	Mid Caps	Einzelhandel
US-Aktien	Small Caps	Rohstoffwerte
Chinesische Aktien (alternativ BRIC)	Micro Caps	Immobilien-Aktien
Aktien aus Schwellenländern	Nano Caps	Alternative Energien
		Autohersteller und -zulieferer
		Technologietitel

Quelle: Eigene Darstellung

Angesichts der schier unendlichen Kombinationen allein in der Asset Allocation von Aktien ist es kein Wunder, dass jeder professionelle Anlageberater ein eigenes System hat, nach dem er ein auf Ihre Bedürfnisse zugeschnittenes Portfolio verspricht. Ich habe jedoch meine Zweifel, ob diesen Systemen präzise Informationen über die für jede Assetklasse erwarteten Renditen, Volatilitäten (Risiken) und die wechselseitigen Korrelationen zwischen den enthaltenen Anlageklassen zugrunde liegen.

Das Problem dieser Vorgehensweise ist, dass beim Blick auf das Ganze wichtige Details nicht beachtet werden. Ist es wirklich wichtig, inwieweit die Asset Allocation zu 20 oder 30 Prozent auf Large Caps oder zu 60 oder 70 Prozent auf ausländischen Aktien beruht? Solange sich ein Vermögensverwalter mit diesen Aspekten beschäftigt, fehlt am Ende die Zeit, innerhalb der Allocation die richtigen Einzeltitel auszuwählen. Hier kostet Sie eine falsche Auswahl viel mehr, als Sie je mit einer 5-prozentigen Feinjustierung möglicherweise gewinnen könnten.

Dabei kommen seit Jahrzehnten alle Studien zum gleichen Ergebnis: Langfristig sind Aktien die mit Abstand überlegene Anlageform. Zwischen 1959, als der Hardy-Index, Vorgänger des Index der *Börsen-Zeitung* und damit des Deutschen Aktienindex DAX, erstmals berechnet wurde, und dem Jahr 2017 erreichte der DAX einen durchschnittlichen jährlichen Kurszuwachs von 5,7 Prozent. In 40 der vergangenen 58 Jahre schloss der DAX zum Jahresende mit einem Zugewinn ab. Die Wahrscheinlichkeit, dass ein Aktienjahr mit einem Plus abschließt, liegt mithin bei rund 69,0 Prozent. In einem Gewinnjahr lag der durchschnittliche Kursanstieg bei 20,4 Prozent, während der durchschnittliche Verlust in einem Verlustjahr bei 18,4 Prozent lag.

Weder Anleihen noch Gold oder Rohstoffe, noch nicht einmal Immobilien in 1a-Lagen wie der Münchener Innenstadt konnten auch nur annähernd an die durchschnittliche jährliche Rendite eines breiten – und nicht gerade besonders „intelligent" zusammengestellten – Marktindex wie dem DAX heranreichen. Besonders bemerkenswert ist, dass diese Überlegenheit gegenüber anderen Assetklassen für nahezu jeden Zeitraum belegt werden kann. Als Beispiel dient die Situation in Deutschland seit der Wiedervereinigung:

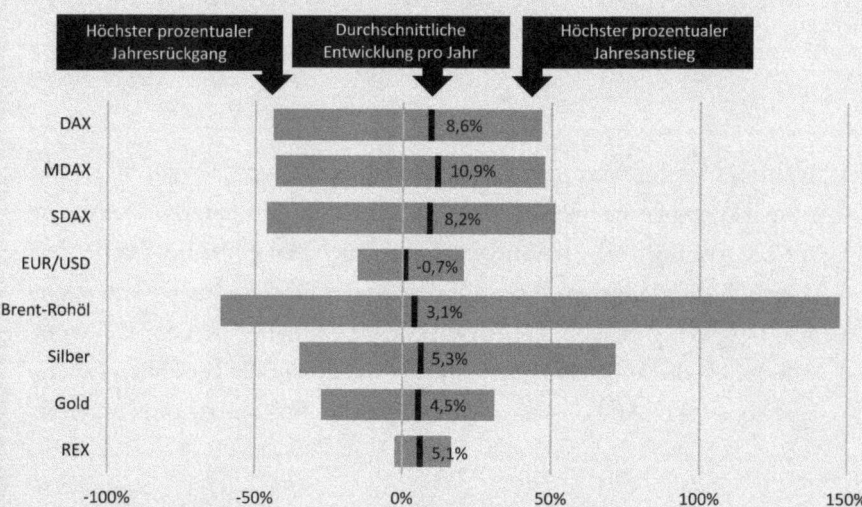

Abbildung 2 **Performance von Assetklassen in Deutschland seit der Wiedervereinigung** [2]

[2] Der REX wurde erstmals 1991, MDAX und SDAX erstmals 1996 berechnet. Daher konnten hier nicht die Jahresschlusskurse 1990 zur Berechnung der Durchschnittswerte zugrunde gelegt werden. Quelle: Bloomberg

„Aber", werden Sie einwenden, „die Unterschiede in den Durchschnittswerten sind doch gar nicht so groß. Ob durchschnittlich 8,6 Prozent für den DAX oder 5,1 Prozent für Anleihen ... das spielt doch keine so große Rolle!" Doch, tut es. Natürlich nicht auf kurze Sicht von zwei oder drei Jahren, wohl aber langfristig. Stellen Sie sich vor, Sie hätten einen Betrag von 10.000 Euro, den Sie über einen Zeitraum von 30 Jahren anlegen möchten. In diesem Fall ergeben sich in Ihrem Endvermögen gravierende Unterschiede, wie nachstehende Abbildung 3 erkennen lässt:

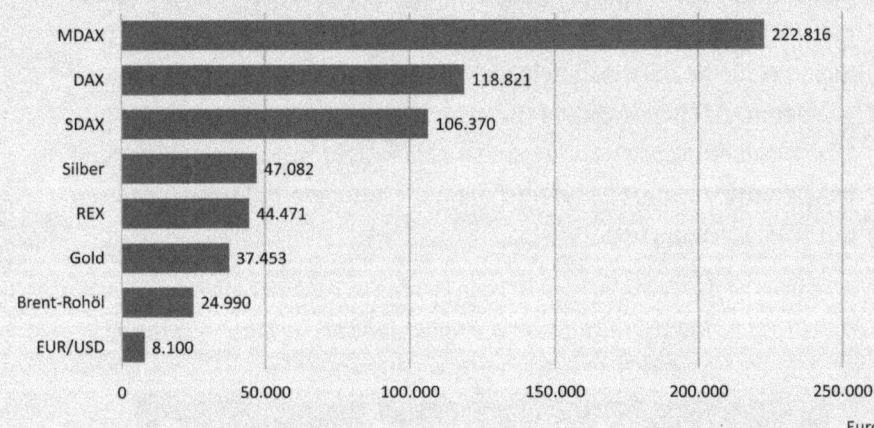

Abbildung 3 10.000 Euro, angelegt über 30 Jahre, ergeben ein Endvermögen von ...

	Euro
MDAX	222.816
DAX	118.821
SDAX	106.370
Silber	47.082
REX	44.471
Gold	37.453
Brent-Rohöl	24.990
EUR/USD	8.100

Quelle: Bloomberg

Während Sie Ihr Vermögen mit Gold innerhalb von 30 Jahren gerade einmal knapp vervierfachen, steigt Ihr Endvermögen mit MDAX-Aktien auf 222.816 Euro an – vorausgesetzt, die nächsten Jahrzehnte verlaufen so wie die vergangenen. Eine auf den ersten Blick kleine Differenz hat also langfristig erhebliche Auswirkungen. Nun werden Sie vielleicht einwenden, dieses Ergebnis sei Zufall. Es hänge von der gewählten Datenlage ab, andere Anfangs- und Endzeitpunkte führten zu ganz anderen

Ergebnissen. Schließlich dürfe man keiner Statistik trauen, die man nicht selbst gefälscht habe. Bleiben wir beim DAX, dem einzigen deutschen Aktienindex, für den langfristige Kursdaten von mehr als 50 Jahren zur Verfügung stehen. Gehen wir also nochmals zurück bis ins Jahr 1959, in dem der DAX zum ersten Mal berechnet wurde, und wählen den 30-Jahres-Horizont, der seither die schlechteste Entwicklung gezeigt hat (das ist der Zeitraum von 1960 bis 1990), dann ergibt sich eine durchschnittliche Kursentwicklung von knapp 3,3 Prozent pro Jahr. Würden Sie Ihren Kapitaleinsatz von 10.000 Euro zu jährlich 3,3 Prozent anlegen, hätten Sie nach 30 Jahren ein Vermögen von 26.486 Euro verdient. Selbst mit der schlechtestmöglichen Performance des DAX schlagen Sie auf lange Sicht zumindest das Sparbuch.

Haben Sie sich schon einmal gefragt, warum das so ist? Warum Aktien, unabhängig von der Größenklasse, eine deutlich bessere Performance als andere Assetklassen aufweisen? Diese einfach klingende Frage ist Gegenstand zahlloser wissenschaftlicher Abhandlungen. Die Erklärungen reichen von stärkeren Schwankungen, denen Aktien im Vergleich zu Anleihen ausgesetzt sind, bis hin zur Nachrangigkeit des Eigenkapitalgebers im Falle der Insolvenz des Schuldners und dem dadurch höheren Risiko. In der Tat sind sich die Autoren uneins, möglicherweise ist die Risikoprämie, wie die Renditedifferenz auch genannt wird, einfach nur Ausdruck der höheren Forderungen, die ein Investor an Aktien im Vergleich zu Anleihen stellt. Auf jeden Fall ist die gewöhnlich zu lesende Begründung, Aktien seien die riskantere Anlageform, weil sie eine höhere Durchschnittsrendite aufweisen müssten, ebenso einfältig wie falsch. Im Einzelfall, und der ist für Sie als Anleger relevant, ist der Kauf einer bestimmten Anleihe nicht automatisch mit einem geringeren Risiko verbunden als der Kauf einer bestimmten Aktie: Auch Anleiheemittenten können zahlungsunfähig werden, was für die Anleger in der Regel mit einem Totalverlust verbunden ist, während Emittenten von Aktien nicht notwendigerweise überdurchschnittlich spekulative Geschäftsmodelle aufweisen müssen.

Nein, die Tatsache, dass Aktien eine höhere Durchschnittsverzinsung als andere Anlagearten aufweisen, liegt an einem Effekt, der in den meisten Erklärungsversuchen nicht berücksichtigt wird. Im Gegensatz zu Anleihegläubigern, Goldanlegern oder Immobilienbesitzern profitieren Aktionäre nämlich vom sogenannten Zinseszinseffekt. Der Zinseszinseffekt, also die Verzinsung der vereinnahmten Zinsen, ist einer der mächtigsten Mechanismen der Kapitalanlage – und wird dennoch völlig unterschätzt.

Ein einfaches Beispiel kann Ihnen dies veranschaulichen:[3] Hätten Sie zu Jesu Geburt 100 Euro zu einem Zinssatz von drei Prozent angelegt, läge Ihr heutiges Vermögen bei einfacher Verzinsung (also ohne Zinseszinseffekt) bei 6.154 Euro. Die Formel, mit der Sie dieses Ergebnis nachrechnen können, lautet:[4]

$$V_{2018} = 100 \ [\text{Euro}] \cdot (1 + 0{,}03 \cdot 2018) = 6.154 \ [\text{Euro}]$$

Mit Berücksichtigung der Zinseszinsen wäre Ihr Ausgangsvermögen dagegen auf ... Tusch: 8.044.877.862.872.120.000.000.000.000 Euro angewachsen, großzügig gerundet mithin 8 Quadrilliarden Euro. Denjenigen unter Ihnen, die dies nachrechnen möchten, sei die zugehörige Formel gewidmet:

$$V_{2018} = 100 \ [\text{Euro}] \cdot (1 + 0{,}03)^{2018} = 8.044.877.862.872.120.000.000.000.000 \ [\text{Euro}]$$

Dieses Gedankenexperiment vom sogenannten Josephspfennig wurde 1772 erstmals von dem englischen Moralphilosophen, Geistlichen und Ökonomen Richard Price beschrieben, der damit die schwer vorstellbaren Beträge berechnet hat, die durch das exponentielle Wachstum entstehen können. Damit Sie diesen Betrag einordnen können:[5] 2017 belief

---

[3] Ein gelungenes Beispiel für die Folgen des Zinseszinseffekts bietet der wunderbare Roman „Eine Billion Dollar" von Andreas Eschbach.

[4] Keine Angst, in diesem Buch werde ich Sie nicht mit Rechenaufgaben oder komplizierten Formeln überfordern. Allenfalls wenige mathematische Grundkenntnisse sind erwünscht, aber für Ihren Börsenerfolg nicht entscheidend.

[5] Vgl. dessen auch heute noch lesenswerte Werk „Observations on reversionary payments".

sich das Geldvermögen aller Erdbewohner auf etwa 170 Billionen Euro, ein winziger Bruchteil dessen, was ein fiktiver Sparer über einen so langen Zeitraum trotz einer vermeintlich geringen Durchschnittsverzinsung und eines überschaubaren Anfangsvermögens hätte sein Eigen nennen können.

Nicht nur Sparbuchbesitzer, auch Aktionäre profitieren von diesem Zinseszinseffekt, und dies in weit höherem Maße. Für sie entsteht der Zinseszinseffekt aus demjenigen Teil des Nachsteuerergebnisses, der nicht in Form von Dividenden ausgeschüttet wird – mithin thesauriert und in die Gewinnrücklagen eingestellt wird und dem Unternehmen weiterhin für Investitionen zur Verfügung steht.[6] Wenn Unternehmen die einbehaltenen Gewinne wertschöpfend anlegen, werden sie in den Folgeperioden zusätzliche Erträge erwirtschaften, die wiederum ausgeschüttet oder thesauriert werden können.

Abbildung 4 **Der Zinseszinseffekt aus der Gewinnthesaurierung**

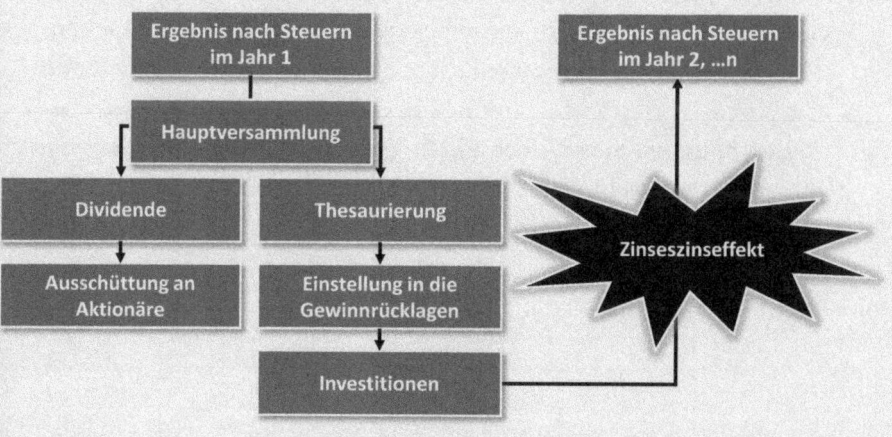

Quelle: Eigene Darstellung

---

[6] In den deutschen Hauptindizes DAX, MDAX, SDAX und TecDAX lag die Quote der thesaurierten Gewinne im Durchschnitt der Jahre 2007–2016 bei 57,5 Prozent.

Abgesehen vom Sparbuch bietet Ihnen keine andere Assetklasse einen vergleichbaren Zinseszinseffekt. Als Anleihegläubiger erhalten Sie vom Schuldner zwar eine jährliche Zinszahlung; ob Sie diese jedoch in dieselbe Anleihe reinvestieren oder nicht, bleibt Ihnen überlassen. Ein Automatismus wie bei der Aktie besteht nicht und angesichts der hohen Nominalbeträge der meisten Anleihen ist eine sofortige Wiederanlage in ebendiese Anleihe ohnehin praxisfremd: Wenn Sie beispielsweise Anleihen mit einem Nominalbetrag von 10.000 Euro erwerben, vereinnahmen Sie bei einer Nominalverzinsung von 6,0 Prozent jährliche Zinserträge von 600 Euro. Die Mindeststückelungen der meisten Anleihen liegen jedoch zum Teil deutlich über diesem Betrag und Bruchteile einer Anleihe können nun einmal nicht erworben werden. Dies hat zur Folge, dass die von den meisten Bankberatern und Vermögensverwaltern angegebenen Effektivverzinsungen von Anleihen zwar mathematisch korrekt sind, von einem Normalanleger jedoch nicht erwirtschaftet werden können.

Vergleichbares gilt für die Assetklasse Immobilien, bei der Vermieter nicht nur einmal jährlich Zinsen, sondern in monatlicher Frequenz Mieten vereinnahmen, diese jedoch nur in den seltensten Fällen unmittelbar in den Erwerb neuer Immobilien investieren. Bei der Assetklasse Aktien hingegen müssen sich die Anleger über die Wiederanlage der thesaurierten Gelder keine Gedanken machen. Dies übernimmt der Vorstand in ihrem Namen.

2. Warum trotzdem viele Menschen Aktien gegenüber skeptisch sind

„Das Bessere ist der Feind des Guten." — VOLTAIRE

Trotz dieser nachweislichen und langfristig stabilen Outperformance von Aktien gegenüber anderen Assetklassen sind die Aktionäre in Deutschland im internationalen Vergleich unterrepräsentiert. In keiner anderen der führenden Industrienationen sind so wenige Menschen in Aktien investiert wie in Deutschland.

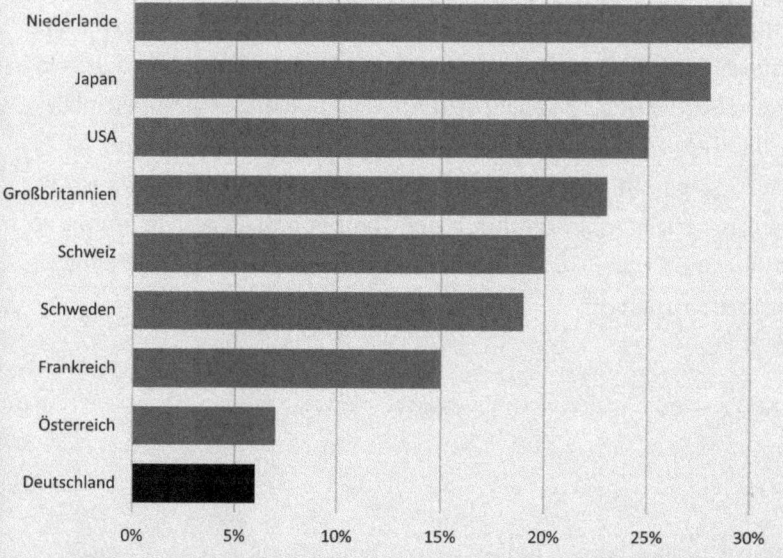

Abbildung 5 **Aktionärsquoten im internationalen Vergleich**

Quelle: Deutsches Aktieninstitut DAI (2016)

Dies hat sowohl Ursachen auf der Kapitalangebots- als auch auf der Kapitalnachfrageseite. Auf der Kapitalangebotsseite sind Unternehmen in Deutschland ihrer Hausbank stärker verpflichtet als in vielen anderen Ländern. Dies hat zur Folge, dass insbesondere der für Deutschland so repräsentative Mittelstand keinen Anlass dazu hat, das ihm vom Bankensektor – vor allem von den öffentlich-rechtlichen Sparkassen sowie den Volks- und Raiffeisenbanken – zu ausgesprochen günstigen Konditionen zur Verfügung gestellte Fremdkapital durch teures Eigenkapital zu ersetzen. In diesem Umfeld sind der Gang an den Kapitalmarkt und die damit verbundenen Veröffentlichungs- und Transparenzvorschriften aus Sicht der Unternehmen völlig unnötig, ja sogar schädlich. Wer will schon seinen Wettbewerbern regelmäßig ohne Not über die eigene Geschäftsentwicklung berichten? Wer seinen Kunden über die erneut steigende Profitabilität?

Doch nicht nur auf der Emittentenseite, auch auf der Kapitalnachfrageseite hegen die Menschen in Deutschland tiefe Ressentiments gegenüber Aktien. Zum einen gibt es keine echte Kapitalmarktausbildung. Einer Studie der fünf führenden Direktbanken in Deutschland zufolge glauben 18 Prozent der Befragten, Aktien seien ein Kredit an ein Unternehmen.[7] Zum anderen erscheint die Aktienanlage auch politisch nicht erwünscht zu sein. Wie sonst ist es zu erklären, dass in den vergangenen Jahrzehnten von keinem politischen Entscheidungsträger eine Aktionärsmentalität explizit gefordert – und wie in anderen Ländern gefördert – wurde? Eine Aktionärsmentalität, die es Unternehmen ermöglichen würde, über die Börse Kapital einzusammeln und dieses für arbeitsplatzschaffende Investitionen zu verwenden … nein, viel angenehmer ist es doch für die politischen Willensträger, wenn sich die Bürger auch in Zeiten niedrigster Zinsen durch den Kauf von Staatsanleihen an der weltweit ausufernden Staatsverschuldung beteiligen und diese mit gutem Gewissen finanzieren.

---

[7] Vgl.: „Die Aktie im internationalen Vergleich – so steht es um die Aktienkultur wirklich" (2016).

3. Welche Renditen Sie von Aktien erwarten können

„Der Markt mag verrückt sein, aber das macht dich nicht zum Psychologen." – MEIR STATMAN

Ich bin davon überzeugt, dass ein Anleger nur dann Zufriedenheit erlangt, wenn er sich erreichbare Renditeziele setzt. Wer zu viel erwartet, wird schnell enttäuscht und trifft falsche Entscheidungen. Zu den schnell Enttäuschten zähle ich insbesondere die Perfektionisten, die Aktien zu Tiefstkursen kaufen und zu Höchstkursen verkaufen wollen. Eine solche Perfektion gelingt an der Börse allenfalls aus Zufall, wird von Profis nicht erreicht und sollte von Amateuren gar nicht erst angestrebt werden. Im Gegenteil: Rechnen Sie mit Widerständen und bauen Sie diese in Ihre Renditeerwartungen ein.

Gerade die vielen Börsenbriefe und Anlageberater tun dies nicht. Sie ködern ihre potenziellen Abonnenten und Kunden mit utopischen Renditeversprechungen. Ob 19.000-prozentige Gewinnprognosen mit einer Medizin-Aktie, 836 Prozent mit einer Cloud-Aktie oder 360 Prozent mit einer Lithium-Aktie: Wenn Ihnen in Werbeaktionen derartige Renditen versprochen werden, sollten Sie schnell umblättern. Jährliche Renditeversprechungen in diesen Größenordnungen sind unseriös. Was nicht bedeutet, dass sie nicht gelegentlich erzielt werden. Beispielsweise konnten Frühphasen-Investoren in Facebook oder Google von ihren Erst-Engagements bis hin zum Börsengang durchaus Buchgewinne von mehreren Tausend Prozent erzielen.

Abbildung 6 **Renditen ausgewählter Frühphasen-Investoren**

Unternehmen	Investor	Erstin-vestment (Mio. USD)	IPO-Bewertung (Mio. USD)	Multi-plikator (x)
Juniper Networks	Kleiner Perkins Caufield & Byers	3	7.100	2.582x
Tencent	Naspers	34	83.900	2.468x
Google	Kleiner Perkins Caufield & Byers	12	4.800	407x
Facebook	Accel Partners	15	5.600	378x
Alibaba	Softbank	300	78.000	260x
Snap	Lightspeed Venture Partners	8	1.500	188x

Quelle: The Wall Street Journal

Doch selbst die mutigsten dieser Business Angels, die sich während der hochriskanten Gründungsphase an Unternehmen beteiligen, von denen häufig noch nicht viel mehr als eine Geschäftsidee existiert, finden Renditen in dieser Größenordnung nur einmal im Leben vor; im angelsächsischen Sprachraum wird passenderweise von einer „Once in a lifetime opportunity" gesprochen. Keiner der Beteiligungsmanager dürfte bei der Unterschrift des ersten Kaufvertrags auch nur ansatzweise mit Renditen im sechs- und siebenstelligen Bereich gerechnet haben. Die Wahrscheinlichkeit, ein Unternehmen wie Google, Apple oder Amazon in der Frühphase des Unternehmenszyklus zu entdecken, ist minimal. Ungeachtet dessen wird es in den Medien immer vergleichbare Renditeversprechungen geben (übrigens ausnahmslos, ohne dass das dazugehörige Risiko erwähnt wird). Und Menschen sind dafür anfällig. Wer von Ihnen möchte seinen Einsatz nicht auch verhundertfachen, vor allem wenn dies augenscheinlich ohne Risiko möglich ist? Das Problem ist, dass es so etwas wie „ohne Risiko" nicht gibt. Risiken werden nie verschwinden. Allein ihre Form mag sich ändern, vor allem aber wird über die vielen gescheiterten Frühphasen-Finanzierungen nicht gesprochen.

Doch mit welcher Rendite können Sie nun rechnen, wenn Sie in Aktien investieren? Werfen wir noch einmal ein Blick darauf, welche

Größenordnung seit der ersten Berechnung des DAX beziehungsweise seiner Vorgängerindizes, dem Index der *Börsen-Zeitung* (01.04.1981- 30.12.1987) und dem Hardy-Index des Bankhauses Hardy & Co. (28.09.1959- 31.03.1981), erreichbar waren. Mit diesen Indizes deutscher Standardwerte konnten Anleger zwischen 1959 und 2017 eine durchschnittliche jährliche Rendite von 5,7 Prozent erzielen. Dieser Durchschnittswert verrät jedoch nicht, wie steinig der Weg bis zum Schlusswert des Jahres 2017 war. Die Gesamtentwicklung des DAX zeigt nachstehende Abbildung 7. Daraus wird ersichtlich, dass der durchschnittliche Gewinn in einem Jahr, in dem der DAX gestiegen ist, bei 20,4 Prozent lag, der durchschnittliche Verlust in einem Jahr, in dem der DAX gefallen ist, bei 18,4 Prozent. Der größte innerhalb eines einzigen Jahres erzielte Kursgewinn wurde zwischen den Jahren 1984 und 1985 mit einem Plus von 66,4 Prozent erreicht, der höchste Jahresverlust fiel zwischen 2001 und 2002 an, als der DAX um 44,0 Prozent sank. Der längste Zeitraum, in dem der DAX ohne Unterbrechung stieg, begann 2011 und dauert – Stand Februar 2018 – weiter an (+119,0 Prozent). Der längste Zeitraum, in dem der DAX ohne Unterbrechung sank, währte dagegen drei Jahre (1999-2002) und endete mit einem Minus von 58,4 Prozent.

Abbildung 7 **Die Performance des Deutschen Aktienindex, 1959–2017**

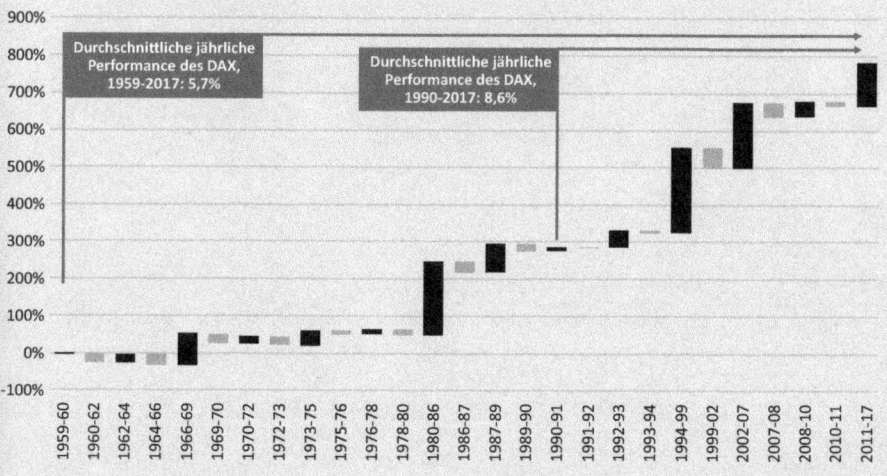

Quelle: Bloomberg

War es also verwegen, als der US-amerikanische Börsenguru Warren Buffett kürzlich sagte, der Aktienindex Dow Jones Industrial Average werde auf eine Million Punkte ansteigen? Verglichen mit dem aktuellen Stand von rund 25.000 Punkten (Stand Ende April 2018) wäre dies eine Vervierzigfachung des Börsenindex. Hat das Orakel von Omaha vielleicht zu viel von seiner geliebten Cherry Coke getrunken? Nein, seine Rechnung ist durchaus nachvollziehbar. Denn Buffetts Prognose gilt für das Jahr 2117. Um das ausgegebene Ziel zu erreichen, müsste der Dow-Jones-Index pro Jahr um 3,7 Prozent zulegen. Das klingt nun plötzlich gar nicht mehr so abwegig, zumal die jährliche Rendite des US-Börsenbarometers im vergangenen Jahrhundert bei durchschnittlich etwa 5,7 Prozent gelegen hat.

Übertragen auf Deutschland ist es demnach nicht unrealistisch, für den DAX einen Anstieg auf 100.000 Punkte zu prognostizieren. Unterstellen wir, dass der DAX dieselbe jährliche Rendite wie seit seiner Gründung erzielen wird, könnte dieses Kursziel bereits im Jahr 2054 erreicht werden, Jahrzehnte vor Buffetts Zielvorgabe für den Dow-Jones-Index.

4. Welche Rendite der schlechteste Investor aller Zeiten erreicht

„Der Zauber steckt immer im Detail" – *THEODOR FONTANE*

W as aber, werden Sie einwenden, passiert, wenn ein Anleger ausgerechnet zu den jeweiligen Höchstkursen investiert? Wenn wir also keinen durchschnittlichen Investor betrachten, sondern einen unterdurchschnittlichen? Wie hoch wäre die Rendite des schlechtesten Investors aller Zeiten, einem, der sein Geld immer zum genau falschen Zeitpunkt anlegt, nämlich just zum jeweiligen Jahreshöchstkurs?

Stellen wir ihn uns also vor: einen Investor, der im Jahr 1970 mit 20 Jahren zu arbeiten beginnt und bis zu seiner Rente im Jahr 2017 mit 67 Jahren jedes Jahr 1.000 Euro spart und in Aktien investiert. [8] Nennen wir ihn Rabe. Voller Vorfreude investiert Rabe sein Geld gleich zum Beginn des Jahres 1970 und weil er ansonsten von Aktien keine Ahnung hat, investiert Rabe sein Geld der Einfachheit halber in DAX-Aktien. Natürlich kann er nicht wissen, dass am ersten Handelstag gleichzeitig der Höchstkurs des Jahres 1970 markiert wird. Nach wenigen Monaten sind seine Ersparnisse um ein gutes Drittel geschrumpft. Rabe ist frustriert und lässt das mit dem Aktienkauf erst einmal sein. Seine DAX-Titel behält er, denn mit Verlust, so sagt er, will er sie nicht verkaufen.

---

[8] Anm.: Ja, es ist mir bewusst, dass es 1970 noch keinen Euro gab.

Das nächste Mal lässt er sich am 2. April 1971 zum Aktienkauf überreden, auch in diesem Fall zum Jahreshöchststand. Wieder behält Rabe seine Aktien, obwohl es danach nur noch bergab geht. Und so geht es weiter, Jahr für Jahr. Immer kauft Rabe zum jeweiligen Jahreshöchststand. Als er Ende 2017 in Rente geht, sind sämtliche Ersparnisse in DAX-Werten angelegt, insgesamt also ein investierter Einzahlungsbetrag von 47.000 Euro. Preisfrage: Welchen Wert hat sein Depot?

Ich will Sie nicht unnötig auf die Folter spannen: Ende 2017 hat Rabes Depot einen Gesamtwert von rund 526.000 Euro, seine Ersparnisse hat Rabe also mehr als verelffacht, seine durchschnittliche jährliche Rendite liegt bei 5,3 Prozent. Dies ist die schlechteste mögliche Verzinsung, die ein langfristig orientierter Anleger erreichen konnte, der für seine Rente Jahr für Jahr einen gleichbleibenden Betrag von 1.000 Euro in den DAX investiert hat. Und das Beste: Es gibt keinen Grund, weshalb die nächsten 47 Jahre keine gleichwertige Verzinsung bieten sollten wie die, die unser Pechvogel erreichen konnte.

5. Worin die Grundlage Ihres Börsenerfolgs besteht

„Die große Fähigkeit des Anlegens ist zu wissen, wann der richtige Zeitpunkt gekommen ist, um auszusteigen. Der Einstieg ist einfach." – NIGEL FARAGE

Je nach Jahreszeit gibt es in Deutschland ungefähr 29 Millionen Bundestrainer (den männlichen Teil der erwachsenen Bevölkerung). Jede Mannschaftsaufstellung, jede Einwechslung, jede Entscheidung des Bundestrainers wird millionenfach kommentiert. Vom Sofa aus gesehen ist der Job einfach, es sei denn, man steht selbst „in der Bütt". Dies gilt auch für die Geldanlage.

Für überdurchschnittliche Anlageentscheidungen müssen Sie entweder klüger sein als andere oder bereit sein, mehr Risiken zu übernehmen – mit allen Konsequenzen für Ihre mentale Gesundheit. Natürlich ist es möglich, sich auf Ersteres zu fokussieren, wenn Sie der Meinung sind, an den Kapitalmärkten würden sich keine besonders schlauen Menschen tummeln. Sind Sie jedoch bescheidener und nicht mit einem IQ von 180 ausgestattet, sollten Sie die zweite Strategie in Erwägung ziehen. Doch wie geht das?

Zunächst einmal müssen Sie die richtigen Entscheidungen treffen. Klar ist: Sie werden nicht reich, wenn Sie falschliegen. Was die meisten

Anleger jedoch nicht verstehen, ist, dass auch dann kein Geld zu verdienen ist, wenn sie mit der Masse (Profis sagen dazu: „Konsensus" [aus dem englischen „consensus"] oder „Konsens") richtigliegen. Um reich zu werden, müssen Sie sich außerhalb des Marktkonsenses bewegen. Im Nachhinein betrachtet erscheint jede Erfolgsgeschichte als „No-Brainer", also als Entscheidung, die jeder andere ebenso hätte treffen können. Schwierig ist es, im Augenblick der Entscheidung die eine richtige Entscheidung zu treffen.

Erinnern Sie sich an Warren Buffett, der sich mitten in der größten Krise an Goldman Sachs beteiligte? Im Nachhinein ein No-Brainer. Doch 2008 liefen zahlreiche Menschen zu den Bankautomaten, um so viel Bargeld abzuheben wie möglich. Die Furcht war groß, dass es bald keines mehr geben würde.

Oder stellen Sie sich vor, Mark Zuckerberg, der Gründer von Facebook, hätte sein Geschäftsmodell 2004 in der „Höhle der Löwen" vorgestellt, der deutschen TV-Unterhaltungsshow, in der Erfinder und Firmengründer um Risikokapital für ihr Unternehmen werben.

Carsten Maschmeyer (Juror), zu Mark Zuckerberg gewandt: „Verstehe ich Sie richtig? Sie möchten eine Internetplattform gründen, auf der erwachsene Menschen freiwillig ihre persönlichsten Erlebnisse und Gedanken – wie nennen Sie es nochmal? – posten"?

Mark Zuckerberg: „Ja, genau. Je persönlicher (und peinlicher), desto besser."

Dagmar Wöhrl (Jurorin): „Was sagten Sie noch mal, wie viel soll Ihr Unternehmen wert sein?"

Mark Zuckerberg: „In 13 Jahren … mehr als 500 Milliarden Dollar."

Um an der Börse reich zu werden, müssen Sie Risiken eingehen, die für viele andere keinen Sinn ergeben.

6. Warum Faulheit schadet, aber auch zu viel Selbstvertrauen problematisch ist

„Alles, was man im Leben braucht, ist Unwissenheit und Selbstvertrauen. Der Erfolg ist einem dann sicher." – MARK TWAIN

Faulheit kennt viele Facetten. Ursprünglich galt als faul, wer harte physische Arbeit vermied: das eigene Kinderzimmer aufräumen, die Garage kehren, den Rasen mähen. Faulheit ist, alles auf die letzte Minute zu verschieben. Doch Faulheit ist mehr. Faulheit ist auch die Vermeidung emotionaler Arbeit. Zu faul zu sein, um die Hand zu heben und die richtigen Fragen zu stellen. Zu faul zu sein, sich intensiver mit einer Sache zu beschäftigen, die nicht so funktioniert, wie sie sollte. Zu faul zu sein, ein befruchtendes Gespräch zu führen und stattdessen eine unsachliche Auseinandersetzung mit dem Gegenüber zu führen. Zu faul zu sein, etwas zu lernen.

In Zeiten, in denen der Kauf einer Aktie selbstständig am heimischen Computer vollzogen werden kann und noch nicht einmal den Gang in die Bankfiliale erfordert, darf es nicht verwundern, wenn viele Anleger – unabhängig von ihrer Ausbildung – der Überzeugung sind, dass Erfolg an der Börse keiner besonderen Kenntnisse bedarf, ja dass diese sogar hinderlich sind.

Damit unterscheidet sich die Kapitalanlage fundamental von vielen anderen Aktivitäten. Nur die wenigsten würden sich zutrauen, sich vor Gericht selbst zu verteidigen, ihr Auto selbst zu reparieren oder dauernde Rückenschmerzen durch die Konsultation von Internetseiten zu therapieren. Bei der Auswahl von Aktien dagegen glauben viele, es mit Investmentgrößen wie Warren Buffett aufnehmen zu können. Nur weil es jedem möglich ist, muss es dennoch nicht sinnvoll sein. Insbesondere da die finanzielle Allgemeinbildung, auch Finanzkompetenz genannt, in Deutschland mäßig ist. Einer Studie der Bertelsmann Stiftung zufolge gaben 61,8 Prozent der Befragten an, Finanzfragen als schwierig zu empfinden, 47,3 Prozent, sich nur ungern mit Finanzen zu beschäftigen, und 50,2 Prozent, finanzielle Entscheidungen aufzuschieben.[9]

Während zahlreiche OECD-Mitgliedstaaten, darunter Spanien, Australien, Neuseeland und Slowenien, eine sogenannte „Nationale Strategie für die finanzielle Bildung" erarbeitet und verabschiedet haben, ist eine solche für Deutschland nicht zu erwarten. Und das, obwohl zahlreiche wissenschaftliche Studien belegen, dass die Bereitschaft, in Aktien zu investieren, eng mit dem Ausbildungsstand in finanzwirtschaftlichen Fragen zusammenhängt.[10]

Noch schlimmer als die mangelhafte Ausbildung ist das Phänomen, das Psychologen als Selbstüberschätzung bezeichnen. Menschen glauben mehr zu wissen und zu können, als dies tatsächlich der Fall ist. Kurzum: Sie neigen dazu, die eigenen Fähigkeiten zu überschätzen – übrigens in allen möglichen Lebenslagen.[11] Das in diesem Zusammenhang immer wieder genannte Beispiel: Autofahren. Zählen Sie auch zu denjenigen, die glauben, besser fahren zu können als andere? Dann unterliegen auch Sie einer Selbstüberschätzung, denn bis zu 93 Prozent der Befragten sind

---

[9] Leinert J. (2004).

[10] Vgl. etwa: Van Rooij M.; Lusardi A.; Alessiee R. (2011).

[11] Zum Thema Selbstüberschätzung gibt es reichlich Literatur. Einen guten Überblick bietet: Moore D.; Healy P. J. (2008).

derselben Meinung wie Sie – eine Rechnung, die mathematisch nicht aufgehen kann. [12]

Besonders kurios: Je schwieriger eine Aufgabe, desto größer ist die Neigung, sich zu überschätzen. Bei einfacheren Aufgaben ist unsere Selbstüberschätzung noch begrenzt. Zudem gilt: Je größer unser Selbstvertrauen, desto stärker tendieren wir zur Selbstüberschätzung. Das musste schon Ikarus erfahren, als er zu hoch und nahe an die Sonne heranflog, seine mit Wachs gefertigten Flügel versagten und er ins Meer zu Tode stürzte – ein klassisches Beispiel für Selbstüberschätzung. Ein modernes Beispiel ist die Insolvenz von Long-Term Capital Management (LTCM), einem US-amerikanischen Hedgefonds, der in den frühen 1990er-Jahren von einer Gruppe von Nobelpreisträgern und Anleihehändlern gegründet worden war.

Sie glauben, Sie seien davor gefeit? Lassen Sie uns einen kleinen Test machen. Ihre Aufgabe ist es, auf folgende Fragen Unter- und Obergrenzen zu nennen, von denen Sie überzeugt sind, dass die richtige Antwort mit 90-prozentiger Wahrscheinlichkeit innerhalb dieser Bandbreite liegt. Ihre Aufgabe ist es also nicht, die präzise Antwort zu geben, sondern ein Intervall zu bestimmen, von dem Sie annehmen, dass die richtige Antwort mit hoher Wahrscheinlichkeit innerhalb dieses Intervalls liegt. [13] Verstanden? Dann los. Bitte notieren Sie sich Ihre Antworten auf einen Zettel, bevor Sie weiterlesen.

1	Welche Fläche hat die Sahara?
2	Wie groß ist die Entfernung, wenn die gesamte DNA eines Menschen aneinandergelegt wird?
3	Wie hoch ist die Höchstgeschwindigkeit der Luft beim Niesen?
4	Wie schwer ist die Erde?
5	Wie lange braucht ein Faultier, um sein Essen zu verdauen?
6	Mit welcher Geschwindigkeit bewegt sich die Erde um die Sonne?
7	Wann wurde die Mona Lisa gemalt?

[12] Svenson O. (1981).

[13] Die Antworten auf die Fragen finden Sie am Ende des Buches auf Seite 283.

8	Wie lang ist der Mekong?
9	Wie oft kreiste die Raumstation MIR um die Erde?
10	Wie viel Staub landet am Tag aus dem Weltall auf der Erde?

Üblicherweise befindet sich die Mehrheit der exakten Antworten nicht innerhalb des genannten Intervalls. Obwohl die Probanden zu den befragten Themen völlig ahnungslos sind, versuchen sie dennoch, das Ergebnis der Fragen abzuleiten, adjustieren dieses Ergebnis um einen Ab- und Zuschlag und geben letztlich ein viel zu enges Intervall an.

Dass ahnungslose Menschen bei der ersten Frage nicht Intervalle wie etwa 1 cm^2 bis 1 Milliarde km^2 angeben, kennzeichnet das genannte Phänomen der Selbstüberschätzung (englisch „Overconfidence Bias"). Selbstüberschätzung tritt in allen Berufsgruppen auf, besonders betroffen sind jedoch Wissenschaftler, Anwälte, Ärzte und Anleger. Selbstüberschätzung ist in unseren Genen verankert. Ohne Selbstüberschätzung wären Erfindungen kaum wahrscheinlich. Oder können Sie sich ein Forschungsprojekt vorstellen, in dem der Protagonist auf das Motto „Ich glaube, ich schaffe es nicht" vertraut? Nein, Menschen sind durch die Evolution darauf programmiert, daran zu glauben, dass die Dinge gut ausgehen.

Selbstüberschätzung heißt aber auch, auf vermeintlich einfache Fragen falsch zu reagieren, eben weil unser Gehirn darauf nicht programmiert ist. Auch hierzu einige Beispiele:

▶ Wenn vor Ihnen zehn Äpfel liegen und Sie nehmen davon sechs weg, wie viele Äpfel haben Sie dann?
(Hinweis: Die Antwort ist nicht vier.)
▶ Wie könnte die Zahlenreihe 1–3–5 fortgesetzt werden, wenn zusätzlich angegeben wird, dass die Antwort nicht 7–9–11 ist?
▶ Wenn ich ein Stück Kohle ins Tote Meer werfe, was passiert dann damit? [14]

---

[14] Die Lösungen finden Sie am Ende dieses Buches auf Seite 284.

Übertragen auf die Börse heißt dies: Viele Anleger treffen, ausgestattet mit einem gefährlichen Halbwissen, tagein, tagaus Entscheidungen über ihr Vermögen. Die Isolation der Investoren an der Börse bildet dabei einen idealen Nährboden für Selbstüberschätzung. Auch Anleger sind nicht davor gefeit, die Zeichen ihrer eigenen Inkompetenz zu übersehen. Dann wird nur allzu gerne an Informationen festgehalten, die geeignet sind, die eigene Meinung zu unterstützen, während Informationen, die dieser Meinung widersprechen, voreilig ad acta gelegt werden. Das Erschreckende ist, dass die eigene Meinung nicht notwendigerweise lebenslang gefestigt sein muss. Sobald sich die Meinung, dass eine bestimmte Aktie ein lohnenswertes Engagement sein muss, jedoch festgesetzt hat, geht die Fähigkeit, Informationen rational zu verarbeiten, schnell und deutlich verloren.

Leider ist es nicht einfach, die Selbstüberschätzung zu überwinden. Hilfreich erscheint aber der Vorschlag, getroffene Entscheidungen schriftlich festzuhalten und Erfolge sowie Fehlschläge zu analysieren.

7. Wann Ihre Erfahrung Sie behindert

„Einen Vorsprung im Leben hat, wer da anpackt, wo die anderen erst einmal reden." – JOHN F. KENNEDY

Würde ich Ihnen die Frage stellen, wie hoch Sie die Wahrscheinlichkeit einschätzen, dass der DAX in den kommenden zwölf Monaten um 30 Prozent einbricht: Ihre Antworten wären breit gestreut. Jene unter Ihnen, die noch nie mit fallenden Kursen konfrontiert wurden und nur die heile Welt der Kapitalmärkte kennengelernt haben, werden die Wahrscheinlichkeit niedriger einschätzen als diejenigen, die das Platzen des Neuen Marktes oder die Finanzmarktkrise 2008 miterlebt haben.

Ihre individuelle Einschätzung der Wahrscheinlichkeit eines solchen Kurseinbruchs hängt also davon ab, ob man ein solches Ereignis bereits selbst erlebt hat.

Psychologen bezeichnen die Abhängigkeit einer Erwartung von den eigenen Erfahrungen als Verfügbarkeitsheuristik. Sie kommt zum Zuge, wenn Menschen die Wahrscheinlichkeit eines Ereignisses beurteilen sollen, ihnen aber gleichzeitig die Zeit fehlt, auf präzise, zum Beispiel empirisch belegte Informationen zurückzugreifen. Wenn aussagekräftige Informationen fehlen, verwechseln Menschen die Leichtigkeit, mit der ihnen Informationen und Ereignisse einfallen, mit deren Wahrscheinlichkeit. Ereignisse, an die wir uns leicht erinnern, schätzen wir als wahrscheinlicher ein als Ereignisse, an die wir uns weniger gut erinnern können. Die mentale Verfügbarkeit eines Beispiels oder einer Erfahrung entscheidet darüber, wie wahrscheinlich uns der Eintritt des Ereignisses erscheint. Das, woran wir uns erinnern, ist für uns wahrscheinlich; was wir uns nur schwer vorstellen können, auch weil wir es nicht im Kopf abrufen können, erscheint unwahrscheinlich.

Grundsätzlich ist diese Strategie nicht falsch: Wer sich leicht an etwas erinnert, muss glauben, dass es auch häufig passiert – warum sonst sollte das Ereignis so präsent sein? Der Nachteil, wenn man Entscheidungen auf Basis der Verfügbarkeit fällt, ist, dass es eine Menge Faktoren gibt, die die Verfügbarkeit beeinflussen. Wenn Verfügbarkeit nicht auch Häufigkeit bedeutet, führen diese Faktoren notgedrungen zu Fehlentscheidungen.

Einer dieser Faktoren betrifft die Häufigkeit, mit der bestimmte Informationen aktiviert wurden. Je häufiger eine Information aktiviert wurde, desto leichter kann sie abgerufen werden. Wenn Ihnen also tagein, tagaus gesagt wird, Aktien seien spekulativ, werden Sie diese Information leichter abrufen als eine Information, die erst kürzlich aktiviert wurde und vielleicht das genaue Gegenteil behauptet. Wenn dann die Aktienmärkte nur ein wenig korrigieren, hat dies gravierende Auswirkungen: Rückläufige Kurse werden von Ihnen nicht als Einstiegsgelegenheit, sondern als Crash wahrgenommen.

In den Medien wird eine richtiggehende Verfügbarkeitslawine ausgelöst: Aus einem kleinen Kursrutsch wird eine Wohlstandsgefahr. Je stärker diese in den Medien thematisiert wird, desto fester wird sie in unseren Köpfen zementiert. Zumal Aktionäre von einem Crash persönlich betroffen sind und ein Crash immer auch spektakulär ist. Sind die Zeitungen voll von Geschichten über gescheiterte Investoren, ist die Vorstellung von der Börse als Hort des Bösen präsent in unseren Köpfen, sodass wir unsere Chancen auf Börsenerfolg unterschätzen. Der einfache Börsenalltag hingegen, in dem sich die Kurse gemächlich bewegen, schwebt unter unserem Aufmerksamkeitsradar. Kurzum: Wir halten den Crash für wahrscheinlich – und alltäglich –, während wir den Normalfall als ausgefallenes Ereignis ansehen. All die Erfolgreichen, die ihr

Vermögen stetig vermehren, tauchen in den Medien nicht auf. Die im Hellen sieht man nicht!

Dabei ist die Verfügbarkeitsheuristik nicht nur auf Kursrückgänge beschränkt. Menschen neigen generell dazu, Aktien und Assetklassen zu bevorzugen, die mediale Präsenz genießen. Aktien, über die häufig berichtet wird, Aktien mit hohen Kursausschlägen, Aktien mit Skandalen. Dadurch werden nicht nur negative, sondern auch positive Kurstendenzen verstärkt. Wer steigende Kurse gewöhnt ist, überschätzt die langfristigen Ertragsaussichten. Wer noch nie erlebt hat, dass Aktien auf breiter Front fallen, hält derartige Krisen für unwahrscheinlich und investiert entsprechend unbekümmert.

Interessant ist, dass Laien von der Verfügbarkeitsheuristik stärker betroffen sind als Experten, die sich weniger an Erinnerungen als an Statistiken orientieren.

8. Warum Sie nie aufhören sollten, alles infrage zu stellen

„Mit jeder Investition sollten Sie Spaß haben und Geld verdienen."
– MICHAEL JORDAN

Angenommen, Ihr Schwager erzählt Ihnen von einem Gerücht, wonach ein Unternehmen aus Ihrem Depot in finanziellen Schwierigkeiten steckt. Sie sind wie vor den Kopf gestoßen, bislang hat das

Unternehmen stets geliefert, was es versprochen hat. Doch der Anruf des Schwagers hat Sie völlig verunsichert. Es ist kurz vor Börsenschluss, hektisch suchen Sie im Internet nach den neuesten Nachrichten über das Unternehmen.

In diesem Fall werden Sie tendenziell nur jene Informationen aufnehmen, die das Szenario bestätigen, dass das Unternehmen Probleme bekommen wird. All die positiven Informationen, die Sie bislang dazu veranlasst haben, den Wert zu kaufen, werden Sie nicht beachten. Dieser psychologische Defekt wird „Confirmation Bias" genannt. Die „Bestätigungsvoreingenommenheit" erklärt, warum positiv eingestellte Anleger tendenziell positiv eingestellt bleiben und negativ eingestellte Anleger tendenziell negativ eingestellt bleiben, unabhängig davon, was tatsächlich am Kapitalmarkt vor sich geht. Menschen neigen dazu, zu glauben, was sie glauben wollen. Das Bestreben, unsere Überzeugungen zu bestätigen, kommt von Natur aus, während es sich kontraintuitiv anfühlt, nach Beweisen zu suchen, die unseren Überzeugungen widersprechen.

Anleger, die sich ihrer Bestätigungsverzerrung bewusst sind, können diese überwinden, indem sie bewusst nach Informationen suchen, die ihre bestehenden Meinungen untergraben. Ein angenehmer Nebeneffekt dieser Vorgehensweise ist, dass sie für Sie eine neue Definition des Selbstvertrauens zur Folge hat: die Fähigkeit, die Börse zu analysieren, ohne nach Instanzen zu suchen, die Ihrem Ego gefallen. Abraham Lincoln kannte diesen Effekt auch und nominierte für sein Kabinett bewusst rivalisierende Politiker mit unterschiedlichen Ideologien und Ansichten. Wenn er Entscheidungen traf, ermutigte Lincoln die Kabinettsmitglieder zu hitzigen Debatten und Diskussionen.

9. Warum Diversifizieren doch funktioniert

„Erst hatten wir kein Glück,
dann kam auch noch Pech hinzu."

– JÜRGEN WEGMANN

Die Kapitalanlage ist eine Sache der Wahrscheinlichkeiten und diese sind meistens kleiner als 100 Prozent. Eines der wesentlichen Zeichen für Selbstüberschätzung ist, wenn ein Anleger alles auf eine Karte setzt. Damit missachtet er eines der wichtigsten Grundprinzipien, das in allen gängigen Lehrbüchern zur Kapitalanlage empfohlen wird: die Diversifikation. Zweck der Diversifikation ist es, das unsystematische Risiko auszuschalten. Dies bedarf einer Erklärung.

In der modernen Portfoliotheorie[15] wird das Gesamtrisiko einer Aktie in zwei Teilrisiken zerlegt:

▶ Zum einen in das systematische Risiko oder Marktrisiko, das auf Faktoren zurückzuführen ist, denen sämtliche Wertpapiere gleichermaßen ausgesetzt sind. Die Ursachen des systematischen Risikos liegen zum Beispiel in politischen Ereignissen, unerwarteten Zins- oder Wechselkursänderungen, Kriegen, Terror oder Naturkatastrophen.

---

[15] Als Begründer dieses Risikokonzepts gelten Jack Treynor (1961), William F. Sharpe (1964), John Lintner (1965) und Jan Mossin (1966), die dieses Konzept unabhängig voneinander entwickelten.

▶ Zum anderen in das unsystematische, spezifische oder idiosynkratische Risiko, das sich aus unternehmensspezifischen Risiken wie Managementfehlern oder Produktfehlern ableitet.

Im Gegensatz zum systematischen Risiko, das für den Kapitalmarkt als Ganzen besteht, speist sich das unsystematische Risiko aus einem einzelnen Unternehmen. Das systematische Risiko ist unabhängig vom unsystematischen Risiko und umgekehrt. Während sich das unsystematische Risiko durch den Kauf einer größeren Anzahl von Aktien eliminieren lässt, kann das Marktrisiko nicht „weg-diversifiziert" werden. Es muss von einem Anleger, der sich am Aktienmarkt engagiert, auf jeden Fall getragen werden. Wer dagegen unsystematisches Risiko in Kauf nimmt, trägt Risiko, für das er nicht kompensiert wird – da es durch Diversifikation beseitigt werden könnte.

Aus der nachfolgenden Abbildung 8 wird ersichtlich, wie insbesondere ausgehend von einer geringen Anzahl von Werten im Depot eines Anlegers erhebliche positive Effekte aus der Diversifikation abgeleitet werden: Drei Aktien sind besser als eine, sechs Aktien wiederum besser als drei. Allerdings gilt diese Beziehung nicht unbeschränkt: Mit jedem zusätzlichen Depotwert verringert sich der positive Beitrag dieses Depotwerts zum Gesamtrisiko des Portefeuilles. Bildlich gesprochen nähert sich der Graph des unsystematischen Risikos asymptotisch der Horizontalen des systematischen Risikos an:

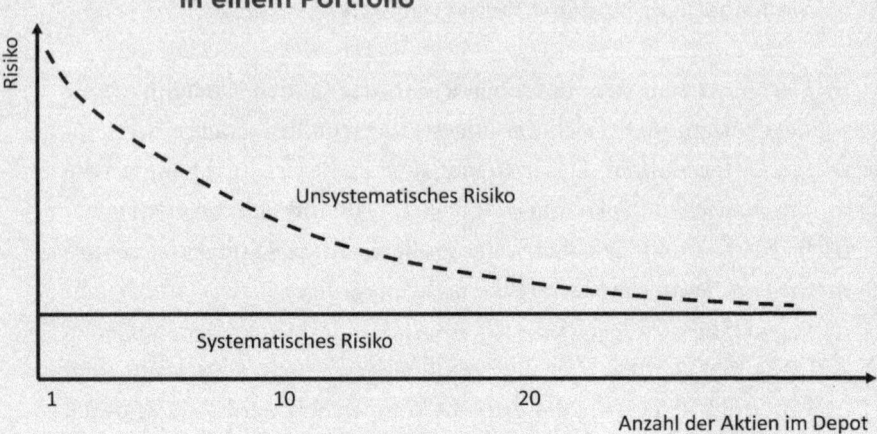

Abbildung 8 **Systematisches und unsystematisches Risiko in einem Portfolio**

Quelle: Eigene Darstellung

Bei Berücksichtigung der Kosten des Aktienerwerbs kann Überdiversifikation sogar negative Effekte auf den Gesamterfolg eines Anlegers haben, wenn nämlich die Kosten für den zusätzlichen Erwerb einer Aktie nicht mehr von den gesunkenen Diversifikationseffekten kompensiert werden. Aus den Lehrbüchern ist zu entnehmen, dass ein gut diversifiziertes Portefeuille mit etwa zehn bis 20 Titeln erreicht wird. Mit durchschnittlich 15 Depotwerten sind Sie also vor ungewöhnlichen Kursbewegungen einzelner Depotwerte größtenteils geschützt. Deutlich breiter diversifizierte Portefeuilles, wie sie leider immer wieder beobachtet werden können, sind demgegenüber ineffizient, nicht nur aus Kostengründen, sondern auch weil es einfach nicht viele Anlagegelegenheiten für einen „Deep Value"-Investor gibt. Denken Sie immer daran: Sie sind Investor, nicht Sammler.

Allerdings gilt die „15-Titel-Regel" nur, wenn die Geschäftsmodelle der Depotwerte nicht voneinander abhängig sind. Durch ein Depot aus 15 Autoherstellern mag Ihnen zwar eine Diversifikation innerhalb der

Autobranche gelungen sein, das unsystematische Risiko Ihres Depots hat sich jedoch kaum verringert. In stark fallenden Märkten wird der sich diversifiziert wähnende Depotinhaber schnell feststellen, was (nachlaufende) Korrelation und Volatilität im Ernstfall bedeuten. Wichtig ist also, dass die Geschäftsmodelle der Unternehmen voneinander unabhängig sind, sie also zueinander unkorreliert sind. Im Idealfall legen Sie also je zwei Unternehmen aus fünf bis acht Branchen in Ihr Depot.

Ungeachtet dieser portfoliotheoretischen Grundlagen gibt es aber einen alternativen Ansatz, der eine deutlich geringere Diversifikation propagiert. Da dieser ausgerechnet von Warren Buffett stammt, der damit seinen enormen Reichtum begründet hat, sollte er aufhorchen lassen. Buffetts Meinung nach sollten Anleger so viel Geld wie möglich in ihre jeweils beste Anlageidee stecken, sie sollten also, um im Börsendeutsch zu bleiben, ein konzentriertes Portefeuille abbilden. Und in der Tat besteht das Portfolio von Berkshire Hathaway seit jeher zum größten Teil nur aus fünf Aktien. [16] Kommt man also auch mit deutlich weniger als 15 Titeln aus? Oder anders formuliert: Ist Diversifikation womöglich sogar schädlich?

Eine erste Antwort auf diese provokante Frage lautet: Es kommt darauf an. Buffett investiert typischerweise in die „Global Titans", also die nach Marktkapitalisierung schwersten Aktien der Welt. Beispiele seiner Lieblingsaktien sind Nestlé, McDonald's, Coca-Cola oder Gillette. Diese weltumspannenden Unternehmen sind bereits in sich diversifiziert: Sie sind in allen Ländern der Erde mit vielen unterschiedlichen Produkten vertreten, was sie deutlich von Small oder Mid Caps unterscheidet, die größenbedingt Abhängigkeiten von bestimmten Regionen oder Produkten aufweisen. Darüber hinaus ist Buffett in den meisten Engagements der größte Einzelinvestor. Wenn er also eine Frage hat, wird er sich nicht mit dem Investor-Relations-Officer zufrieden geben, sondern direkt mit dem Vorstandsvorsitzenden der Gesellschaft sprechen, um seine Wünsche und Anregungen kundzutun.

---

[16] Vgl. hierzu: Martin, G. S.; Puthenpurackal, J. (2008).

Unter Umständen wird er sogar direkten Einfluss auf die Unternehmenspolitik nehmen.

Damit unterscheidet sich Warren Buffett von nahezu allen anderen Investoren weltweit. Ihn als Vorbild heranzuziehen ist in diesem Punkt (und nur in diesem!) keine besonders gute Idee.

Eine zweite Antwort lautet: Diversifikation ist schädlich, wenn der Investor „nicht weiß, was er tut". [17] Nur weil ein Wertpapier sich zu einem zweiten gegenläufig verhält, heißt dies nicht, dass ein Anleger nach den Grundsätzen der Diversifikation bessergestellt ist. Womöglich wäre es besser, das eine Wertpapier zu verkaufen – weil es zum Beispiel überbewertet ist.

Die dritte Antwort auf die Ausgangsfrage lautet: Nein, Diversifikation ist doch sinnvoll. Es gibt nämlich einen wichtigen Grund, Ihr Depot ausreichend zu diversifizieren – einen, der die beiden vorher genannten unbedeutend erscheinen lässt. Erfolg bedeutet nämlich weniger, Glück anzuziehen, als Pech zu vermeiden. Pech lässt sich niemals ausschließen, das ist ja gerade die Eigenschaft von Pech.

Wir alle kennen im Fußball die spektakulären Fernschusstore aus 30 oder 40 Metern. Wussten Sie, dass der Winkel des Stadions relativ zum Längengrad einen Einfluss darauf hat, ob ein Weitschuss ins Tor geht oder vom Pfosten zurück ins Spielfeld prallt? Der gleiche Weitschuss, der in der Münchener Allianz Arena ins Tor geht, prallt im Wembley-Stadion zurück ins Spielfeld. Dies liegt an der Erdrotation, die bei Weitschüssen je nach Lage des Stadions ein Tor ermöglicht oder verhindert.

Wie häufig kommt es vor, dass ein Produkt aus heiterem Himmel in Ungnade fällt, wie in der aktuellen Diskussion über die viele Jahre lang geförderten Dieselmotoren? Einst gefeierte Vorstände werden krank, haben einen Unfall oder werden wegen Steuerhinterziehung oder anderer Delikte angeklagt. Diese Vorkommnisse lassen sich weder prognostizieren

---

[17] Im Original von Warren Buffett, der meinte: „Wide diversification is only required when investors do not understand what they are doing."

noch ausschließen und haben doch massiven Einfluss auf die Kursentwicklung einer Aktie. Insofern ist Diversifikation weniger eine Frage der erfolgreichen Kapitalanlage als ein Konzept, sich mehrere Optionen offenzuhalten.

Bestes Beispiel hierfür ist die amerikanische Beteiligungsgesellschaft Sequoia Fund, ein höchst renommiertes Unternehmen, das gelegentlich hohe Wetten auf einzelne Gesellschaften einging – und damit sehr erfolgreich war: Laut Morningstar übertraf die Performance der Sequoia-Fonds seit ihrer Auflegung im Jahr 1970 in 332 von 333 rollierenden 10-Jahres-Zeiträumen die Vergleichsgruppe. Bis eine dieser Wetten, Valeant Pharmaceuticals, die 2015 für kurze Zeit zum werthaltigsten Unternehmen der kanadischen Börse wurde, nach staatsanwaltschaftlichen Ermittlungen fast 90 Prozent ihres Wertes verlor – zu einem Zeitpunkt, als Valeant fast 30 Prozent des Portfoliowerts von Sequoia entsprach.

All dies zeigt, dass ein derart konzentriertes Portefeuille stets ein zweischneidiges Schwert ist: Wenn Sie groß wetten und gewinnen, können Sie jahrelang von dieser einen Anlageidee leben. Aber wenn Sie groß wetten und verlieren, können Sie möglicherweise einen Ruf ruinieren, dessen Aufbau Sie viele Jahre gekostet hat. Oder sich komplett aus dem Markt katapultieren und im Armenhaus landen, denn an der Börse gibt es weitaus mehr Flops als Erfolgsgeschichten. Diversifizierung kann Sie nicht davor schützen, Geld zu verlieren. Aber Diversifizierung sorgt dafür, dass Sie, wenn es an der Börse abwärts geht, weniger verlieren als andere.

Abbildung 9 **Um was es bei Diversifikation wirklich geht**

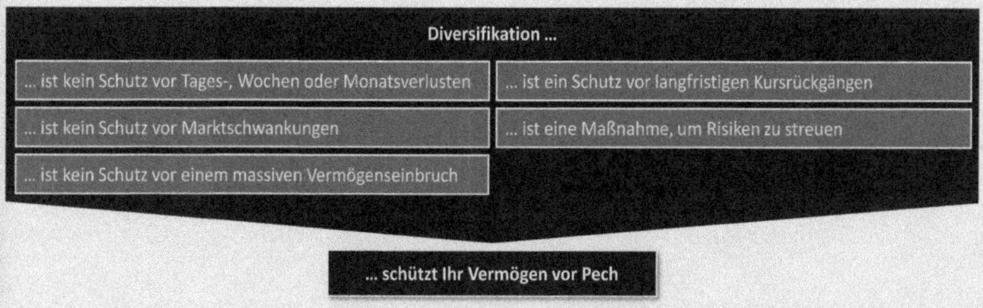

Diversifikation ...

... ist kein Schutz vor Tages-, Wochen oder Monatsverlusten	... ist ein Schutz vor langfristigen Kursrückgängen
... ist kein Schutz vor Marktschwankungen	... ist eine Maßnahme, um Risiken zu streuen
... ist kein Schutz vor einem massiven Vermögenseinbruch	

... schützt Ihr Vermögen vor Pech

Quelle: Eigene Darstellung

10. Warum Sie auch an das Fernliegende denken sollten

„Als Erstes im Bankwesen lernt man den Respekt vor Nullen."

– CARL FÜRSTENBERG

Ein beliebtes Forschungsthema der wissenschaftlichen Kapitalmarkt-literatur ist, ob Anleger Wertpapiere bevorzugen, über die sie (vermeintlich) präzise informiert sind, und wenn ja, ob dieser Informationsvorteil zu einer höheren Anlageperformance führt. Ein Beispiel hierfür könnte der Informationsvorsprung sein, den ein Anleger bei Unternehmen hat, die sich in der Nähe seines Wohnorts befinden. Ein alternatives Forschungsgebiet sind Mitarbeiter börsennotierter Unternehmen, die überproportional viele Aktien ihres Arbeitgebers kaufen, da sie dessen Ertragsperspektiven weitaus besser einschätzen können als die zukünftige Entwicklung fremder Unternehmen. Die englisch-sprachige Kapitalmarktforschung spricht hier von „Familiarity Bias", was ich in Anlehnung an den Begriff der Kirchturmpolitik mit Kirchturm-verzerrung übersetze.

Abbildung 10 **Aktionäre in Deutschland**

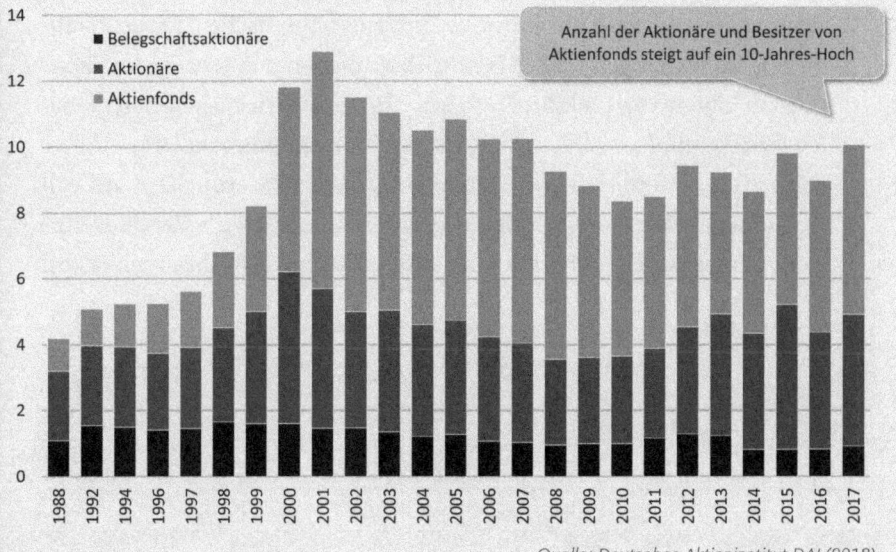

Quelle: Deutsches Aktieninstitut DAI (2018)

Sich so zu verhalten weist zwei Defizite auf. Zum einen wird das Risiko eines Arbeitsplatzverlustes mit dem Kapitalanlagerisiko verbunden. Geht es dem Arbeitgeber schlecht, hat dies in der Regel negative Auswirkungen auf den Aktienkurs. Zugleich steigt das Risiko einer Kündigung, und zwar genau in dem Augenblick, in dem die Arbeitnehmer auf ihre Ersparnisse zurückgreifen müssen. Eine übermäßige Konzentration des angelegten Vermögens in (im Extremfall nur) einer Aktie führt zu einer suboptimalen Diversifikation. Zu den berühmtesten Beispielen gehört Enron: Ende 2000 hatten Enron-Mitarbeiter durchschnittlich 62 Prozent ihres Altersguthabens in Aktien ihres Arbeitgebers investiert. Als das Unternehmen Ende 2001 Insolvenz anmelden musste, verloren deren Mitarbeiter nicht nur ihre Arbeitsplätze, sondern auch einen großen Teil ihrer Rentenansprüche.

Zur Vermeidung dieses sogenannten „Attention-Grabbing-Effekts", wonach Menschen gern auf Dinge zurückgreifen, die immer wieder ihre Aufmerksamkeit erregen, würde es durchaus Sinn machen, Diversifikation, wie im vorherigen Kapitel beschrieben, nicht nur auf sektoraler Ebene oder auf Ebene von Einzeltiteln zu betreiben, sondern auch nach regionalen Gesichtspunkten; und dann eben nicht nur deutsche Aktien zu kaufen, sondern auch ausländische. Häufig wird diese Forderung anhand von Abbildungen wie der folgenden begründet, in der ich die Renditekennzahlen einzelner Länder für den Zeitraum 2007 bis 2017 abgetragen habe.

Abbildung 11 **Performance der wichtigsten Länder-Indizes**

2007	2008	2009	2010	2011	2012	2013	2014	2015	2016	2017
HKG 41,2%	ISR -28,8%	HKG 60,2%	HKG 23,2%	GBR -2,5%	GER 32,1%	GER 32,4%	ISR 23,7%	ISR 11,1%	AUT 11,9%	AUT 59,0%
ISR 40,0%	JPN -29,1%	ISR 54,6%	JPN 15,6%	NED -11,7%	HKG 28,3%	NED 31,8%	HKG 5,1%	JPN 9,9%	FRA 6,0%	HGK 36,2%
GER 35,9%	FRA -42,7%	AUT 44,8%	AUT 10,7%	JPN -14,2%	AUT 27,0%	FRA 27,7%	NED -3,2%	AUT 3,9%	NED 5,3%	NED 32,7%
NED 21,1%	GER -45,5%	GBR 43,4%	GER 9,3%	FRA -16,0%	FRA 22,8%	JPN 27,4%	JPN -3,2%	ITA 3,%	GER 3,5%	FRA 29,9%
FRA 14,0%	NED -47,9%	NED 43,0%	GBR 8,8%	HKG -16,0%	NED 21,2%	ITA 21,3%	GBR -5,4%	NED 1,7%	JPN 2,7%	ITA 29,6%
GBR 8,4%	GBR -48,3%	FRA 33,3%	ISR 5,0%	GER -17,5%	GBR 15,3%	GBR 20,7%	FRA -9,0%	FRA 0,8%	HGK 3,2%	GER 28,5%
ITA 7,3%	ITA -49,2%	ITA 28,0%	NED 2,2%	ITA -22,3%	ITA 13,5%	AUT 14,3%	ITA -9,0%	HKG -0,5%	GBR 0,0%	JPN 24,4%
AUT 2,7%	HKG -51,2%	GER 26,6%	FRA -3,2%	ISR -27,6%	JPN 8,4%	ISR 11,9%	GER -9,8%	GER -1,3%	ITA -9,5%	GBR 22,4%
JPN -4,1%	AUT -68,2%	JPN 6,4%	ITA -14,1%	AUT -36,0%	ISR -3,9%	HKG 11,1%	AUT -29,4%	GBR -7,5%	ISR -24,5%	ISR 2,6%

■ Deutschland
□ Europa

Quelle: MSCI, FTSE, BofAML, Barclay's, Bloomberg

Zu erkennen ist, dass eine internationale Diversifikation durchaus Vorteile bieten kann. Schon allein deshalb, weil es kaum nachvollziehbar ist, 95 Prozent der Aktien dieser Welt aus dem Anlageprozess auszuschließen. Allerdings sind diese Vorteile in den vergangenen Jahrzehnten immer mehr geschrumpft. Wie Sie aus Abbildung 11 erkennen können, sind die meisten Länder entweder gemeinsam im Plus oder gemeinsam im Minus.

Bei steigender Korrelation der Märkte, wie sie in den letzten Jahren beobachtet werden konnte, ist ein funktionierendes Länder-Hedging kaum mehr möglich. Der Grund hierfür liegt in der zunehmenden weltweiten Technologisierung. Das Internet führt zu einer Sozialisierung von Informationen. Jeder hat plötzlich Zugang zu allen Informationen rund um den Globus. Die Welt wird wieder zu einer Scheibe.

Trotzdem kann sich eine internationale Diversifikation lohnen: Selbst bei steigenden Korrelationen entwickeln sich die Märkte niemals vollkommen synchron. Überdies bringen Wertpapiere aus anderen Ländern und Währungen auch ein kulturelles Element mit sich, das meiner Meinung nach in der Asset Allocation häufig unterschätzt wird: So können Anleger durch ein international diversifiziertes Portfolio auch von den Fehlern der Anleger in fernen Ländern profitieren.

11. Weshalb Sie nie vollständig investiert sein sollten

„Kasse zu halten ist unbequem, aber nicht so unbequem, wie etwas Dummes zu tun!" – WARREN BUFFETT

Erfolgreiche Anleger zeichnet aus, dass sie nicht vollständig investiert sind, ja dies nicht sein wollen. Sie halten immer mindestens einen kleinen Anteil ihres Vermögens in Form von Bargeld. Diese Bereitschaft ist meistens keine bewusst verfolgte Strategie, sondern vor allem das Ergebnis fehlender attraktiver Anlagemöglichkeiten.

Angenehmer Nebeneffekt einer Cash-Quote ist, dass Anleger schnell reagieren können, wenn sie eine Kaufgelegenheit entdecken. Deshalb vergleicht Buffett die frei verfügbare Liquidität mit Sauerstoff: Jeder braucht ihn, jeder nimmt seine Existenz als selbstverständlich hin, doch im Notfall ist Sauerstoff das Einzige, was zählt.

Schließlich übernimmt Liquidität auch eine psychologische Rolle: Liquidität ermöglicht es Ihnen, Ihre Anlagestrategie in allen denkbaren wirtschaftlich oder politisch unruhigen Zeiten beizubehalten.

12. Wie viel Sie auf eine einzelne Aktie setzen sollten

*„Wie sind Sie bankrott-
gegangen? Erst allmählich
und dann ganz plötzlich."*
– *ERNEST HEMINGWAY
(AUS SEINEM BUCH „FIESTA")*

So menschlich es ist, dass viele Anleger danach streben, ihr Vermögen ausschließlich in das eine beste Wertpapier zu investieren (ein Bestreben, das meist darin mündet, dass eine Aktie erworben wird, die in der letzten Zeit gut gelaufen ist), so nachteilig ist dieses Vorgehen für den langfristigen Anlageerfolg. Doch wie sollte das Vermögen richtig aufgeteilt werden? Diese Frage beantwortet die Kelly-Formel. Die Kelly-Formel (auch Kelly-Kriterium genannt) wurde nach John Larry Kelly Jr., einem brillanten, gleichwohl exzentrischen Mitarbeiter der AT&T Bell Laboratories benannt, der sie 1955 entwickelt hat. Abgesehen von Spielhallen und Rennbahnen wird sie heute auch von Investoren eingesetzt. Sie lautet:

$$\text{Kelly} - \text{Formel} = W_G - \frac{(1 - W_G)}{Q_{GV}}$$

Was soll „Kelly minus Formel" heißen?

Die Formel beinhaltet zwei Parameter: W_G ist der Faktor, der die Wahrscheinlichkeit beschreibt, eine Wette (Pferderennen, Aktienkauf) mit einem Gewinn abzuschließen, und Q_{GV}, also die Gewinn-Verlust-Quote. Sie errechnet sich aus den mit Gewinn-Trades erzielten Gewinnen dividiert durch die mit Verlust-Trades hingenommenen Verlusten.

Die Kelly-Formel sagt einem Anleger, der sein Vermögenswachstum maximieren will, welchen prozentualen Anteil seines Vermögens er auf ein bestimmtes Wertpapier setzen sollte. Dass die Beantwortung dieser Frage Menschen überfordern kann, mussten vor Kurzem die Teilnehmer eines Experiments feststellen.[18] Sie wurden gebeten, bei einer Lotterie mitzuspielen, in der die Teilnehmer in 60 Prozent der Fälle gewinnen und ihren Einsatz verdoppeln, in 40 Prozent der Fälle dagegen ihren Einsatz verlieren. Jeder Teilnehmer wurde mit 25 Dollar ausgestattet und hatte 30 Minuten Zeit, zu spielen. In diesem Zeitraum war die Platzierung von etwa 300 Wetten möglich.

Das Ergebnis des Experiments? Ein Drittel der Teilnehmer hatte am Ende weniger als zu Beginn des Experiments, 28 Prozent der Teilnehmer erlitten sogar einen Totalverlust und gingen pleite. Lediglich 21

---

[18] Vgl. Haghani V.; Dewey R. (2016).

Prozent der Teilnehmer erreichten das festgeschriebene Gewinnmaximum von 250 Dollar, das bei korrekter Anwendung der Kelly-Formel von durchschnittlich 95 Prozent der Teilnehmer hätte erreicht werden müssen. Dementsprechend lag auch die durchschnittliche Auszahlung mit 91 Dollar deutlich unter dem Erwartungswert von knapp 250 Dollar. 18 der 61 Teilnehmer setzten während des Experiments sogar alles auf eine Karte, wodurch die Wahrscheinlichkeit eines Totalverlusts, die bei Verwendung der Kelly-Formel bei nahezu 0 Prozent liegt, auf 40 Prozent explodierte.

Wie hätte die optimale Strategie unter Verwendung der Kelly-Formel gelautet? Wenn wie in dem beschriebenen Experiment die Gewinnwahrscheinlichkeit W_G bei 60 Prozent und die Gewinn-Verlust-Quote Q_{GV} bei 1 (der Einsatz wird im Gewinnfall verdoppelt, der Reingewinn entspricht genau dem Einsatz) liegt? In diesem Fall errechnet sich über

$$\text{Kelly} - \text{Formel} = W_G - \frac{1 - W_G}{Q_{GV}} = 0,6 - \frac{1 - 0,6}{1} = 0,2$$

ein Anteil von 20 Prozent des Vermögens, der für jede Lotterie eingesetzt werden sollte.

Wenn Sie in diesem Beispiel mehr als 20 Prozent für eine bestimmte Lotterie einsetzen, besteht das Risiko, langfristig einen Totalverlust zu erleiden – selbst wenn, wie in diesem Fall, die Chancen statistisch zu Ihren Gunsten stehen. Auf der anderen Seite liegt der durchschnittliche Gewinn eines Teilnehmers bei Verwendung der Kelly-Formel bei 4,0 Prozent.[19] Wenn Sie glauben, das sei nichts Besonderes, dann sollten Sie den Zeitraum berücksichtigen, in dem dieser Gewinn vereinnahmt

---

[19] Laut der Kelly-Formel würden wir 20,0 Prozent unseres Vermögens von 25,00 Dollar auf die erste Lotterie setzen, mithin 5,00 Dollar. Der erwartete Gewinn dieser Lotterie beträgt 1,00 Dollar, berechnet aus einer 60-prozentigen Gewinn- und einer 40-prozentigen Verlustchance, also $0,6 \cdot 5,00 - 0,4 \cdot 5,00 = 1,00$. Bei einem unterstellten Kapitaleinsatz von 25,00 Dollar entspricht dies einer Rendite auf das eingesetzte Kapital von $r = 1,00 / 25,00 = 4,0$ Prozent.

werden kann. Ein geübter Spieler ist durchaus in der Lage, eine Lotterie innerhalb von sechs Sekunden zu spielen. Innerhalb der vorgegebenen 30 Minuten wären also 300 Lotteriespiele möglich gewesen, was einen Gesamtgewinn von

$$25{,}00 \cdot (1 + 0{,}04)^{300} - 25{,}00 = 3.220.612{,}15 \text{ [Euro]}$$

zur Folge gehabt hätte. Nicht schlecht, für eine halbe Stunde „Arbeit".[20] Was soll Ihnen dieses Experiment zeigen? Um an der Börse reich zu werden, ist es zunächst einmal wichtig, weiter am „Börsenspiel" teilnehmen zu können. Wer sein Vermögen verloren hat, kann keine Wertpapiere mehr kaufen.

13. Warum Kalendereffekte nicht (mehr) funktionieren

„Es gibt einen großen Unterschied zwischen beinahe tot und ganz tot. Beinahe tot ist ein bisschen lebendig."
– MIRACLE MAX (AUS DEM FILM „DIE BRAUT DES PRINZEN")

---

[20] Dabei entspricht dies nur dem durchschnittlich erwarteten Gewinn. Wenn der Lotteriespieler eine Glückssträhne gehabt und 70 Prozent der Lotterien gewonnen hätte, hätte sein Endvermögen bei knapp 2 Milliarden US-Dollar gelegen.

Vielleicht müssen Sie gerade während der schwankungsanfälligen Frühlingstage an die Börsenweisheit „Sell in May and go away" denken, auf Deutsch: „Verkaufe im Mai deine Aktien und gehe fürs Erste deiner Wege." Dieser Klassiker unter den Börsenweisheiten wird gerade in den letzten Aprilwochen häufig bemüht, um schwache Aktienkurse zu deuten.

Sie mögen sich nun fragen, ob in dem Spruch nicht doch ein Körnchen Wahrheit steckt und wie Sie als Anleger darauf reagieren sollten. Hintergrund der Mai-Regel sind statistische Auswertungen, die eine gewisse Saisonalität in der Entwicklung der Aktienmärkte erkennen lassen: Im historischen Rückblick lief es demnach an den Börsen in den Monaten Mai bis September häufig schlechter als in den Monaten von Oktober bis Ende April. Doch stimmen diese Auswertungen?

Abbildung 12 **Kalendereffekte und ihre Erklärung (Auswahl)**

Januar-Effekt	Im Januar werden häufiger überdurchschnittliche Renditen erzielt, da sich viele Investoren dazu entschlossen haben, vor Ende des vorangegangenen Jahres ihre Wertpapiere zu verkaufen, um steuerliche Verluste geltend machen zu können. Das frei verfügbare Kapital wird dann im Januar neu investiert.
Januar-Barometer	Das Januar-Barometer beschreibt die Annahme, dass die Kursentwicklung im Januar stellvertretend für das Gesamtjahr sein soll.
Wochenend- oder Montags-Effekt	An Montagen sinken die Aktienkurse häufiger als an anderen Wochentagen, da Unternehmen dazu neigen, negative Meldungen an Freitagen nach Börsenschluss zu veröffentlichen, um Anlegern über das Wochenende ausreichend Zeit zu geben, diese zu interpretieren.
Feiertags-Effekt	An Handelstagen, die vor oder nach Feiertagen liegen, steigen Aktienkurse häufiger als an anderen Handelstagen, da Leerverkäufer ihre Positionen vor den Feiertagen schließen, um die Feiertage stressfrei zu genießen.
Jahresendrally	Die Jahresendrally (anders als die Autorallye tatsächlich ohne „e" geschrieben) beschreibt das Phänomen, dass die Aktienkurse in den letzten Tagen des Jahres noch einmal ansteigen. Warum das so ist, weiß niemand so ganz genau, zumal die Jahresendrally im Widerspruch zum Januar-Effekt zu stehen scheint. Und es weiß auch niemand, warum die Jahresendrally mal wieder nicht stattgefunden hat.
Mark-Twain-Effekt	Der Mark-Twain-Effekt beschreibt das Phänomen, wonach Aktienkurse im Oktober häufiger sinken als in anderen Monaten. Dieser Effekt geht auf ein Bonmot des US-amerikanischen Schriftstellers zurück, der einst meinte: „Der Oktober ist einer der gefährlichsten Monate, um mit Aktien zu spekulieren. Die anderen Monate sind Juli, Januar, September, April, November, Mai, März, Juni, Dezember, August und Februar."

Quelle: Eigene Darstellung

Lassen Sie uns logisch an die Sache herangehen. Wäre es möglich, durch die Nutzung von Kalendereffekten eine Überrendite zu erzielen, würden Anleger aus naheliegenden Gründen versuchen, von dieser Kenntnis zu profitieren. Im Fall der „Sell in May"-Regel würden Anleger ihre Aktien Anfang Mai verkaufen und im September zurückkaufen. Je mehr Anleger dieser Strategie folgen, umso stärker fällt der Kursrutsch Anfang Mai aus. Einzelne Anleger würden versuchen, diesen Kursrutsch vorwegzunehmen, und ihre Aktien bereits im April verkaufen. Teile des im Mai erwarteten Kursverfalls würden daher bereits im April stattfinden. Auch dies würde sich schnell herumsprechen mit der Folge, dass Anleger ihre Aktienverkäufe noch weiter in den März vorverlegen würden. Und so geht es weiter, bis der ursprüngliche Kalendereffekt über die Zeit gänzlich verschwunden ist.

Auf diese Weise verschwinden unterjährige Effekte, aber auch langfristige Strategien funktionieren nicht mehr. So war in der ersten Hälfte des letzten Jahrhunderts der Vergleich von Dividendenrenditen mit Renditen von Staatsanleihen ein wohl funktionierender Timing-Indikator: Dividendenrenditen lagen in der Regel über der Verzinsung von „risikolosen" Staatsanleihen. Fielen sie dagegen unter die Anleiherenditen, war es Zeit, sich von Aktien zu verabschieden und in die Sicherheit von Staatsanleihen zu wechseln. Diese Strategie funktionierte, bis sie so populär wurde, dass sie nicht mehr funktionierte.

Diese Form der Erosion macht vor keinem Kalendereffekt halt: Die allgemeine Kenntnisnahme von Kalendereffekten führt dazu, dass diese über kurz oder lang nicht mehr existieren – oder rein zufällig sind. Wenn Kalendereffekte aber nur aus Zufall entstehen, lassen sie sich nicht sinnvoll in eine Investmentstrategie umsetzen. Sie schrumpfen damit zu zufälligen Durchschnittsbewegungen, die in einem Jahr auftreten, im anderen Jahr nicht. Man kann sich also nicht sicher sein.

Dies ist das typische Drehbuch, bis ein durchschnittlicher Anleger von einer Börsenanomalie erfährt. Einige Zeit mag es durchaus gewinnbringend sein, bestimmte Anomalien zu nutzen, vor allem für diejenigen, die sie ursprünglich entdeckt haben. Doch spätestens, wenn auch Akademiker davon erfahren und in ihren Forschungsarbeiten veröffentlichen, ist es mit den Überrenditen vorbei. Spätestens dann nimmt die Wall Street den Trend auf und trägt ihren Teil dazu bei, dass vormalige Anomalien nicht mehr funktionieren. Was auf den Titelseiten der Zeitungen steht, kann an der Börse nicht mehr funktionieren.

14. Was Sie von sonstigen Börsenweisheiten halten sollten

„Jede ausreichend fortgeschrittene Technologie ist von Magie nicht zu unterscheiden."
– ARTHUR C. CLARKE

Eng verwoben mit den Kalendereffekten sind die viel zitierten Börsenweisheiten. Diese werden von Zeit zu Zeit ausgegraben. Zum Beispiel Anfang Februar, wenn in den USA der Superbowl stattfindet. Mit Ausnahme der Fans des jeweiligen Teams hoffen die Börsianer auf einen Sieg des Vertreters der NFC. Grund ist der sogenannte Superbowl-Indikator. Dieser geht auf Leonard Koppett zurück, einen ehemaligen Sportreporter der *New York Times*. Dieser hat Mitte der 1970er-Jahre einen Zusammenhang zwischen dem Gewinner des Superbowl und der darauffolgenden Entwicklung des amerikanischen Aktienmarkts ausgemacht. Hierzu muss man wissen, dass die National Football League NFL aus zwei Teilen besteht, den sogenannten Conferences. Koppett stellte fest, dass der US-Aktienmarkt, repräsentiert durch den S&P 500, immer dann stieg, wenn eine Mannschaft aus der National Football Conference den Superbowl gewonnen hatte. Gewann hingegen ein Team aus der American Football Conference, dann fiel der Aktienmarkt. Statistiken zufolge lag der Superbowl-Indikator in 40 von 50 Fällen richtig. Dies entspricht einer Erfolgsquote von 80 Prozent.

Abbildung 13 **Börsenindikatoren und ihre Erklärung (Auswahl)**

Superbowl-Indikator	Basierend auf den Analysen des *NYT*-Reporters Leonard Koppett steigt der US-Aktienmarkt, nachdem eine Mannschaft aus der National Football Conference den Superbowl gewonnen hat. Der Index fällt nach einem Sieg des Endspielteilnehmers aus der American Football Conference.
Lippenstift-Indikator	Der Lippenstift-Indikator geht auf Leonard Lauder, den Vorsitzenden von Estée Lauder, zurück, nachdem die Verkäufe von Lippenstift im Gefolge der Terroranschläge von 2001 sprunghaft angestiegen waren. Seine Interpretation: Frauen wenden sich weniger kostspieligen Luxusgütern wie dem Lippenstift zu, wenn sie weniger zuversichtlich in die Zukunft blicken.
High-Heels-Indikator	Forscher von IBM haben während ihrer Auswertung von Social-Media-Sites entdeckt, dass flache Schuhe ein mögliches Zeichen für eine bevorstehende wirtschaftliche Erholung sind. Als Begründung wird angeführt, dass in Zeiten der Rezession unter den Verbrauchern der Wunsch entsteht, die Prahlerei im Alltag zu reduzieren.
Rocksaum-Indikator	Nach der Rocksaum-Theorie gibt es einen direkten Zusammenhang zwischen der Länge des Rocksaums und dem New Yorker Aktienindex. Damit wird eine Korrelation zwischen der sozial determinierten Mode zu einem ökonomisch bestimmten Aktienindex suggeriert. Mit anderen Worten: Auf Wohlstand folgen Optimismus und Risikofreude. Allerdings trifft diese Theorie allein aufgrund der heute weit vorangeschrittenen Individualisierung und Vielfalt der Modestile nicht mehr zu.

Quelle: Eigene Darstellung

Viele Spekulanten sind in der Tat abergläubisch – und messen gerade langlaufenden Statistiken eine große Bedeutung bei. Als seriöser Anleger sollten Sie sich besser nicht in die Irre führen lassen. Zwar weist der Superbowl-Indikator, obwohl ihm jegliche wissenschaftliche Grundlage fehlt, eine erstaunliche Trefferquote auf. So beeindruckend diese auch sein mag, der Eindruck, dass „das doch kein Zufall sein kann", täuscht. Zwischen dem Gewinner des Superbowl und dem amerikanischen Aktienmarkt fehlt jeglicher Zusammenhang.

Die Beobachtung, dass zwei Dinge gleichzeitig auftreten, darf nicht mit einem kausalen Zusammenhang verwechselt werden. Statistiken, die einen Zusammenhang behaupten, wo doch nur eine Gleichzeitigkeit gegeben ist, versuchen den Leser zu manipulieren. Dabei sind Schlussfolgerungen aus derartigen „Statistiken" rein willkürlich, wie nachstehende Darstellung zeigt:

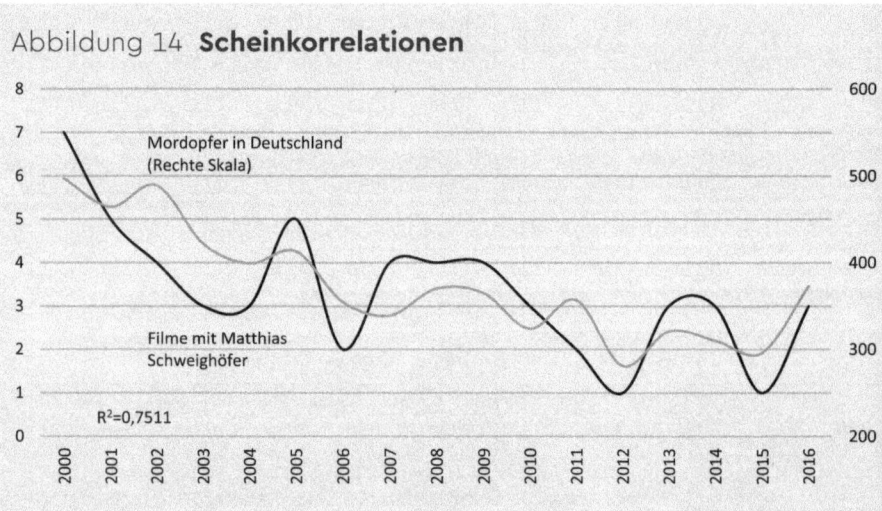

Abbildung 14 **Scheinkorrelationen**

Mordopfer in Deutschland (Rechte Skala)

Filme mit Matthias Schweighöfer

$R^2=0,7511$

Quelle: Destatis, Internet Movie Database

Die einzige Ausnahme ist eine Börsenweisheit, die nicht nur oft zutrifft – sondern garantiert immer. Sie lautet: „Hin und Her macht Taschen leer." Das dauernde Kaufen und Verkaufen kostet Sie im Zweifel ausschließlich hohe Börsengebühren und Steuern.

An der Börse, um einen weiteren Börsenspruch zu bedienen, wird weder zum Einstieg noch zum Ausstieg geklingelt. Diese Börsenregel relativiert die Nützlichkeit aller Kalenderregeln. Denn Aktienmärkte gehen so lange nach oben, bis sie es nicht mehr tun. Am Ende des Tages ist der beste Freund des Anlegers bekanntermaßen der Trend. Über einen langen Zeitraum verspricht er generell steigende Notierungen. Langfristig profitieren Sie als Anleger vom technologischen Fortschritt, neuen Entdeckungen und Erfindungen, Effizienzprogrammen und Kostensenkungsmaßnahmen in Unternehmen, kurz: dem Wachstum der Wirtschaft ganz allgemein. Hinzu kommt die Inflation, denn Sach- und Produktivkapital wie Aktien und Immobilien behalten auch bei einem schnelleren Preisanstieg ihren realen Wert und steigen folglich im Kurs.

15. Warum Sie den Markt auf gar keinen Fall „timen" sollten

„Die Weisheit des Investors beginnt mit der Erkenntnis, dass langfristige Renditen die einzigen sind, auf die es ankommt."

– WILLIAM BERNSTEIN

Bestimmt haben Sie schon einmal die Geschichte gehört: Einem Bekannten (möglicherweise auch einem Kollegen oder dem Taxifahrer) ist es gelungen, eine Aktie zu (lokalen) Tiefstkursen zu kaufen, für eine Weile zu halten und anschließend zu (lokalen) Höchstkursen zu verkaufen. Voller Stolz erzählt er Ihnen von seinem Coup, neidisch hören Sie sich seine Geschichte an. Ihr Bekannter scheint ein Guru zu sein und so fühlt er sich auch.

Man nennt diese Strategie den Kapitalmarkt „timen". Der Begriff stammt aus dem Englischen und beschreibt den Versuch, die Investitionsquote zu maximieren, wenn ein Anstieg des Kapitalmarkts vorhergesagt wird, und die Investitionsquote zu verringern oder auf null zu setzen, wenn ein rückläufiger Kapitalmarkt erwartet wird. Werden steigende Zinsen prognostiziert, versuchen Anleger, den Anteil langlaufender Anleihen zugunsten von Kurzläufern zu verkaufen, da Erstere größere Kursverluste verzeichnen als Letztere. In einem Mischportefeuille wird der Markt-Timer die Aktienquote erhöhen, wenn er glaubt, dass Aktien eine höhere Rendite erwirtschaften als Anleihen, und umgekehrt.

Um den Markt zu „timen", interpretieren Anleger häufig technische Analyse-Indikatoren für Aufwärts- und Abwärtstrends, werten ökonomische Fundamentaldaten aus oder vertrauen auf Glück. Viele Anleger sind erpicht darauf, den perfekten Ein- und Ausstiegszeitpunkt zu treffen, und geradezu besessen davon, die nächste 5-Prozent-Korrektur abzupassen.

Unglücklicherweise funktionieren diese Timing-Strategien nicht. Denn die Verkäufer sind nicht schlauer als die Käufer und beiden Gruppen stehen dieselben Informationen zur Verfügung. Je häufiger Depotumschichtungen vorgenommen werden, desto sicherer scheitern sie. Dementsprechend groß ist die Frustration, wenn das Timing misslingt. Und da es naturgemäß nur in den seltensten Fällen gelingt, sind viele Markt-Timer enttäuscht und ziehen sich über kurz oder lang von der Börse zurück.

Dabei ist es in der Geschichte der Börse keinem Anleger jemals gelungen, dauerhaft, das heißt über einen vollständigen Börsenzyklus hinweg, verschiedene Aktien erfolgreich zu Tiefstkursen zu kaufen und zu Höchstkursen zu verkaufen. Peter Lynch, der mit dem von ihm gemangten Fidelity-Magellan-Fonds zwischen 1977 und 1990 eine durchschnittliche jährliche Rendite von sage und schreibe 29,2 Prozent erzielte, meinte dazu, dass „in der von *Forbes* veröffentlichten Hitparade der Reichen der Welt noch nie ein Börsentiming-Experte vertreten war". [21]

Zu Tiefstkursen ein- und zu Höchstkursen auszusteigen gehört in das Reich der Börsenmythen. Nur wenigen Day-Tradern ist es vorbehalten, Tages- oder Minutenschwankungen profitabel zu nutzen. Vor allem gilt schließlich auch hier: Die Kosten des Markt-Timings können erheblich sein. Einer Analyse von Morningstar zufolge, eines US-amerikanischen Finanzinformations- und Analyseunternehmens, haben aktiv gemangte Fonds, die sich bei ihren Ein- und Ausstiegszeitpunkten an ausgewählten makroökonomischen Faktoren orientieren, eine um 1,5 Prozent pro Jahr schlechtere Wertentwicklung als passiv gemanagte Fonds, die ihren Aktienbestand längerfristig halten.

Diese schlechtere Wertentwicklung hat zwei Ursachen:

▶ **Opportunitätskosten:** Wäre ein Investor im US-amerikanischen S&P 500 Index, einem breiten Aktienindex aus den 500 größten US-Unternehmen, dauerhaft investiert gewesen, hätte er im Zeitraum 1995 bis 2014 eine durchschnittliche jährliche Kurssteigerung von 9,9 Prozent erzielt. Hätte er jedoch die zehn besten Tage versäumt, würde seine Wertentwicklung auf 6,1 Prozent zurückgehen. Dies liegt daran, dass Aktienmärkte häufig gerade während volatiler Marktphasen dazu neigen, besonders starke Kursanstiege zu erzielen. Wer dann nicht investiert ist, verliert langfristig.

---

[21] Im Original meinte er noch: „If it were truly possible to predict corrections, you'd think somebody would have made billions by doing it." Zitiert nach: Gay, M. L. (2012): S. 39.

▶ **Transaktionskosten:** Zahlreiche Studien haben gezeigt, dass markttimende Fonds gegenüber dem Aktienmarkt eine um bis zu 3 Prozent schlechtere Wertentwicklung aufweisen als Fonds mit einem sogenannten Buy-and-hold-Ansatz. Neben den zum Teil erheblichen direkten und indirekten Kosten für den Kauf und Verkauf von Aktien – zu nennen sind vor allem die Geld-Brief-Spanne sowie Makler- und Börsengebühren – sind hierfür auch Kapitalertragsteuern verantwortlich.

Morningstar zufolge müssten markttimende Fonds eine Trefferquote von über 70 Prozent erzielen, um eine vergleichbare Wertentwicklung aufzuweisen wie passiv gemanagte Fonds – eine kaum zu erreichende Trefferquote. Dies zeigt: Timing ist an der Börse der am wenigsten wichtige Indikator. Peter Lynch sprach sogar von totaler Zeitverschwendung. Viel wichtiger sind der Zeitraum, den ein Anleger sich gesetzt hat, und die richtige Auswahl der Einzelwerte. Nicht die Wertpapiere, die man kauft und verkauft, sind entscheidend für die Performance an der Börse; es sind die Wertpapiere, die man hält.

16. Warum Sie langfristig denken sollten

„Wer nicht bereit ist, eine Aktie zehn Jahre zu halten, sollte sie keine zehn Minuten besitzen."

– WARREN BUFFETT

Dies bringt uns zur Frage des richtigen Anlagehorizonts. Zu akzeptieren, dass Sie als Anleger keine Kontrolle über das kurzfristige Verhalten der Aktienmärkte haben, ist der erste Schritt, einen langfristigen Anlagehorizont anzunehmen. Die überwiegende Mehrheit der Anleger investiert jedoch kurzfristig. Hierfür mag es Gründe geben. Anleger müssen möglicherweise Aktien verkaufen, um ihre Portfolios neu abzustimmen, um Risiko-Ertrags-Kompromisse zu verwalten oder aus steuerlichen Gründen. Es dürfte allerdings schwierig sein, allein mit Argumenten des Liquiditäts-, Rebalancing- oder Steuermanagements Handelsquoten von 250 Prozent[22] oder 300 Prozent[23] zu rechtfertigen.

Die meisten Anleger neigen dazu, zu viele Aktien zu kaufen – und viel zu schnell wieder zu verkaufen. Die Haltezeit von Aktien ist in den letzten Jahrzehnten so dramatisch zurückgegangen, dass sie gelegentlich Züge einer „ADHS-Kapitalanlage" angenommen hat. Die Aussage „Früher war alles besser": Hier trifft sie zu. Ein psychologischer Grund liegt in der bereits ausgeführten Selbstüberschätzung.

---

[22] Vgl. Barber B. M.; Odean T. (2000).
[23] Vgl. Barber B. M.; Lee Y., Liu Y.; Odean T. (2009).

Ein technischer Grund ist die jederzeitige Handelbarkeit. Jeder Anleger besitzt heute einen Computer, jeder hat einen Internetanschluss, die meisten ein Onlinekonto. Mit nur einem Mausklick können Wertpapiere ge- oder verkauft werden, sodass Anleger aufgrund ihrer emotionalen Achterbahnfahrt an den Börsen viel zu viel handeln. Ein weiterer Grund für den immer kürzeren Anlagehorizont ist das riesige Suchproblem bei der Auswahl der richtigen Aktien: Anstelle einer systematischen Auswahl bevorzugen die Menschen jene Aktien, die als Erste ihre Aufmerksamkeit erregen, über die zum Beispiel in den Medien oder im Internet berichtet wurde. Da die meisten Anleger nur eine begrenzte Anzahl von Aktien besitzen können, muss jedem Kauf in der Regel ein Verkauf gegenüberstehen. Dies verringert die Haltedauer von Aktien.[24]

---

[24] Vgl. hierzu die interessante Studie von Barber B. M.; Odean T. (2008).

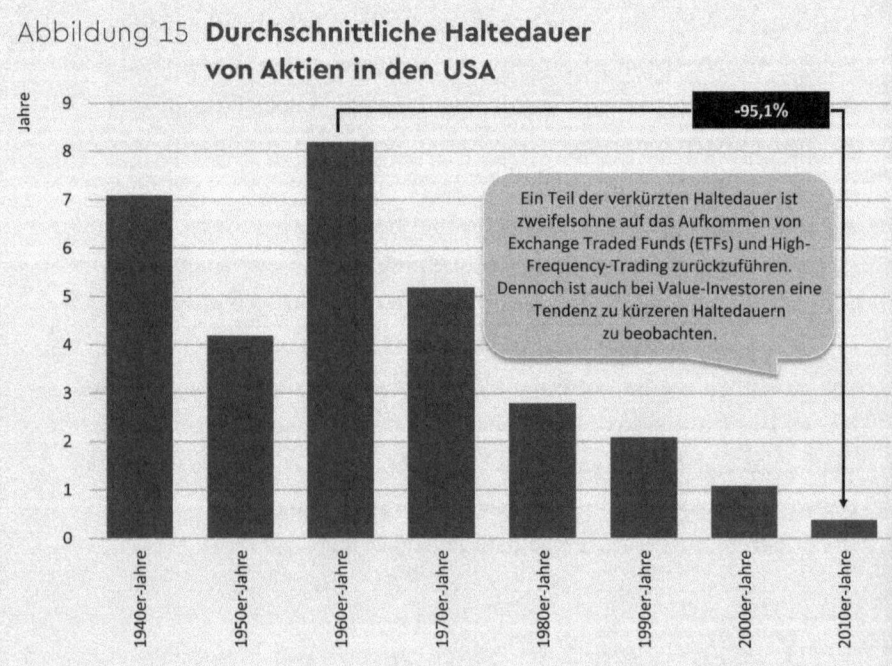

Abbildung 15 **Durchschnittliche Haltedauer von Aktien in den USA**

> Ein Teil der verkürzten Haltedauer ist zweifelsohne auf das Aufkommen von Exchange Traded Funds (ETFs) und High-Frequency-Trading zurückzuführen. Dennoch ist auch bei Value-Investoren eine Tendenz zu kürzeren Haltedauern zu beobachten.

Quelle: LPL Financial, New York Stock Exchange (2012)

Ohne dem britischen Ökonomen John Maynard Keynes zu widersprechen, der sagte, dass wir langfristig ohnehin alle tot seien, sollte Aktienkapital tendenziell über einen langen Zeitraum angelegt werden. Dies schon allein deshalb, um zu verhindern, dass zu viele Aktien gekauft werden.

Allerdings messen Anleger dem Begriff „langfristig" eine unterschiedliche Bedeutung zu. Geben wir hierzu der Statistik das Wort: Aktien unterliegen zwar gewissen Schwankungen, doch über einen langen Zeitraum wird selbst ein ungepflegtes Portefeuille wie der DAX stets eine bessere Kursentwicklung aufweisen als jede andere Anlageart. Dies können Sie gut aus dem sogenannten Renditedreieck des Deutschen Aktieninstituts (DAI) ablesen, das Sie hier in einer alternativen Variante vorfinden:

Abbildung 16 **Renditedreieck**

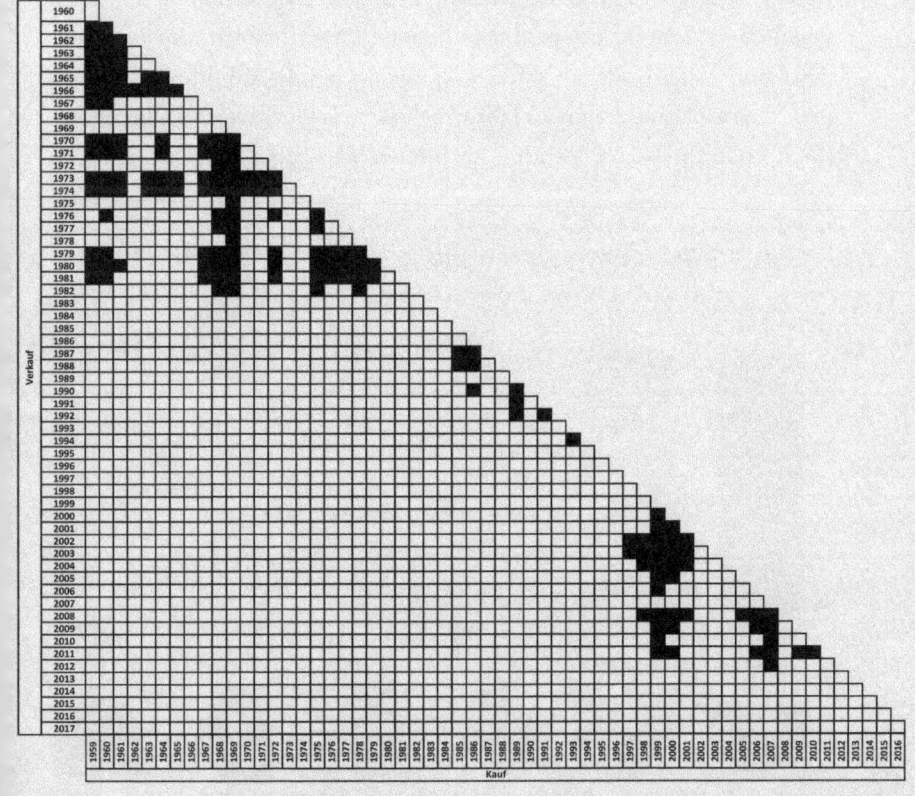

Quelle: Bloomberg, eigene Darstellung in Anlehnung an das Deutsche Aktieninstitut

Im Renditedreieck wird auf der x-Achse das Jahr des Kaufs und auf der y-Achse das Jahr des Verkaufs dargestellt. Wie Sie aus dem Dreieck entnehmen können, waren zwischen 1959 und 2017, also dem Zeitraum, in dem der DAX beziehungsweise seine Vorgängerindizes berechnet wurden, die Jahre, in denen ein Anleger eine negative Rendite hinnehmen musste, die Ausnahme: Nur 163 der 1.682 dargestellten Kombinationen zeigten eine negative jährliche Verzinsung, 1.519 waren dagegen positiv. In 90,3 Prozent der Kauf-Verkauf-Kombinationen hätte ein Anleger sein DAX-Portefeuille also mit Gewinn abgeschlossen, nur bei 9,7 Prozent der Kombinationen hätte sich ein Verlust eingestellt.

Angenommen, Sie sind ein extrem pessimistischer Anleger. Sie befürchten grundsätzlich immer nur das Schlimmste. In diesem Fall ist für Sie die Antwort auf die Frage wichtig, wie hoch die in diesem Zeitraum im schlechtesten Fall erzielbare Rendite war. Wer nur einen Anlagehorizont von einem Jahr hatte, musste im schlimmsten Fall einen Verlust von 44,0 Prozent hinnehmen; geschehen ist dies im Zeitraum zwischen 2001 und 2002. Dagegen stand, wie nachstehende Abbildung 17 zeigt, über einen Zeitraum von 20 Jahren selbst im schlechtesten Fall eine nur noch knapp negative Rendite zu Buche. Wer sogar 25 Jahre anlegte,

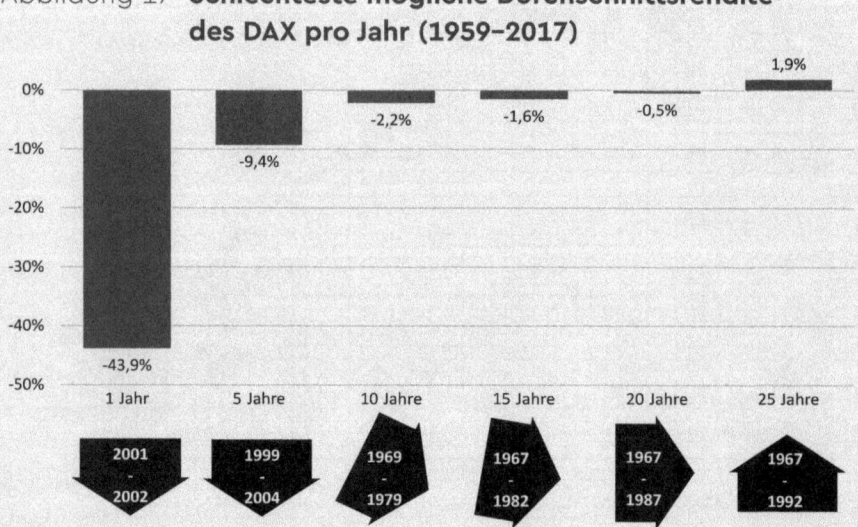

Abbildung 17 **Schlechteste mögliche Durchschnittsrendite des DAX pro Jahr (1959–2017)**

Quelle: Bloomberg, eigene Darstellung

konnte seit Berechnung des DAX nicht schlechter als 1,9 Prozent pro Jahr abschneiden.

Damit ist auch der richtige Anlagehorizont festgelegt: Seit Beginn der Zeitrechnung am deutschen Kapitalmarkt war es in Deutschland selbst mit einem vergleichsweise schwachen Portefeuille wie dem DAX (oder dessen Vorgängern) nicht möglich, bei einem Anlagehorizont von 25 Jahren eine negative Rendite zu erzielen. Dies heißt nicht, dass Ihnen eine jährliche Rendite von 1,9 Prozent garantiert wird, wenn Sie Ihre DAX-Werte über einen Zeitraum von mindestens 25 Jahren anlegen. Diese Schlussfolgerung ist falsch. Niemand kann Ihnen eine Mindestverzinsung versprechen, nur weil Sie Ihre Haltedauer erhöhen. Aktien sind riskant, da auch bei langfristigen Halteperioden die Ergebnisse variieren. Aber die Geschichte zeigt, dass Sie Ihre Erfolgswahrscheinlichkeit erhöhen, wenn Sie Ihre Haltedauer verlängern, weil Sie dadurch die Wahrscheinlichkeit verringern, einen Verlust zu erleiden.

Für eine möglichst langfristige Anlage spricht auch eine Anekdote, die James O'Shaughnessy, ein britischer Vermögensverwalter, unlängst erzählte. In einem Bewerbungsgespräch, das er mit einem Mitarbeiter von Fidelity führte, gestand dieser, herausgefunden zu haben, welche Kundenkonten die beste Performance erzielten. Es waren Konten von Kunden, die vergessen hatten, dass sie ein Depot bei Fidelity hatten.

Der langfristige Anlagehorizont ist also wichtig, weil wir ansonsten dem täglichen Rauschen ausgesetzt sind. Dies veranschaulicht Ihnen auch nachstehende Abbildung 18. In dieser habe ich die jährlichen Renditen des DAX dargestellt und den größten Verlust, den der DAX im selben Jahr hinnehmen musste. Der Weg nach oben ist nicht linear, sondern mit gelegentlichen, zum Teil heftigen Kursrückgängen verbunden.

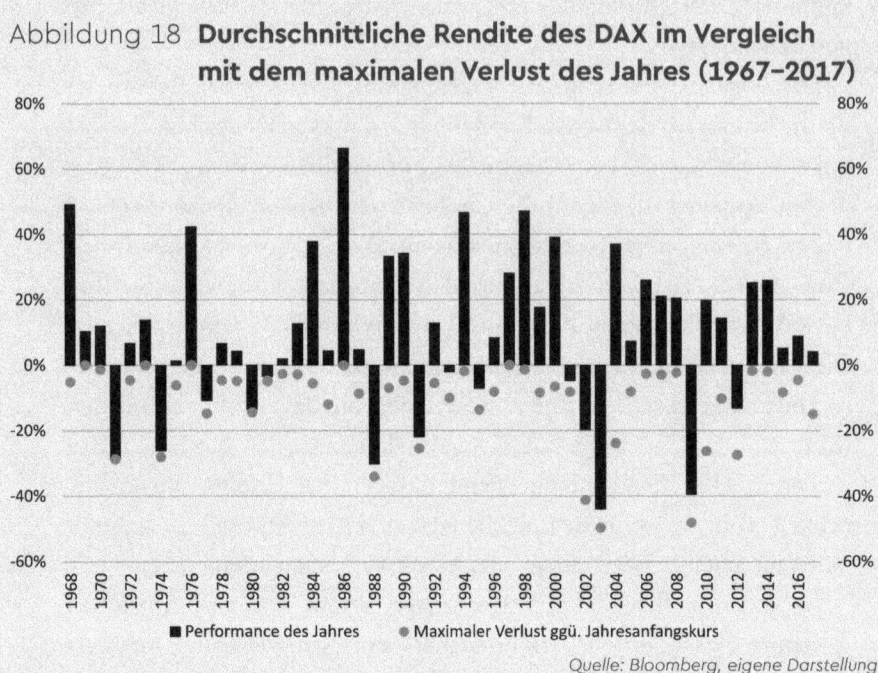

Abbildung 18 **Durchschnittliche Rendite des DAX im Vergleich mit dem maximalen Verlust des Jahres (1967–2017)**

■ Performance des Jahres ● Maximaler Verlust ggü. Jahresanfangskurs

Quelle: Bloomberg, eigene Darstellung

Nur wenn Sie über einen langen Zeitraum kontinuierlich investiert bleiben, haben Sie auf Basis historischer Betrachtungen die Chance, mögliche Verluste auszugleichen und Renditen von durchschnittlich 8,6 Prozent, die durchschnittliche jährliche Performance des DAX seit der Wiedervereinigung, zu erzielen.

Wenn wir schon bei Wahrscheinlichkeiten sind, interessiert Sie vielleicht folgende Statistik:

Abbildung 19 **Wahrscheinlichkeiten** [25]

Wahrscheinlichkeit, im deutschen Lotto sechs Richtige mit Superzahl zu ziehen	1 : 139.838.160 = 0,0000007 %
Wahrscheinlichkeit, im deutschen Lotto sechs Richtige zu ziehen	1 : 15.537.573 = 0,0000064 %
Wahrscheinlichkeit, überhaupt etwas im Lotto zu gewinnen	1 : 54 = 1,9 %
Wahrscheinlichkeit, am Roulettetisch mit der Farbe Rot zu gewinnen	18/37 = 48,6 %
Wahrscheinlichkeit, mit dem DAX auf Sicht von 25 Jahren Gewinne zu erzielen	100 %

[25] Für weitere Quoten: https://wizardofodds.com/gambling/house-edge/

Quelle: Eigene Darstellung

Aktien zu kaufen und über einen langen Zeitraum im Depot liegen zu lassen nennen Portfoliomanager „Buy-and-hold-Strategie". Leider verfolgen viele Privatanleger keine Buy-and-hold-Strategie. Stattdessen versuchen sie kurzfristige Kursrückgänge zu antizipieren; schon bei geringen prozentualen Rückgängen verkaufen sie ihren gesamten Aktienbestand, um ihn nach dem erwarteten Markteinbruch billiger zurückzukaufen. Was auf dem Papier sinnvoll erscheint, kann jedoch in der Realität nicht funktionieren. Sie können ein Generationsproblem nicht mit Quartalsdenken lösen. Hier meine Liste der fünf Probleme, die dabei mit Sicherheit entstehen:

1. Sie ändern laufend Ihre Strategie und verlieren Ihre langfristigen Vermögensziele aus den Augen.
2. Sie blicken häufiger in die Vergangenheit als in die Zukunft, damit reagieren Sie mehr, als dass Sie agieren.
3. Sie stellen Ihr Depot so zusammen, dass es die vergangenen Probleme gut umschifft hätte, nicht aber die zukünftigen.
4. Sie verkaufen diejenigen Werte, die sich gut entwickelt haben, und behalten diejenigen, von denen Sie sich eine Rückkehr zu Ihren Einstandskursen erhoffen.

5. Sie verursachen zu hohe Gebühren, nicht nur in Form von direkten Handelskosten, sondern auch in Form von indirekten Kosten wie dem Bezahlen der Geld-Brief-Spanne oder von Fondsgebühren.

17. Warum Sie Börsengurus nicht vertrauen sollten

*„Der Grund, warum ,Guru' ein
so beliebtes Wort ist, liegt darin,
dass ,Scharlatan' so schwer
zu buchstabieren ist."*

– WILLIAM BERNSTEIN

Wenn Sie zu einem beliebigen Zeitpunkt ein beliebiges Börsenmagazin aufschlagen, werden Sie mit hoher Sicherheit auf einen sogenannten Börsenguru treffen, der Ihnen ein Katastrophenszenario „verkaufen" will. Die Vorhersage von Crashs, Rezessionen, sogenannten schwarzen Schwänen und dergleichen wird von vielen Anlegern geradezu fetischisiert.[26] Im angelsächsisch dominierten *Bloomberg* lauten die Schlagzeilen dementsprechend: „Legendary investor Jim Rogers expects the worst crash in our lifetime."

---

[26] Als schwarzer Schwan wird seit dem gleichnamigen Buch von Nassim Nicholas Taleb ein Ereignis bezeichnet, das extrem selten und unwahrscheinlich ist, für das aber im Nachhinein einfache und verständliche Erklärungen gefunden werden.

So, ein legendärer Investor schreit also „Verkaufen!" und erwartet den schlimmsten Crash seit Menschengedenken. Bevor Sie zum Telefon greifen und Ihr Depot leeren, sollten Sie aber zunächst überprüfen, was dieser Guru in den letzten Jahren sonst noch so von sich gegeben hat:

Abbildung 20 **Crash-Prophet Jim Rogers in den Medien**

Datum	Quelle	Schlagzeile
09.11.2011	CNBC	„100 % Chance of Crisis, Worse Than 2008"
29.03.2013	SHTFplan	„Jim Rogers Warns: You Better Run for the Hills!"
12.10.2014	Elite NWO Agenda	„Jim Rogers – Sell Everything & Run For Your Lives"
29.06.2015	Profit Confidential	„Jim Rogers: We're Overdue" for a Stock Market Crash"
27.03.2016	Silver Doctors	„$ 68 trillion 'biblical crash' dead ahead? Jim Rogers issues a dire warning"
08.06.2017	The Bottom Line	„Legendary investor Jim Rogers expects the worst crash in our lifetime"
29.09.2017	The Street	„The Worst Financial Crash You Have Ever Seen Is Coming: Jim Rogers' Survival Tips"

Quelle: Eigene Recherche

Bei dieser Liste handelt es sich um eine subjektive, keinesfalls vollständige Auswahl. Wenn Sie nach „Jim Rogers" und „Crash" googeln, erhalten Sie ungefähr 508.000 Treffer. Um Ihnen zu helfen, seine Treffergenauigkeit einzuordnen: Mit Ausnahme von 2015, als der S&P 500 minimal rückläufig war, war 2017 das zehnte Jahr in Folge, in dem der US-amerikanische Aktienindex gestiegen ist, die längste jemals gemessene Rally.

Dies spricht nicht gerade für die Glaubwürdigkeit von Jim Rogers. Er mag ein legendärer Investor sein, doch seine Kristallkugel ist nicht klarer als die anderer. Nicht dass Sie glauben, ich hätte etwas gegen Jim Rogers. Über andere Börsengurus wie etwa den legendären Stanley Druckenmiller könnte man ähnliche Kommentare sammeln.

Bemerkenswert ist dabei ganz offensichtlich die Kurzlebigkeit unseres Informationszeitalters. Anstatt die Vorhersagen als das einzustufen, was sie sind, nämlich die Lust auf Schlagzeilen, die außer für den Crash-Propheten völlig nutzlos sind, erregen sie dennoch weiterhin Aufsehen. Schlimmer noch, extreme und im Nachhinein falsche Vorhersagen über die Kapitalmärkte zu treffen scheint keinerlei negative Konsequenzen zu haben. Offensichtlich gibt es so viele Experten, dass die meisten Prognosen – auch diejenigen, die eingetreten sind – rasch vergessen werden. Übrig bleibt für den Crash-Propheten die geringe Chance, irgendwann doch recht gehabt zu haben und dann für immer als derjenige in Erinnerung zu bleiben, der die Krise visionär vorhergesehen hat. Auch eine funktionsuntüchtige Uhr zeigt zweimal am Tag die richtige Uhrzeit an.

Doch woran erkennen Sie einen Börsenguru? Nachstehend finden Sie meine Liste der zehn Eigenschaften von Menschen, auf deren Rat hin ich nicht investieren würde:

1. Menschen, die nicht zugeben wollen, unrecht gehabt zu haben.
2. Menschen, die nicht „Ich weiß es nicht" sagen können.
3. Menschen, die nicht aus ihren Fehlern lernen wollen (oder können).
4. Menschen, die glauben, etwas mit 100-prozentiger Sicherheit vorhersagen zu können.
5. Menschen, die sich mit der Börse identifizieren und ihr menschliche Eigenschaften zuschreiben.
6. Menschen, die an Verschwörungstheorien glauben.
7. Menschen, die nur das kurzfristige Ergebnis sehen.
8. Menschen, die nicht an Problemlösungen interessiert sind.
9. Menschen, die Sie mit unendlichen Erklärungen überzeugen wollen, obwohl bereits wenige Worte ausreichen.
10. Menschen, die Ihnen nicht zuhören, sondern sich selbst am liebsten reden hören.

18. Was wir von Gisele Bündchen lernen können

„Man muss Sinn haben für das ‚effortless‘, das ‚magic‘ meines Stils." – JIL SANDER

Erinnern Sie sich noch daran, als das Model Gisele Bündchen die Klatschspalten füllend forderte, zukünftig in Euro statt Dollar bezahlt zu werden? Ihre Zwillingsschwester Patricia gab die sinnfreie Erklärung dazu ab: „Neue Verträge werden in Euro abgeschlossen, was viel attraktiver ist, da wir nicht wissen, was mit dem Dollar passieren wird." Es muss nicht ausdrücklich erwähnt werden, dass just zu diesem Zeitpunkt der Dollar auf seinen Tiefstständen gegenüber dem Euro notierte.

Es sind nicht nur Börsengurus, die wir bei Börsenfragen nicht ernst nehmen sollten.

19. Warum auch sonst viel Nonsens erzählt wird

„Vier Fünftel aller Arbeiten müssen schlecht sein. Aber der Rest ist die Mühe wert." – RUDYARD KIPLING

Als der amerikanische Science-Fiction-Autor Theodore Sturgeon mal wieder von seinen Kritikern verspottet wurde, dass er sich ausgerechnet einem Genre verschrieben habe, in dem 90 Prozent der Werke Mist seien, antwortete er, dass doch 90 Prozent von allem, was publiziert werde, Mist sei, egal in welchem Genre. Seine Entgegnung ging als „Sturgeons Gesetz" in die Geschichte ein.

Damit traf Sturgeon ins Mark unserer Genetik: Denn evolutionstheoretisch war es äußerst vorteilhaft, aufmerksam zu sein. Die Steinzeitmenschen hätten mit Scheuklappen und ohne einen siebten Sinn dem reißenden Säbelzahntiger nicht entkommen können. Zumal die Abende ohne „Game of Thrones" lang und langweilig waren, sodass auch Klatsch aus der eigenen Sippe und der des Nachbarn begierig aufgesaugt wurde. Dementsprechend war es überlebenswichtig, alle einströmenden Informationen aufzunehmen und zu verarbeiten. Damals war 90 Prozent von allem, was passierte, wichtig. Gewissermaßen galt damals die Umkehrung von Sturgeons Gesetz.

Wenn Sie nun glauben, Sturgeon hätte ein hartes und ungerechtes Urteil gefällt, dann haben Sie den amerikanischen Philosophen Daniel Dennett noch nicht kennengelernt. Seiner Meinung nach gilt Sturgeons Gesetz nicht nur für die Literatur, er erhebt einen Generalanspruch für die Aussage: Die 90-Prozent-von-allem-ist-Mist-Regel gilt seiner Meinung nach auch für „Philosophie, Evolutionspsychologie, Soziologie, Kulturanthropologie, Makroökonomie, plastische Chirurgie, Improvisationstheater, Fernseh-Sitcoms, philosophische Theologie und Massagetherapie".[27]

90 Prozent von allem ist Mist: 90 Prozent aller Werbesendungen versuchen, Ihnen Unfug zu verkaufen, 90 Prozent aller Nachrichten berühren uns nur am Rande, 90 Prozent aller E-Mails werden weggeklickt, 90 Prozent aller Meetings sind reine Zeitverschwendung. Sturgeons Gesetz ist wahr, das muss einmal gesagt werden.[28]

Die einzige Chance, die Sie haben, ist zu versuchen, Wichtiges von Unwichtigem zu trennen. Da unser Gehirn jedoch nach wie vor auf Steinzeit programmiert ist, erfordert eine so radikale Einstellung wie die Dennetts Zeit. Gewöhnen Sie sich an, selektiv zu sein, wem Sie Ihre Aufmerksamkeit widmen und vom wem Sie versuchen, sich inspirieren zu lassen. Gönnen Sie sich keine Ablenkung, sondern konzentrieren Sie sich auf das Wesentliche. An der Börse ist dies der einzige Weg, um erfolgreich zu sein. Denn dort gibt es besonders viel „Noise" – „Rauschen" –, also marktschreierisches Gehabe von Menschen, die vorgeblich die Erfolgsformel für die Börse gefunden haben. Hören Sie einfach nicht hin. Niemand, wirklich niemand will Ihnen eine Aktie verkaufen, damit Sie reich werden. Jeder, der Ihnen einen angeblich todsicheren Tipp vermitteln will, tut dies mit Hintergedanken: sei es um die Auflage eines Börsenmagazins zu steigern, Ihnen einen Fonds anzudrehen oder Sie zum Besuch eines Seminars zu verleiten. Trainieren Sie Ihren Bullshit-Detektor.[29]

---

[27] Dennett D. C. (2013): S. 36.

[28] Bemerkenswerterweise gibt es, während ich dies schreibe, noch nicht einmal einen Eintrag in der deutschen Wikipedia-Version zu Sturgeons Gesetz.

[29] Zur psychologischen Erklärung verweise ich auf Talebs neuestes Werk „Skin in the Game", das für mich, wie alle Talebs, eine sofort zu lesende Pflichtlektüre ist und das Erscheinen dieses Buches um etwa eine Woche verzögert hat.

Auf der anderen Seite verspricht Sturgeons Gesetz eine interessante Einteilung unseres Anlageuniversums, mit der ich mich gut anfreunden kann: Natürlich sind auch hier 90 Prozent der Wertpapiere Mist und nur der Rest lohnt sich, detailliert betrachtet zu werden.[30] Geht es doch genau darum: in einem System, in dem die meisten Beispiele schlecht sind, die Ausreißer zu untersuchen und herauszufinden, welche funktionieren und welche nicht. Was nicht einfach ist, vor allem, wenn wir mit übersimplifizierenden Aussagen zugemüllt werden: Kurze, prägnante Thesen mögen als „retweetbare" Überschriften von Internet-Blogs geeignet sein. Doch die Börse ist zu komplex, als dass sie sich auf 140 Zeichen reduzieren ließe. Universallösungen kann es in komplexen Systemen wie der Wirtschaft oder der Börse nicht geben. Die Analyse der Ausreißer ist wichtig. Zum einen, weil wir dazu neigen, diese zu ignorieren, weil sie – naturgemäß – außerhalb der Norm liegen.

---

[30] Womit sich der Kreis zu meinen Aussagen aus Kapitel 14 schließt, extrem selektiv zu sein.

Abbildung 21 **Die Hierarchie der Informationen**

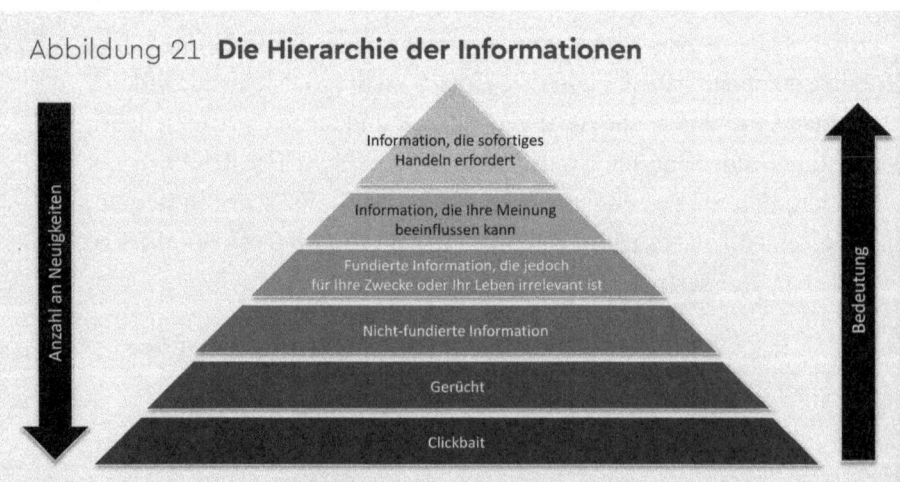

Quelle: Eigene Darstellung

Zum anderen, weil die meisten grandiosen Neuerungen, die man uns täglich verkaufen will, nichts anderes sind als das Recycling alter Ideen. Der Wirtschaftswissenschaftler John Kenneth Galbraith hat dies in seinem Werk „A Short History of Financial Euphoria" brillant zusammengefasst, als er schrieb, dass „in der Welt der Finanzen die Erfindung des Rades wieder und wieder gefeiert wird".[31]

20. Wieso der nächste Crash bevorsteht und wie Sie sich dann verhalten sollten

„Ich glaube, die Aktienmärkte werden dauerhaft auf ihrem hohen Niveau bleiben."

– IRVING FISHER
(WENIGE TAGE VOR DEM SCHWARZEN MONTAG 1929)

Stellen Sie sich vor, Sie liegen während Ihres Sommerurlaubs in Ihrem Schlauchboot. Das Meer ist spiegelglatt. Keine Welle stört Ihr Treiben.

---

[31] Galbraith J. K. (1990): S. 19

Gerade als Sie sich an die vollkommene Ruhe gewöhnt haben, kommt eine winzige Welle. So klein sie sein mag, sie fühlt sich riesig an. Plötzlich erinnern Sie sich: Wellen sind normal. Auch große Wellen. Selbst ein Sturm ist nichts Ungewöhnliches. Und das Letzte, was Sie in diesem Fall tun wollen, ist, Ihr Schlauchboot zu verlassen.

Sind Sie auf den nächsten Crash vorbereitet? Was wir aus den zahlreichen Crash-Prognosen in den letzten Jahren gelernt haben ist, dass keiner der Börsengurus wirklich vorhersagen kann, wann der nächste Bärenmarkt kommt. Aber wir wissen, dass ein Bärenmarkt ein natürliches Ereignis ist. Also lassen Sie es uns akzeptieren: Der nächste Crash wird kommen. Das ist sicher. Die Frage ist, wie Sie damit umgehen.

Schauen wir uns zunächst die Fakten an.

Abbildung 22 Wahrscheinlichkeit für eine Korrektur des DAX ... (Zeitraum 1967–2017)

... um 20 % gegenüber dem Höchstkurs der vorangegangenen zwölf Monate	14,9%
... um 30 % gegenüber dem Höchstkurs der vorangegangenen zwölf Monate	5,4%
... um 40 % gegenüber dem Höchstkurs der vorangegangenen zwölf Monate	2,1%

Quelle: Bloomberg

Die vorstehende Tabelle zeigt die Wahrscheinlichkeit einer größeren Kapitalmarktkorrektur. Demnach besteht eine 2,1-prozentige Wahrscheinlichkeit, dass der DAX innerhalb eines Jahres um mehr als 40 Prozent einbricht. Ein Rückgang des DAX um mehr als 20 Prozent hatte während des Zeitraums 1967 bis 2017 dagegen eine Wahrscheinlichkeit von 14,9 Prozent.

In der folgenden Tabelle sehen Sie die schlechtesten Börsenphasen in Deutschland während der vergangenen 50 Jahre, als der DAX gegenüber seinem jeweiligen Höchststand mindestens zehn Prozent einbüßte:

Abbildung 23 **Die größten Tagesverluste im DAX seit 1967**

Anfang	DAX-Stand	Tiefststand	DAX-Stand	Maximaler Draw-down [32]	Datum Rückkehr Ausgangs-niveau	Anzahl Tage
09.08.1972	596,87	06.11.1974	372,26	-37,6%	26.09.1978	2.239
17.04.1986	1.586,04	28.01.1988	931,18	-41,3%	02.08.1989	1.203
18.07.1990	1.966,04	16.01.1991	1.322,86	-32,7%	05.10.1993	1.175
20.07.1998	6.171,43	08.10.1998	3.896,08	-36,9%	14.12.1999	512
07.03.2000	8.064,97	12.03.2003	2.202,96	-72,7%	20.06.2007	2.661
12.12.2007	8.076,12	06.03.2009	3.666,41	-54,6%	03.05.2013	1.969
21.07.2015	11.764,80	11.02.2016	8.752,87	-25,6%	25.01.2017	554
				Ø -43,1%		Ø 1.473

[32] Der maximale Drawdown beschreibt den größten Verlust, den ein Anleger in dem jeweiligen Bärenmarkt hinnehmen musste.

Quelle: Bloomberg

Wie Sie aus den bisherigen Kapiteln wissen, bin ich ein großer Befürworter der langfristigen Kapitalanlage. Denken Sie in Jahrzehnten, nicht in Monaten. Um diese Strategie verfolgen zu können, müssen Sie es „sich auch leisten können". Sie sollten also keine Mittel an der Börse anlegen, auf die Sie eventuell zurückgreifen müssen, etwa um einen neuen Kühlschrank zu kaufen. Das Schlimmste, was Ihnen an der Börse passieren kann, ist, dass Sie genau dann verkaufen müssen, wenn, wie der Frankfurter Bankier Carl Mayer von Rothschild es einst nannte, die Kanonen donnern. Die durchschnittliche Zeitspanne, bis im Fall eines Crashs das Kursniveau von vor Beginn des Crashs wieder erreicht wurde, lag zwischen 1972 und 2017 bei 1.473 Tagen, also gut vier Jahren. Genau während dieser Zeit werden nach meiner Erfahrung von Anlegern die meisten Fehler gemacht.

Denken Sie während eines Crashs an die Geschichte, die der US-Investor Howard Marks, Gründer von Oaktree Capital Management, 2016 in einem seiner Newsletter zum Besten gab: „Mein Kumpel Sandy ist ein Pilot. Wenn er nach seinem Job gefragt wird, antwortet er immer: ,Stunden voller Langeweile, unterbrochen von Momenten des Schreckens.' Dasselbe gilt für Anlageverwalter."

Stellen Sie sich eine Welt vor, in der massive Kursrückgänge gesetzlich verboten sind. Was würden Sie tun? In dieser Welt würden Sie so viele Aktien kaufen, wie Ihnen Ihr Kreditsachbearbeiter erlaubt. Das wäre klug und vernünftig. Jeder würde es tun. Und der Samen des Crashs würde in diesem Moment bereits anfangen zu keimen. Denn früher oder später wird ein Erster seine Position glattstellen, was einen minimalen Kursrückgang bewirkt. Niemand wäre verunsichert, schließlich handelt es sich nur um eine kleine Korrektur. Daran ändert sich auch am nächsten schwachen Handelstag nichts, schließlich haben Sie ja nur die besten Unternehmen in Ihrem Depot, die mit der besten Bilanzstruktur und der höchsten Dividendenrendite et cetera. Auch wenn es weiter bergab geht, Sie halten Kurs. Sollen doch die anderen verkaufen! Sie nutzen die Korrektur für eine Aufstockung Ihrer Bestände. Bis Sie irgendwann doch unsicher werden. Sie fragen sich, wo sich die Politiker (wahlweise die EZB oder irgendeine Regulierungsbehörde) eigentlich verstecken, wenn man sie braucht. Sie fragen sich, ob es nicht doch langsam Zeit für eine gesunde Portion Panik ist. Ob es diesmal vielleicht doch jene Kernschmelze des Kapitalismus ist, die Sie bisher für unmöglich hielten? Sie fangen an sich einzureden, dass das erst der Beginn ist. Dass es immer noch besser ist, die Verluste zu begrenzen, als ins fallende Messer zu greifen.

Abbildung 24 **Verlustaversion in der Praxis**

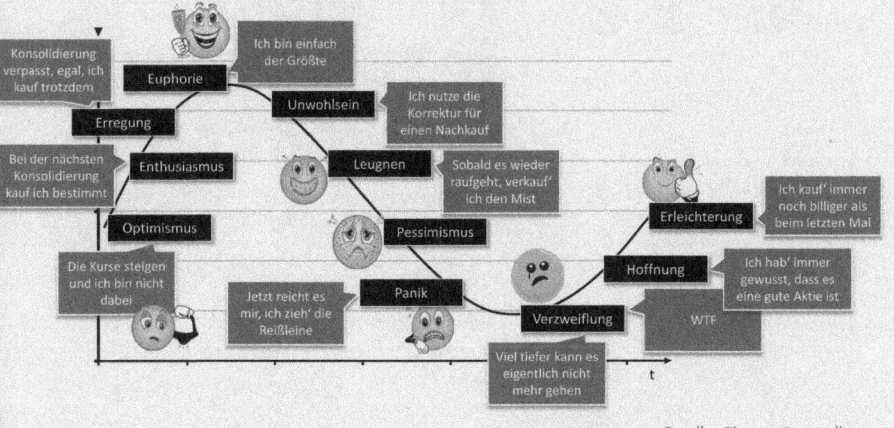

Quelle: Eigene Darstellung

Verluste sind ein natürlicher Bestandteil eines gut funktionierenden Kapitalmarkts. Ohne gelegentliche Verluste würden Aktien keine Risikoprämie gegenüber sichereren (man beachte den Komparativ) Anlageklassen wie Anleihen oder Immobilien rechtfertigen.

Wie sollten Sie also auf den nächsten Crash oder die nächste Marktkorrektur beziehungsweise den nächsten Abwärtstrend reagieren? Der naheliegende Weg des geringsten Widerstands wäre es, den Crash als Chance zu begreifen, Aktien zu einer günstigeren Bewertung zu erwerben als vor dem Kurseinbruch. Günstigere Kaufpreise bedeuten höhere zukünftige Renditechancen. Ist es nicht genau das, wonach sich die meisten von uns sehnen?

21. Weshalb Sie im Zufall Muster zu erkennen glauben

„Was wir Zufall nennen, ist der Zufluchtsort der Unwissenheit."

– BARUCH DE SPINOZA

Menschen sind darauf programmiert, Muster zu erkennen, wo keine sind. Menschen haben einen angeborenen Musterdetektor. Verhaltenstheoretisch übersetzt heißt dies, dass Menschen Probleme damit haben, zwischen einem Signal und einem Geräusch zu unterscheiden. Unsere Vorfahren haben von diesem Defizit profitiert: Wenn die Steinzeitmenschen in einer Höhle mehrfach einem Säbelzahntiger begegnet sind, haben sie diese Höhle anschließend gemieden; wer nicht danach handelte, verschwand aus dem Genpool der Menschheit.

Heutzutage jedoch treffen Anleger aufgrund dieses Defizits Investitionsentscheidungen, die auf Mustern basieren, die nichts anderes als Zufallsereignisse sind. Tendieren auch Sie dazu, in Wertpapiere zu investieren, die zuletzt die besten Ergebnisse erzielt haben?

Während es in der Steinzeit überlebenswichtig war, Höhlen zu meiden, in denen der Erfahrung nach Säbelzahntiger hausten, ist es an der Börse nicht unbedingt hilfreich, Wertpapiere auf der Basis von Zufälligkeiten zu erwerben. Mathematisch lieferte der Brite Frank P. Ramsey den Beweis dafür, dass ein System – egal wie kompliziert es aufgebaut ist – mit zunehmender Größe bestimmte Unterstrukturen aufweist.

Zur Veranschaulichung des Satzes von Ramsey möchte ich mit Ihnen ein Experiment machen. Angenommen, Sie müssten die beiden folgenden Reihen von Münzwürfen analysieren:

Abbildung 25 Münzwürfe und vermeintliche Muster

Quelle: Eigene Darstellung

Welche der beiden Münzreihen würden Sie als wahrscheinlicher einstufen? Die geschulten Statistiker unter Ihnen wissen, dass dies eine Fangfrage ist. Beide Münzreihen sind gleich wahrscheinlich. Alle anderen wissen nur, dass sich diese Antwort nicht richtig anfühlt. Sie sind der Meinung, dass die zweite Münzreihe zufälliger ist als die erste, weil sie nämlich ein Muster aufweist, das weniger schnell ins Auge sticht. Wer genauer hinsieht, entdeckt auch in der zweiten Reihe auffällige Muster: Anfangs wechseln sich Köpfe und Zahlen ab, anschließend scheinen immer zwei gleiche aufeinander zu folgen. Wenn wir Menschen aber Muster in Zufällen entdecken, fühlen wir uns mit dem echten Zufallskonzept überfordert. Wir wollen eben nicht die Kontrolle verlieren. Deshalb musste Apple die zufällige Wiedergabe der Lieder (das sogenannte Shuffle) durch komplexe Muster ersetzen, weil sich Käufer beschwert hatten, dass sich der ursprüngliche, tatsächlich zufällige Shuffle nicht zufällig anhöre. Echter Zufall erscheint den Menschen zu regelmäßig – weil wir ständig Muster sehen, wo keine sind.

Menschen sind darauf konditioniert, einen Sinn in chaotisch erscheinenden Daten zu erkennen, selbst da, wo kein Sinn zu finden ist, sondern der Zufall regiert. Wenn Sie sich einen neuen Staubsauger zulegen, der nach kurzer Zeit nicht mehr funktioniert, ist das nur ein Einzelfall und sagt nichts darüber aus, ob der Hersteller gute Staubsauger herstellt oder nicht. Wenn Sie am nächsten Tag im Büro von einem Kollegen erfahren, dass sein Staubsauger derselben Firma ebenfalls defekt wurde, sind das immer noch zwei einzelne Datenpunkte und ist damit ebenso wenig aussagekräftig. Trotzdem steht für Sie fest: Die Staubsauger dieses Unternehmens taugen nichts. Sie sehen ein Muster, wo keines ist. Dabei handelt es sich um einen kognitiven Fehlschluss: Persönlich erlebten Einzelereignissen wird eine größere Bedeutung zugemessen, als sie statistisch haben.

Auch auf dem Kapitalmarkt werden viele Entscheidungen auf der Basis kleiner Stichprobengrößen gefällt, obwohl bei diesen der Faktor Zufall eine erhebliche Rolle spielt. Es ist nahezu unmöglich, Börsenkursdaten von einer zufälligen Zahlenreihe zu unterscheiden. Da wir den Zufall nicht verstehen und in zufälligen Zahlenreihen Muster wahrnehmen und ihnen einen Sinn zuordnen, lassen wir uns von zufälligen Parallelen überzeugen.

22. Warum Spekulationsblasen unausweichlich sind und warum Sie nichts dagegen tun können

„Ich bin der König der Welt."

– JACK DAWSON ALIAS
LEONARDO DICAPRIO (IM FILM
„TITANIC" AUS DEM JAHR 1997)

Regelmäßig entsteht um Aktien ein richtiggehender Hype. Dann werden alle vernünftigen Bewertungsrelationen und Kursbegründungen über Bord geworfen. Dieses Phänomen wird Blase oder Spekulationsblase genannt.

Eine Spekulationsblase ist ein Anlagephänomen, das die grundlegendste Art der „emotionalen Geldanlage" zutage fördert. Eine Blase tritt auf, wenn Investoren eine bestimmte Vermögensform so stark nachfragen, dass sie den Preis jenseits jeder rationalen Reflexion über den tatsächlichen Wert in die Höhe treiben. Bei einer Aktie wird der tatsächliche Wert idealerweise durch die Wertentwicklung des zugrunde liegenden Unternehmens bestimmt. Wie die Seifenblasen eines Kindes, so erscheinen Blasen oft so, als würden sie immer wieder auffliegen, aber da sie aus nichts Wesentlichem geformt sind, platzen sie irgendwann. Und wenn sie es tun, verschwindet das Geld, das in sie investiert wurde, im Wind.

An den Kapitalmärkten treten immer wieder Spekulationsblasen auf. Als frühestes Beispiel gilt die holländische Tulpenblase im Jahr 1637. Tulpen galten damals als Statussymbol. Damen der feineren Gesellschaft trugen sie als Haarschmuck bei gesellschaftlichen Anlässen.

Das Problem bei Tulpen war damals ihre geringe Fortpflanzungsgeschwindigkeit. Jedes Jahr entsprossen aus einer Mutterzwiebel lediglich zwei bis drei Tulpenzwiebeln und die Lebensdauer der Mutterzwiebeln war kurz. Zugleich vergingen Jahre, um aus Zwiebeln Blumen zu ziehen. Daher wuchs das Angebot deutlich langsamer als die Nachfrage. Auf funktionierenden Märkten lässt dies die Preise steigen – bei den holländischen Tulpen auf haarsträubende Höhen: Für eine Tulpe der Sorte „Vizekönig" mussten damals zwei Wagenladungen Weizen, vier Wagenladungen Roggen, vier fette Ochsen, acht fette Schweine, zwölf fette Schafe, zwei Fässer Wein, vier Tonnen Bier, 1.000 Pfund Käse, ein Silberpokal, ein Bett und ein Anzug bezahlt werden. [33] Um Ihnen eine Vorstellung von der Höhe dieses Preises zu geben: Es war ungefähr viermal so viel, wie Rembrandt, damals schon ein international bekannter Künstler, für sein berühmtestes Werk „Die Nachtwache" erhalten hatte.

Jeder wollte mitmachen. Vorwissen, Begabung oder harte Arbeit waren nicht erforderlich, nur das nötige Kleingeld und ein Käufer, der letzten Endes mehr für eine Tulpenzwiebel bezahlte als man selbst. Um bei der Tulpen-Hausse mitzumachen, belasteten die weniger betuchten Bürger ihre Häuser und Werkstätten, sie veräußerten Hof, Hab und Gut. Nach dem Platzen der Spekulationsblase hatten sie alles verloren.

---

[33] Mackay C. (1841).

Abbildung 26 **Beispiele von Bewertungsblasen**

1637	Tulpenblase	Holland
1720	Mississippi-Kompanie	Frankreich
1873	South Sea Company	England
1970	Silbermarktblase	USA
1990	Immobilienblase	Japan
2000	Internetblase	USA/Europa
2007	Immobilienblase	USA
2018	Cryptocurrency-Blase	Weltweit

Quelle: Eigene Recherche

Sie glauben, uns könne das heute nicht mehr passieren? Doch, denn das Problem der Spekulationsblasen ist, dass ihre Symptome nicht wie die einer Krankheit eindeutig festgestellt werden können. Spekulationsblasen wird es immer geben, sie ähneln radikalen politischen Parteien, die sich über einen langen Zeitraum entwickeln, und erst (zu) spät ist man entsetzt, wie ihr Aufstieg übersehen werden konnte. Was immer man von Kryptowährungen halten mag, sie weisen derzeit viele Merkmale von Spekulationsblasen auf: Im Dezember 2017 verdreifachte sich der Aktienkurs des US-amerikanischen Unternehmens Long Island Iced Tea Corp. nahezu, nachdem das Unternehmen in Long Island Blockchain Corp. umfirmiert worden war. Das ist eine Blase. Freilich verkündete das Unternehmen nicht nur seine Umfirmierung. Laut einer Nasdaq-Pressemitteilung verlagert Long Island Iced Tea auch die Geschäftsstrategie, um sich auf neue Möglichkeiten in der Blockchain-Industrie zu konzentrieren, und immerhin konnte es die Domain www.longblockchain.com reservieren.

Warum entstehen Blasen? Die bloße Existenz von Spekulationsblasen ist für Wirtschaftswissenschaftler eine Blamage. Dabei ist es nicht so, dass sie keine Ahnung hätten, was für die Entstehung von Blasen verantwortlich ist, im Gegenteil: Es gibt viele Erklärungen. Es gibt psychologische Muster, es gibt Verschwörungstheorien, nach denen Blasen nicht von Individuen, sondern von Regierungen geschürt werden, es existiert sogar die Denkrichtung, dass einige berühmte Blasen gar keine Blasen waren.

Am (ausnahmsweise) einfachsten ist die psychologische Erklärung: Menschen hören Geschichten von ihren Nachbarn, die reich wurden. Das wollen sie auch und beteiligen sich an der Spekulation.

Kern dieser Erklärung ist also der Herdentrieb der Menschen. Das macht es nicht einfacher, denn für den Herdentrieb haben weder Wirtschaftswissenschaftler noch Psychologen oder sogar Neuropsychologen eine einheitliche Begründung. Eine der glaubwürdigsten lieferte der Ökonom Dr. John Coates. Während seiner frühen Jahre an den Trading-Desks verschiedener Wall-Street-Investmentbanken fielen ihm bestimmte Verhaltensmuster seiner Kollegen auf: Mit steigenden Kursen verhielten sich die männlichen Aktienhändler zunehmend erratisch: Sie wurden euphorisch und wahnhaft, brauchten weniger Schlaf und hatten einen erhöhten Risikoappetit. Da das mit „Winner Effect" beschriebene Phänomen üblicherweise Männer befällt (die gerade in den Handelssälen nach wie vor unter sich sind), wurde es mit dem Testosteronspiegel erklärt. In der Tat: Als Dr. Coates erfolgreiche Händler um Speichelproben bat, ging ein höherer Testosteronspiegel mit einer stärkeren Risikobereitschaft einher.

Wenn sich Händler als „Masters of the Universe" betrachten und sich auch so verhalten, geht es möglicherweise nicht so sehr um Gier oder um eine bewusste Handlung. Es geht um das Gefühl einer grenzenlosen Macht. Wenn männliche Tiere untereinander kämpfen, erlebt der Sieger einen Testosteronanstieg, was ihn noch aggressiver und risikobereiter werden lässt. Kurzfristig führt dies dazu, dass die Gewinnertiere weiter gewinnen. Langfristig jedoch gehen sie zu viele Risiken ein.[34]

---

[34] Nachdem die Erfolgssträhne abflaute, gingen auch die Testosteronwerte zurück. Es wurde durch ein Stresshormon, Cortisol, ersetzt.

Abbildung 27 **Schematische Darstellung von Spekulationsblasen**

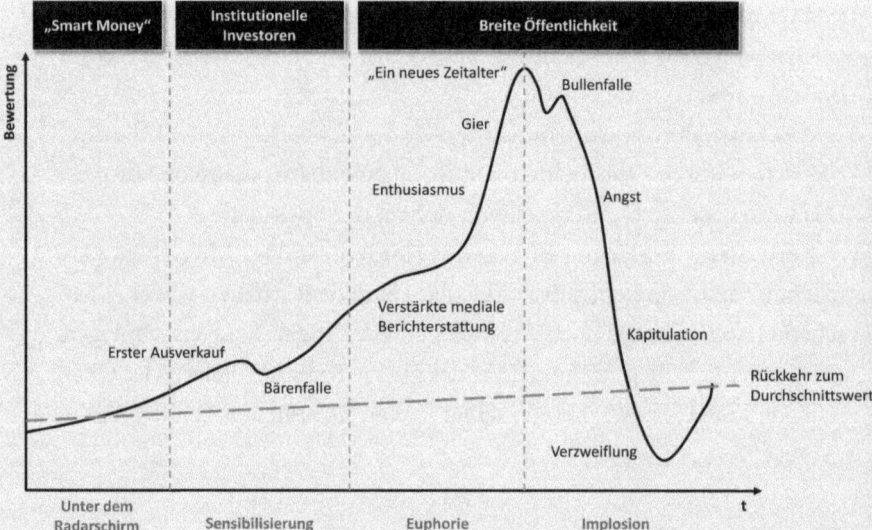

Quelle: Eigene Darstellung

Herdenverhalten ist jedoch mehr als nur ein gleichförmiges Verhalten. Herdenverhalten ist die Neigung, die Handlungen einer (größeren) Gruppe nachzuahmen. Während Einzelne nicht notwendigerweise die gleiche Wahl treffen, folgen wir dem gesellschaftlichen „Druck" der Konformität. Was alle machen, kann so schlecht schließlich nicht sein. Je größer die Gruppe, desto unwahrscheinlicher erscheint es uns, dass sie falschliegt. Dann folgen wir der Herde, selbst wenn wir die vage Ahnung haben, dass der eingeschlagene Kurs der Masse falsch sein könnte.

Herdenverhalten ist, wie alle geplatzten Blasen zeigen, keine besonders profitable Anlagestrategie. Wer sich in der Herde aufhält, kauft und verkauft, um dem vermeintlich neuesten und heißesten Anlagetrend zu folgen. Wenn Internet-Aktien gehypt werden, werden sie gekauft, nur um ein paar Monate später in Kryptowährungen zu investieren. Dabei verursachen all diese Kauf- und Verkaufstransaktionen – genau: Transaktionskosten. Darüber hinaus ist es äußerst unwahrscheinlich, dass es gelingt, stets so früh einer Herde beizutreten, dass der Großteil der Kursentwicklung noch bevorsteht. Zu dem Zeitpunkt, wenn ein Herdeninvestor von dem neuesten Trend erfährt, haben Early Adopters diesen schon längst erkannt und sich entsprechend positioniert. Viele Herdenfolgende steigen zu spät in das Rudel ein, während die Ersten es schon wieder verlassen.

Was bedeutet das für Ihre Kapitalanlage? Dass es Ihnen selbst dann, wenn Sie Bewertungsblasen im Voraus bestimmen können, unmöglich ist, vorherzusagen, wann sie platzen werden. Wie immer im Leben ist ein langfristiger Plan wichtig, mit dem Sie während der Höhen und Tiefen an der Börse konzentriert bleiben, und die Erkenntnis, dass Angst, diese in Ihrem genetischen Code festgelegte Eigenschaft, Ihren Entscheidungen schadet. Wenn Sie also das nächste Mal hören, dass sich eine bestimmte Assetklasse eine Blase ausbildet, nehmen Sie es gelassen und überlassen Sie es anderen, dem neuesten Hype zu folgen – so verlockend er auch sein mag. Die Wahrscheinlichkeit ist einfach zu groß, dass Sie zu spät auf den Zug aufspringen. Dies zeigt Ihnen auch der Witz, den Warren Buffett gern zum Thema Herdenverhalten und Neid erzählt: Ein Geologe stirbt und steht vor der Himmelspforte. Petrus muss ihm jedoch mitteilen, dass kein weiterer Geologe in den Himmel zugelassen werden kann, weil das Kontingent für Bergarbeiter im Himmel bereits erschöpft sei. Daraufhin beugt sich der Geologe vor und schreit: „Öl in der Hölle entdeckt!" Sofort stürmen Hunderte von Männern mit Schaufeln und Spitzhacken bewaffnet durch das Himmelstor in Richtung Hölle. Petrus, sichtlich beeindruckt, will den Geologen durchwinken, doch der sagt: „Nein danke, ich mach mich mal besser auf, das Öl-Gerücht zu überprüfen. Vielleicht ist da doch etwas Wahres dran."

23. Warum „Diesmal ist alles anders" ein gefährlicher Satz ist

„Die Definition des Wahnsinns ist, immer dasselbe zu tun und ein anderes Ergebnis zu erwarten." – ALBERT EINSTEIN

Von Sir John Templeton stammt der Satz, wonach die vier teuersten Wörter der englischen Sprache „This time it's different" sind, auf Deutsch: „Diesmal ist alles anders." Wenn Sie diesen Satz hören, wird es in der Tat gefährlich. Wenn Menschen diesen Satz sagen, dann nur deshalb, weil ihnen keine andere Begründung mehr einfällt. Immer wenn sich Fundamentaldaten von Unternehmen oder Aktienmärkten beziehungsweise Kennzahlen einer Volkswirtschaft von ihren gewohnten Relationen entfernt haben, gibt es mit großer Sicherheit Börsenexperten, die behaupten, das nun erreichte Niveau sei das Normalniveau der Zukunft.

Sir Templeton meinte indes nicht Fundamentaldaten oder Bewertungskennziffern, als er über die Gefährlichkeit seines Satzes sprach. Er hatte die menschliche Natur vor Augen. Sie ist die einzige Konstante an den Kapitalmärkten.

24. Weshalb Sie auch mal nichts tun (und stets streng selektiv sein) sollten

„Alle Probleme der Menschheit rühren von der Unfähigkeit des Menschen her, still in einem Raum allein zu sitzen." – BLAISE PASCAL

Der vermutlich am breitesten aufgestellte Indexfonds der Welt ist der Vanguard Total World Stock Market Index Fund, der den FTSE

Global All Cap Index abbildet. Ende 2017 waren darin 7.954 Aktien aus mehr als 50 Ländern enthalten. Der Bloomberg Barclays US Aggregate Bond Index als Fonds für Investment-Grade-Anleihen aus den USA bildete Ende 2017 9.650 Anleihen ab, der Total International Bond Market Index Fund 4.665 Staats- und Unternehmensanleihen im Investment-Grade-Bereich. Ohne Berücksichtigung von Anleihen im Speculative-Grade-Bereich waren Ende 2017 weltweit also insgesamt 14.315 Wertpapiere börsennotiert. Zur selben Zeit gab es 111.954 Investmentfonds.[35]

Finden Sie es nicht bemerkenswert, dass es mehr Fonds als Aktien und Anleihen gibt?

Die enorme Auswahl macht es für Anleger nicht nur schwer, sich zu entscheiden. Sie erhöht auch den Anreiz, Änderungen im Portefeuille vorzunehmen. Doch Aktien erwirbt man, weil man von den langfristigen Perspektiven eines Unternehmens überzeugt ist. Lassen Sie sich nicht von sogenannten Börsenexperten irritieren, die Ihnen eine kurzfristige Unterbewertung einer Aktie weismachen wollen. Die Ihnen erklären wollen, Sie müssten eine Aktie unbedingt jetzt haben, weil Sie sonst an Ihrem Glück vorbeiliefen. Getreu dem Motto: „Kaufen Sie jetzt und erfüllen Sie sich in sechs Monaten alle Wünsche."

Mit dieser Vorgehensweise können Sie unter äußerst glücklichen Umständen vielleicht ein- oder zweimal erfolgreich Aktien kaufen. Für eine langfristige Strategie, mit der Sie ein Leben lang erfolgreich Aktien an der Börse kaufen, taugt sie nicht. So funktioniert die Börse nicht. Preise lassen sich kurzfristig nicht vorhersagen, denn dies würde voraussetzen, immer zu wissen, ob andere Marktteilnehmer Aktien kaufen oder verkaufen wollen. Dies vorherzusagen ist unmöglich.

Warren Buffett ist der Meinung, jeder sollte zu Beginn seines Anlegerlebens eine Karteikarte mit 20 Zahlen beschriften. Nach jedem Kauf einer Aktie sollte eine dieser Zahlen durchgestrichen werden. 20 Aktien

---

[35] The International Investment Funds Association, Bericht zum ersten Quartal 2017, S. 6.

reichen nach dieser Philosophie problemlos für ein ganzes Anlegerleben aus. Die Konsequenz dieser Forderung ist, dass Anleger etwa 99,9 Prozent ihrer Zeit inaktiv sein sollten. Nichtstun wird an der Börse zu Ihrem Erfolgsfaktor.

Der Ansatz mag radikal sein und nicht jedermanns Sache. Zweifellos aber regt er zum Nachdenken über die eigene Vorgehensweise an der Börse an. Dass er funktioniert, beweist nicht nur Warren Buffett, sondern auch eine empirische Analyse, in der die „besten Ideen" von Fondsmanagern analysiert wurden.[36] Danach hat sich die jeweils beste Aktie der befragten Fondsmanager um ein bis vier Prozent pro Quartal (!) besser entwickelt als die jeweilige Benchmark, während die übrigen, von den Fondsmanagern gehaltenen Aktien keine signifikante Outperformance erzielten.

Nichtstun kann also Ihren Erfolg an der Börse positiv beeinflussen. Doch Nichtstun ist schwierig. Nicht nur an der Börse. Israelische Forscher haben herausgefunden, dass Fußballtorhüter ein Drittel der Strafstöße parieren, wenn sie in der Mitte des Tores stehen bleiben; entscheiden sie sich dagegen für eine Ecke, liegt die Wahrscheinlichkeit, einen Elfmeter zu halten, nur bei 12,6 Prozent (rechte Ecke) beziehungsweise 14,2 Prozent (linke Ecke). Mit dieser Statistik konfrontiert, antworten Torwarte auf die Frage, warum sie dennoch in eine der beiden Ecken springen würden, damit, dass es schlecht aussähe, untätig in der Mitte stehen zu bleiben. Wenn der Ball nach dem Sprung doch im Tor landet, haben sie wenigstens versucht, den Ball zu halten. Der Versuch allein zählt also, nicht das Ergebnis.

Auch an den Kapitalmärkten ist dieses Verhalten zu beobachten. Wer sein Depot ständig anpasst, unterliegt der Illusion von Kontrolle. Investoren entwickeln das Gefühl, dass sie positive Ergebnisse durch ihr eigenes Handeln herbeiführen – auch wenn dies durch die tatsächlichen Ergebnisse nicht belegt werden kann.

[36] Cohen R. ; Polk C. ; Silli B. (2009).

25. Weshalb wir Statistiken misstrauen sollten

„Ich stehe Statistiken etwas skeptisch gegenüber. Denn laut Statistik haben ein Millionär und ein armer Kerl jeder eine halbe Million." – FRANKLIN D. ROOSEVELT

In den vergangenen Jahren haben Computer und statistische Softwarepakete die Möglichkeit erhöht, immer komplexere Datenmengen zu analysieren. Folglich hat auch die Verwendung von Statistiken in der Asset Allocation zugenommen. Um statistische Daten für die Kapitalanlage nutzen zu können, sind ein geeignetes Forschungsdesign, qualitativ hochwertigen Daten, die korrekte Auswahl und Anwendung statistischer Methoden und eine korrekte Interpretation der analytischen Ergebnisse erforderlich. Daten sind zuhauf verfügbar: Wohl kaum eine andere Industrie produziert sekündlich so viele Daten (also Kurse) wie die Kapitalanlage. Daher ist es wenig verwunderlich, dass am Kapitalmarkt – wie in kaum einer anderen Industrie – anhand von Zahlen argumentiert wird.

Obwohl sich die Fehlerarten im Zeitablauf möglicherweise geändert haben, ist die Häufigkeit statistischen Missbrauchs nicht zu übersehen. Fehler sind unter Umständen auf unzureichende Kenntnisse der Anwender zurückzuführen. Häufiger sind es jedoch bewusste Entscheidungen, mit denen ein gewünschtes statistisches Ergebnis herbeigeführt werden soll. Und zwar dann, wenn Statistiken von skrupellosen Aktien-Pushern benutzt werden, um eigene Ziele zu erreichen. Behauptungen, die auf Zahlen beruhen, sind für die Mehrheit der Menschen überzeugend – selbst wenn diese Zahlen vorher manipuliert oder falsch interpretiert wurden. Hinzu kommt, dass häufig nur der Anfangs- und Endzeitpunkt verschoben werden müssen, um ein bestimmtes Argument statistisch zu untermauern oder zu widerlegen. Kein Wunder, dass Benjamin Disraeli[37] sein Misstrauen einst durch den Satz „Es gibt drei Arten von Lügen: Lügen, verdammte Lügen und Statistiken" zum Ausdruck brachte.

26. Warum Sie lernen müssen, Nein zu sagen

„Müde macht uns die Arbeit,
die wir liegen lassen, nicht die,
die wir tun." – MARIE VON
EBNER-ESCHENBACH

Es gibt mehr Anlageideen, als Sie kaufen können. Haben Sie sich Ihre Investitionskriterien gesetzt, werden Sie feststellen, dass Sie von verschiedenen Seiten in Versuchung geführt werden, Änderungen an Ihren

---

[37] Benjamin Disraeli, 1. Earl of Beaconsfield (1804–1881), britischer Premierminister.

Anlagekriterien vorzunehmen. Gerade Börsenmagazine sind geübt darin, Ihnen die erstaunlichsten Anlageobjekte zu präsentieren.

Lernen Sie, Nein zu sagen. Besser noch: Lernen Sie, die Ihnen vorgetragenen Anlageideen zu ignorieren.

Am besten gelingt dies, indem Sie Ihre Anlagestrategie auch negativ formulieren. Beschreiben Sie nicht nur, in welche Assets Sie investieren wollen. Beschreiben Sie auch die Merkmale der Assets, in die Sie nicht investieren werden.

27. Weshalb Sie Ihren Prinzipien treu bleiben sollten

„Geduld ist die oberste Tugend des Investors."

– BENJAMIN GRAHAM

Stellen Sie sich einen Menschen vor, der alles, was er besitzt, verkauft, um seinen gesamten Erlös in einer Spielbank auf Rot zu setzen. Ich nehme an, Sie würden dies für keine gute Anlageentscheidung halten (wenn nicht, beginnen Sie bitte mit diesem Buch noch einmal von vorne).

Doch was, wenn er gewinnen und seinen Einsatz verdoppeln würde? Was, wenn er seinen Gewinn nochmals auf Rot setzen und erneut gewinnen würde? Würden Sie dann immer noch von einer schlechten

Anlageentscheidung sprechen? Wie oft müsste er gewinnen, damit Sie Ihre Meinung ändern?

Ich hoffe, dass Sie, egal wie oft er gewinnen würde, seine Anlagestrategie immer als eine der schlechtestmöglichen einstufen. Anlageentscheidungen sollten auf Prinzipien basieren, nicht auf Gefühlen. Das Prinzip, alles auf eine Karte zu setzen, ist an der Börse ein schlechtes Prinzip. Nichts macht es zu einem guten.

28. Wann Ablenkung schadet

„Die Chancen stehen gut, dass Sie nicht wissen, wie Ihre Chancen stehen." – GARY BELSKY

Menschen haben eine individuell unterschiedliche, jedoch stets begrenzte Aufmerksamkeitsspanne, die sie sinnvoll „anlegen" müssen. Diese Restriktion kann das Anlageverhalten der Menschen auf zwei verschiedene Arten beeinflussen:

▶ Einerseits kann sie zu verzögerten Reaktionen führen, wenn wichtige Informationen zu wenig beachtet werden.
▶ Andererseits kann sie zu Überreaktionen führen, wenn zu viel Aufmerksamkeit auf (vielleicht veraltete oder irrelevante) Informationen gelegt wird.

Jüngere Untersuchungen stützen die Vorstellung, dass abgelenkte Anleger wichtige Informationen verpassen. So wurde etwa festgestellt, dass die Marktreaktion auf eine Gewinnwarnung oder -überraschung (allgemein: Earnings Event) geringer ausfällt, wenn diese an Tagen veröffentlicht wird, an denen viele andere Unternehmen ihre Quartalszahlen melden. Eine weitere Studie kam zu dem Ergebnis, dass Kursreaktionen geringer ausfallen, wenn das Earnings Event auf einen Freitag fällt.[38] An Tagen vor Feiertagen oder allgemeinem Urlaubsbeginn fällt der Kurseffekt bei positiven Earnings Events (Aktienrückkäufe, unerwartete Dividendenankündigungen oder Übernahmen) tendenziell positiver aus.[39]

Investieren bedeutet Konzentration. Diese Beispiele zeigen: Wer unterbewertete Aktien entdecken will, muss sich konzentrieren.

29. Woran Sie überhaupt keinen Gedanken verschwenden sollten

*„Das größte Problem des Anlegers –
und zugleich sein größter Feind – ist
wahrscheinlich er selbst"* – BENJAMIN GRAHAM

Die Kapitalanlage kann aus verschiedenen Gründen herausfordernd sein. Für viele ist eine dieser Herausforderungen die Annahme, stets

---

[38] Vgl. DellaVigna S.; Pollet J. E. (2008).
[39] Vgl. Autore D. M.; Danling J. (2017).

das Ohr am Markt haben und dabei möglichst viele der unzähligen Einflussfaktoren auf die Märkte in der Meinungsbildung berücksichtigen zu müssen. Zu viele Informationen aufzunehmen und zu verarbeiten führt letztlich zu einem „Information Overflow", bei dem keine Information mehr wirklich wahrgenommen wird. Informationen verschwimmen zu einem „Noise", einem weißen Rauschen, ähnlich dem Sendeschluss der öffentlich-rechtlichen Fernsehsender in den 1970er-Jahren.

Abbildung 28 **Was wirklich wichtig ist an der Börse**

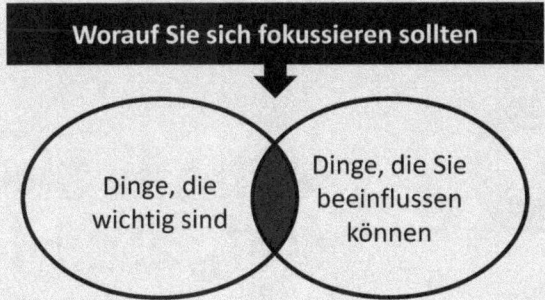

Quelle: Eigene Darstellung

Viel wichtiger ist es, sich auf diejenigen Dinge zu konzentrieren, die man selbst kontrollieren kann, und diejenigen Dinge zu übergehen, die man nicht kontrollieren kann. Nachstehend finden Sie eine Liste mit zehn Faktoren, die sich außerhalb Ihrer Kontrolle als Anleger befinden und die Sie daher lieber ignorieren sollten:

1. Entwicklung des Bruttosozialprodukts
2. Entwicklung der Arbeitslosenzahlen
3. Entwicklung der kurz- und langfristigen Zinsen
4. Entscheidungen der Europäischen Zentralbank beziehungsweise der Fed
5. Schlagzeilen von Börsenmedien und Tageszeitungen

6. Entscheidungen der Bundesregierung oder anderer Regierungen inklusive der UN
7. Urteile von Gerichten
8. Überreaktionen und Panikverkäufe an den Börsen
9. Wahl-, Umfrage- und Abstimmungsergebnisse
10. Interviews aller Art

Sich mit seiner Kapitalanlage zu beschäftigen kann anstrengend sein. Sich auf das zu konzentrieren, was Sie kontrollieren können, wird nicht alle Ihre Probleme lösen, Ihnen aber helfen, auf die wirklich wichtigen Dinge zu achten.

30. Weshalb Sie Spielgeld nicht einfach mal so aufs Spiel setzen sollten

„Die Amerikaner mögen vielleicht einen Bedarf an Telefonen haben. Wir aber nicht. Wir haben keinen Mangel an Botenjungen." – SIR WILLIAM PREECE

Nun möchte ich auf ein Problem eingehen, das ich auch von Kapitalmarktprofis zu hören bekommen habe: wenn Sie nämlich einen

Teil Ihres Vermögens als Spielgeld betrachten, das Sie, meist ohne groß darüber nachzudenken, in bestimmte Aktien investieren. Dass diese meist hochriskant sind, muss ich nicht ausdrücklich erwähnen. Dass das Geld hinterher meist weg ist, auch nicht.

Tun Sie das nicht. Es handelt sich letztlich um Ihr hart erarbeitetes Vermögen. Jeder einzelne Euro davon ist es wert, gut behandelt zu werden. Jeder einzelne Euro davon hat es verdient, seiner besten Verwendung zugeführt zu werden. Ein erfolgreicher Anleger unterteilt sein Vermögen nicht in Spielgeld und seriös angelegtes Kapital.

31. Warum Verluste Sie mehr berühren als Gewinne

„Schmerz ist in fast allen Fällen ein stechenderes Gefühl als das das entsprechende Vergnügen."

– ADAM SMITH
(„WOHLSTAND DER NATIONEN")

R ationales Handeln ist gar nicht so einfach. Ein Beispiel soll dies veranschaulichen.

Sie haben die Möglichkeit, an einer der beiden folgenden Lotterien teilzunehmen:

▶ Bei der ersten Lotterie L_1 gewinnen Sie mit 100-prozentiger Sicherheit einen Preis von 2.400 Euro.

▶ Bei der zweiten Lotterie L_2 gewinnen Sie mit einer 25-prozentigen Wahrscheinlichkeit einen Preis von 10.000 Euro, mit 75-prozentiger Wahrscheinlichkeit gehen Sie jedoch leer aus.

Wenn Sie zur Mehrheit der Befragten zählen, würden Sie die erste Lotterie bevorzugen.

Nun drehen wir die Sache um: Wie schon zuvor können Sie an einer von zwei Lotterien teilnehmen, diesmal allerdings sind die Quoten wenig attraktiv:

▶ Bei der dritten Lotterie L_3 verlieren Sie mit 100-prozentiger Sicherheit 7.500 Euro.

▶ Bei der vierten Lotterie L_4 verlieren Sie mit einer 76-prozentigen Wahrscheinlichkeit den Betrag von 10.000 Euro, mit 24-prozentiger Wahrscheinlichkeit verlieren oder gewinnen Sie nichts.

Typischerweise bevorzugen die befragten Versuchsteilnehmer die vierte Lotterie, weil Menschen es ablehnen, mit Sicherheit zu verlieren. Sie ziehen es vor, die Chance wahren, aus den beiden Verlustlotterien unbeschadet herauszukommen.

Haben Sie auch so entschieden? Dann haben Sie sich, wissenschaftlich betrachtet, soeben irrational verhalten. Der Erwartungswert der zweiten Lotterie $E(L_2)$, also der mit den Eintrittswahrscheinlichkeiten gewichtete Endwert der Lotterie,

$$E(L_2) = 25\,\% \cdot 10.000 + 75\,\% \cdot 0 = 2.500$$

liegt mit 2.500 Euro über dem Erwartungswert der ersten Lotterie $E(L_1)$, nämlich 2.400 Euro.

$$E(L_1) = 100\,\% \cdot 2.400 = 2.400$$

Im Durchschnitt hätten Sie mit der zweiten Lotterie einen höheren Gewinn erzielen können als mit der ersten. Dass Menschen dennoch die erste Lotterie bevorzugen, liegt unter anderem an unserer Erziehung. Der Spatz in der Hand ist uns lieber als die Taube auf dem Dach. Doch wie sieht es mit dem zweiten Lotteriepaar aus? Der erwartete Verlust $E(L_3)$ der dritten Lotterie L_3 beträgt 7.500 Euro, berechnet über

$$E(L_3) = 100\% \cdot (-7.500) = -7.500$$

während der erwartete Verlust der vierten Lotterie $E(L_4)$ mit 7.600 Euro darüber liegt:

$$E(L_4) = 76\% \cdot (-10.000) + 24\% \cdot 0 = -7.600$$

Dennoch fühlen wir uns bei der vierten Lotterie wohler. Sie lässt uns immerhin die Chance, ohne einen Verlust nach Hause zu gehen. Trotzdem haben wir uns auch in diesem Fall für die falsche Alternative entschieden.

Dieses Verhalten aufgedeckt haben die beiden Psychologen Daniel Kahneman und Amos Tversky in den 1970er-Jahren und damit die sogenannte Prospekttheorie begründet. Kahneman und Tversky wollten herausfinden, inwieweit Entscheidungen von den Erwartungen und Verhaltensmustern der Beteiligten abhängig sind. Sie schufen damit einen Gegenentwurf zu den bis dahin geltenden nutzentheoretischen Modellen und Theorien der Makro- und Mikroökonomie. Jahrhundertelang waren Ökonomen davon ausgegangen, dass Menschen als Homo oeconomicus agieren und sich immer für die Möglichkeiten entscheiden, die ihre Gewinne maximieren beziehungsweise ihre Kosten minimieren.

Hingegen neigen die Menschen der Prospekttheorie zufolge dazu, Verluste stärker zu gewichten als Gewinne. Unsere Aversion gegenüber Verlusten ist stärker als die Freude, etwas zu gewinnen.[40] Auch diese

---

[40] Hiervon berichtete im Übrigen bereits Titus Livius (59 v. Chr. – 18 n. Chr.), in dessen Werk der Satz „Segnius homines bona quam mala sentiunt" zu finden ist, auf Deutsch also: „Menschen haben eine weniger lebendige Vorstellung des Guten als des Schlechten."

Strategie erfüllte ursprünglich einen evolutionären Zweck: In der Steinzeit konnten Menschen nur überleben, wenn sie vor ihren Feinden und den angreifenden Säbelzahntigern rechtzeitig flohen. Wir gehen dabei so weit, dass wir bereit sind, größere Risiken auf uns zu nehmen, um Verluste zu vermeiden, als wir zu übernehmen bereit sind, um Gewinne zu vereinnahmen.

Heutzutage, da wir meist keine natürlichen Feinde mehr haben, führt unsere Verlustaversion auch dazu, dass wir als Anleger Verluste scheuen und Aktien erst dann kaufen, wenn der Aufwärtstrend nicht mehr zu übersehen ist. Dagegen verkaufen wir nicht, wenn die Kurse hoch sind, sondern wenn der Abschwung bereits in vollem Gang ist. Der typische Anleger schaut zu lange zu und hofft, dass sich die Kurse erholen.

Wirtschaftsnobelpreisträger Richard Thaler führt die Erklärungen der Prospekttheorie weiter: Menschen unterhalten ein mentales Konto für die Gewinnlotterien und eines für die Verlustlotterien. Dabei belasten Verluste das mentale Konto des Anlegers wesentlich stärker, als Gewinne das Konto begünstigen. Je nach Stimmung kann ein Verlust von 10.000 Euro sogar doppelt so schwer wiegen wie ein Gewinn von 10.000 Euro. Damit werden auch sinnvolle Entscheidungen wie der Kauf von Aktien beeinträchtigt, da die vage Möglichkeit besteht, dass diese später mit Verlust verkauft werden müssen.[41]

---

[41] Studien zeigen, dass die negativen Empfindungen, die Menschen bei Verlusten erleiden, mindestens doppelt so stark sind wie die positiven Empfindungen bei Gewinnen.

32. Weshalb Sie Gewinne laufen lassen und Verluste begrenzen sollten (und nicht umgekehrt)

„Dum spiro spero"   – CICERO[42]

Apropos Aktien mit Verlust verkaufen: Kennen Sie den Unterschied zwischen Buchverlusten und realisierten Verlusten? Buchverluste bestehen nur auf dem Papier, sie wurden noch nicht realisiert. Das verlustträchtige Wertpapier befindet sich noch im Depot. Mit jedem Blick auf den Depotauszug werden wir daran erinnert, dass wir diese unglückselige Aktie einst erworben haben. Erst mit dem Verkauf der Aktie wird aus dem Buchverlust ein realisierter Verlust.

▶ Angenommen, Sie besitzen ein Wertpapier, dessen Kurs mit 70 Euro deutlich unterhalb des Einstandskurses von 100 Euro liegt. Viele Anleger weigern sich, eine Aktie mit Verlust zu verkaufen, schließlich besteht die Möglichkeit, dass sich der Kurs wieder erholt.

▶ Ist der Kurs dagegen auf 130 Euro gestiegen, sind dieselben Anleger nicht zurückhaltend, die Aktie zu verkaufen und Gewinne zu realisieren.

---

[42] Solange ich atme, hoffe ich.

Aus dieser Wahrnehmungs- und Empfindungs-Asymmetrie entsteht eine asymmetrische Geldanlage. Dieses asymmetrische Verhalten gegenüber Gewinnen und Verlusten ist an der Börse nicht besonders intelligent. Rational wäre vielmehr die Strategie, Verluste zu minimieren und Gewinne laufen zu lassen. Befolgt wird stattdessen das genaue Gegenteil. Dabei wäre es – bei vollständiger Unsicherheit über die zukünftige Entwicklung eines Aktienkurses – noch besser, eine Münze zu werfen, die entscheidet, ob eine Aktie verkauft wird oder nicht. Bei vollständiger Unsicherheit ist es für den zukünftigen Kursverlauf einer Aktie vollkommen irrelevant, ob Sie sich mit der Aktie in der Gewinnoder der Verlustzone befinden.

Offenbar unterliegen wir Menschen nicht nur einer Verlust-, sondern auch einer Enttäuschungsaversion: Wir wollen Enttäuschungen unter allen Umständen vermeiden. Buchverluste sind okay, deren Realisierung nicht. Das hält uns davon ab, Verluste beim Verkauf implodierender Aktien zu realisieren. Schließlich ist die Realisierung eines Verlustes immer auch das Eingeständnis des eigenen Versagens.

Auch ein übertriebener Sportsgeist könnte eine Begründung für die Nichtrealisierung von Buchverlusten sein. Das wäre ja noch schöner, wenn die Kursentwicklung sich nicht an meinen Erwartungen orientiert! Das Halten dieser Aktien wird dann als langfristig ausgerichtete Kapitalanlage gerechtfertigt. Damit verbietet sich die kurzfristige Reaktion auf Kursverluste ja quasi von selbst.

Die Weigerung, sich von Aktien mit Verlust zu trennen, kann an der Börse verheerende Folgen haben. Selbst sicher eingestufte DAX-Werte wie die Aktien von RWE und Deutsche Telekom beispielsweise sind von ihren Allzeithöchstständen jenseits der 100-Euro-Marke meilenweit entfernt und werden diese Niveaus aller Wahrscheinlichkeit nach nicht mehr erreichen.

Überraschenderweise ist die Treue gegenüber einer Aktie unter Privatanlegern weit verbreitet. Noch heute sind die Hauptversammlungen von Unternehmen des ehemaligen Neuen Marktes voll mit Aktionären, die ihre Anteile zu Zeiten erworben haben, als diese Aktien um ein Vielfaches höher notierten.

Auf der anderen Seite werden Aktien, mit denen ein Anleger im Gewinn liegt, vorschnell verkauft. Argumentiert wird dabei mit einer weiteren Börsenweisheit. Sie lautet: An Gewinnmitnahmen ist noch keiner gestorben. Bestenfalls aber wird damit die kurzfristige Befriedigung schöngeredet, die mit dem Gefühl verbunden ist, den richtigen Riecher gehabt und einen Gewinn eingefahren zu haben. Solange Sie diesen Spruch nicht gerade wörtlich nehmen, ist er falsch. Denn er führt zu einer massiven Belastung der Performance. Das hier beschriebene asymmetrische Verhalten, Aktien, die nach dem Kauf gestiegen sind, zu verkaufen, und Aktien, die nach dem Kauf gefallen sind, zu halten, wird Dispositionseffekt genannt.[43] Der Dispositionseffekt ist meines Erachtens darauf zurückzuführen, dass Anleger bei Aktienkäufen in die Zukunft blicken, während sie bei Aktienverkäufen vergangenheitsgetrieben handeln. Während Anleger Aktien aufgrund ihrer Erwartungen über die Zukunft kaufen, verkaufen sie Aktien aufgrund von Ereignissen, die in der Vergangenheit liegen. Beim Kauf gehen sie davon aus, dass die jüngere Vergangenheit einen Hinweis darauf gibt, was kommen wird. Beim Verkauf dagegen sind sie besorgt darüber, was eine Aktie vor dem Verkauf (und seit dem Kauf) getan hat. Dies zeigt: Notiert ein Wertpapier in der Gewinnzone, scheinen sich Anleger in einem risikoaversen Modus zu befinden. Ist der Kurs des Wertpapiers dagegen nach dem Kauf gesunken, befinden sie sich eher in einem risikofreudigen Modus.

Buchverluste können einen weiteren Nebeneffekt haben. Dann nämlich, wenn sie zu Sunk Costs werden, zu versunkenen Kosten also. Darunter verstehen Betriebswirte Kosten, die unwiderruflich verloren sind. Wenn Sie zum Beispiel 150 Millionen Euro in die Entwicklung eines Krebsmedikaments investiert haben und in der Klinischen Phase III, in der der Wirkstoff an Menschen getestet wird, feststellen müssen, dass

---

43 Vgl. hierzu den namensgebenden Artikel: Shefrin H. M.; Statman M. S. (1985).

das Medikament im Vergleich zur Placebo-Gruppe nur unwesentlich bessere Ergebnisse liefert, dann stehen Sie vor der Frage: Weitermachen oder beenden? Werden Sie sich eingestehen, dass Ihre Bemühungen ein Flop waren, und die Entwicklung einstellen? Oder sollen Sie weitermachen im vagen Glauben, dass vielleicht doch noch ein halbwegs befriedigendes Ergebnis herauskommt?

Wenn Sie die Beendigungsoption ziehen, können Sie einen Teil der Entwicklungskosten und Investitionen möglicherweise retten. Das Labor und einige Spezialgeräte lassen sich weiterverwenden, Werbe- und Entwicklungsaufwendungen hingegen sind größtenteils verloren, sie sind „versunkene" Kosten.

Versunkene Kosten sind ein allgegenwärtiges Phänomen in unserem Leben. Jeder Zeitaufwand, den wir in eine Tätigkeit stecken, ist unwiederbringlich verloren. Bezogen auf den Kapitalmarkt heißt das, dass Ihre Entscheidung, eine Aktie zu behalten oder zu verkaufen, nicht davon abhängen darf, ob diese Aktie mit Gewinnen oder Verlusten in Ihrem Depot liegt. Allein die erwartete Kursentwicklung darf Ihre Entscheidung beeinflussen. Wenn Sie mit versunkenen Kosten richtig umgehen wollen, müssen Sie in der Lage sein, diese zu akzeptieren und ihnen nicht zu erlauben, Sie weiter zu beeinflussen. Fragen Sie sich also von Zeit zu Zeit, ob Sie eine Aktie heute noch kaufen würden. Falls nicht, dann sollten Sie die richtigen Schlüsse ziehen.

33. Wie Sie mit todsicheren Tipps umgehen sollten

„Anything goes!" – COLE PORTER

Kommt Ihnen das bekannt vor? Ein Freund ruft Sie an und empfiehlt Ihnen eine Aktie, weil mit dieser bald etwas Grandioses passieren wird. Was, kann er zwar nicht sagen, aber dass es groß sein wird, ist sicher. Für ein Kind mögen Wundertüten verführerisch sein. Am Kapitalmarkt haben sie nichts verloren. Die Börse funktioniert nicht nach dem Schema „Alles oder nichts". An der Börse gibt es keine absolute Wahrheit. Das Höchste der Gefühle ist es, zukünftige Wahrscheinlichkeiten oder Szenarien einzuschätzen. Wer dagegen glaubt, ein prognostiziertes Szenario müsse so eintreten, weil es gar nicht anders sein könne, denkt im „Alles oder nichts"-Schema, was ihn früher oder später ruinieren wird. Rechnen Sie immer damit, dass der Beginn einer Markterholung oder „das Ende der Welt" unmittelbar bevorstehen.

34. Weshalb entgangene Gewinne problematischer sind als erlittene Verluste

„Die erste Regel der Kapital-
anlage lautet, nicht zu verlieren.
Und die zweite Regel lautet,
die erste nicht zu vergessen.
Das sind alle Regeln, die man
kennen muss." – WARREN BUFFETT

Verluste sind schmerzhaft, nicht nur aus psychologischen Gründen, sondern auch weil deutlich höhere prozentuale Gewinne erforderlich sind, bis Ihr Vermögen wieder auf das Ursprungsniveau zurückgekehrt ist. Dies ist eine Frage der Mathematik:

Abbildung 29 Kursverluste und erforderliche Kursgewinne bis Break-even

-10,0 %	11,1 %
-20,0 %	25,0 %
-30,0 %	42,9 %
-40,0 %	66,7 %
-50,0 %	100,0 %
-60,0 %	150,0 %
-70,0 %	233,3 %
-80,0 %	400,0 %
-90,0 %	900,0 %

Vorstehende Tabelle veranschaulicht Ihnen eindrucksvoll, warum Risikomanagement an der Börse essenziell ist. Wenn Sie eine Aktie besitzen, die seit Ihrem Kauf um 70 Prozent gesunken ist, muss diese um nicht weniger als 233,3 Prozent ansteigen, damit Sie wieder Ihren Einstandskurs erreichen. Die Aktie muss sich also mehr als verdreifachen.

Viele Anleger sagen, dass sie Aktien nicht verkaufen, wenn sie damit deutlich im Verlust sind. Die „Jetzt ist es auch schon egal"-Mentalität basiert jedoch auf einem intellektuellen Irrtum: Wenn eine Aktie 80 Prozent ihres Wertes verloren hat, muss sie sich, um auf einen Verlust von 90 Prozent zu kommen, nochmals halbieren. Wenn diese Möglichkeit besteht, etwa weil ein Insolvenzszenario nicht auszuschließen ist, sollte auch bei einem 80-Prozent-Verlust ein Verkauf eindeutig befürwortet werden.

Risiken aber nur nach unten zu managen kann zur Folge haben, dass Ihnen auch Gewinne entgehen. Wie Sie vielleicht schon persönlich erfahren haben, verlaufen Kursanstiege wesentlich gedämpfter als Kursrückgänge. Wenn Sie sich ausschließlich auf den Kapitalerhalt konzentrieren und sich für den nächsten Markt-Crash positionieren, ist es sehr wahrscheinlich, dass Sie Aufwärtsbewegungen verpassen. Während die vorherige Tabelle den Kursanstieg zeigte, der erforderlich ist, um aus einem großen Verlust mit einem blauen Auge herauszukommen, habe ich in der nachstehenden Tabelle den Kursrückgang angegeben, der erforderlich ist, um nach einer verpassten Aufwärtsbewegung wieder das ursprüngliche Einstiegsniveau zu erreichen.

Abbildung 30 **Kursgewinne und erforderliche Kursverluste bis Einstiegsniveau**

10,0 %	-9,1 %
50,0 %	-33,3 %
100,0 %	-50,0 %
150,0 %	-60,0 %
200,0 %	-66,7 %
300,0 %	-75,0 %

Lassen Sie uns den DAX im Zeitraum 2007 bis 2017 betrachten. Angenommen, Sie hätten sich zum Jahresende 2008 beim DAX-Stand von 4.810 Punkten entschieden, sämtliche Aktien zu verkaufen, nachdem Sie im vorangegangenen Kalenderjahr Kursverluste von 40,4 Prozent hinnehmen mussten. Da Sie dem folgenden Kursaufschwung nicht vertrauten (etwa weil Sie den Crash-Prognosen von Jim Rogers glaubten), halten Sie Ihr Kapital am Jahresende 2017 immer noch in bar. Sie haben also zugesehen, wie der DAX in der Zwischenzeit um 168,5 Prozent zugelegt hat, pro Jahr also im Durchschnitt 11,6 Prozent. Um auf das Kursniveau zurückzukehren, auf dem Sie ursprünglich verkauft haben, müsste der DAX um 62,8 Prozent fallen. Anleger, die exzessives Risikomanagement ohne gleichzeitiges Gewinnmanagement betreiben, werden mit hoher Wahrscheinlichkeit die Aufwärtsbewegung verpassen.

35. Warum der Totalverlust in unserer Gesellschaft verankert ist

„Vermögensverwalter verkaufen Werke zum Preis eines Picassos, die sich später häufig als Malen-nach-Zahlen-Werk erweisen."
– PATRICIA C. DUNN

Viele Menschen wollen zu viel auf einmal. Insbesondere wollen sie ihre Ziele möglichst schnell erreichen. Besonders zum Vorschein

tritt diese Eigenschaft, nachdem ein Anleger einen Fehler gemacht hat.
An der Börse wird ein Fehler zum Problem, wenn versucht wird, diesen
Fehler möglichst schnell wieder auszugleichen, etwa indem die Risiko-
toleranz angehoben wird. Studien[44] haben gezeigt, dass die Risikobereitschaft der Menschen mit steigendem Nettovermögen abnimmt. Überspitzt
formuliert sind Menschen mit niedrigem Nettovermögen an Knock-
out-Optionsscheinen interessiert, während sich Reiche die gängigen
Standardwerte ins Depot legen.

Wenn sich „Renditejäger" hochriskante Derivate kaufen, blenden sie
aus, dass diese einen Totalverlust mit sich bringen können. Eine wichtige Rolle beim Übersehen des Totalverlusts spielt, dass dieser in unserer
Gesellschaft tief verankert, ja gesellschaftlich geradezu akzeptiert ist:
Jedes Wochenende spielen Millionen Deutsche Lotto, für die meisten
von ihnen endet der Einsatz mit einem Totalverlust. So „verzocken"
jedes Wochenende Millionen Deutsche mit staatlicher Unterstützung
einen Teil ihrer Ersparnisse. Mit diesem Verhalten unterscheiden sich
Lottospieler in nichts von den Spekulanten, die Knock-out-Options-
scheine kurz über dem Schwellenwert oder Aktien eines insolventen
Pennystock-Werts kaufen. In beiden Fällen besteht Aussicht auf Verviel-
fachung des Einsatzes, in beiden Fällen sind die Erfolgsaussichten mikro-
skopisch gering.

Wenn Sie Ihre Risikoneigung erhöhen möchten, tun Sie dies nur
marginal, nicht radikal. Top-oder-Flop-Wetten sind nicht der richtige
Weg zum Reichtum. Langsam und stetig muss es sein.

---

[44] Vgl. etwa Finke M. S.; Huston S. J. (2017).

36. Warum Sie institutionellen Investoren nicht notwendigerweise unterlegen sind

„Ein Ziel ohne Plan ist nur ein Wunsch."

– ANTOINE DE SAINT-EXUPERY

Viele Privatkunden vertreten die Meinung, dass sie gegenüber institutionellen Investoren bei der Kapitalanlage strukturell unterlegen sind. Sie sind der Überzeugung, dass, um überdurchschnittliche Anlageergebnisse erzielen zu können, ein Informationsvorsprung gegenüber den Vertretern des „Smart Money" erforderlich sei. Da dieser mit den gängigen Mitteln nicht zu erlangen ist, wird kapituliert. Vor allem der Zugang zum Management, etwa in Form von Telefonkonferenzen mit der sogenannten Financial Community, ist häufig ein Argument, um eine strukturelle Unterlegenheit der Privatkunden zu belegen.

Fondsmanager sind Mitarbeiter einer Kapitalanlagegesellschaft (KAG) oder werden von einer solchen beauftragt, um anschließend als externe Mitarbeiter für die KAG zu arbeiten. Zu den Aufgaben einer KAG gehört die Auflage und Verwaltung von Investmentfonds. Diese sind üblicherweise auf bestimmte Assetklassen wie Aktien, Renten, Rohstoffe oder

Immobilien spezialisiert. Innerhalb dieser Assetklassen verfolgen die Fonds bestimmte Themen, etwa deutsche Nebenwerte oder internationale Standardwerte. Aufgabe eines Fondsmanagers ist es, in diesem Universum der investierbaren Titel das ihm von den Anlegern zur Verfügung gestellte Kapital so anzulegen, dass es unter Berücksichtigung der Chancen und der eingegangenen Risiken ein bestmögliches Ergebnis erwirtschaftet.

Wer von der Arbeit eines Fondsmanagers profitieren will, erwirbt ein Investmentzertifikat eines Fonds, das einen Anteil am Sondervermögen einer Kapitalanlagegesellschaft verbrieft. Durch den Erwerb erhält der Anleger ein Miteigentum am Sondervermögen und hat Anspruch auf die Ausschüttung der Erträge und die jederzeitige Rücknahme des Zertifikats durch die Fondsgesellschaft.

Damit ein Fondsmanager nicht Aktien erwirbt, die ihm nach den Statuten des jeweiligen Fonds oder dem Gesetz über Kapitalanlagegesellschaften (KAGG) nicht erlaubt sind, werden Fonds durch eine unabhängige Instanz kontrolliert, die sogenannte Depotbank. Diese ist für die Verwahrung des Fondsvermögens zuständig und überwacht sämtliche Kauf- und Verkaufstransaktionen der Fondsmanager. So überwacht die Depotbank, ob die gesetzliche vorgeschriebene Risikostreuung eingehalten wird.

Abbildung 31 **Schematische Darstellung eines Fonds**

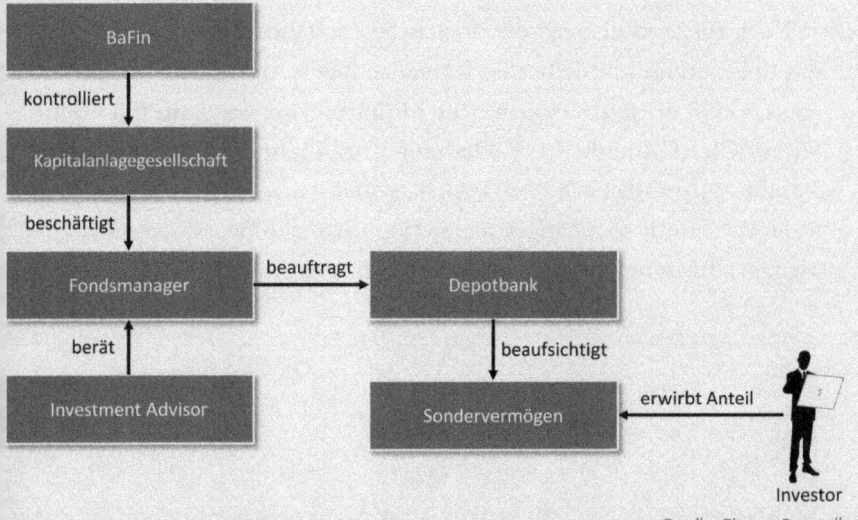

Quelle: Eigene Darstellung

Abgesehen von diesen Restriktionen arbeitet ein Fondsmanager relativ autark. Er allein trägt die Verantwortung für die Entwicklung des ihm anvertrauten Kapitals. Je nach Fondsausgestaltung muss ein Fondsmanager Dutzende, möglichweise Hunderte von Unternehmen beobachten. Dementsprechend variiert die Aufmerksamkeit, mit der ein Fondsmanager ein einzelnes Unternehmen beobachten kann: Von relativ oberflächlich bis extrem detailliert werden die Unternehmen analysiert. Damit unterscheidet sich der institutionelle Fondsmanager kaum von einem Privatanleger.

Dies zeigt sich auch an den durchschnittlichen Renditeerfolgen der Fondsmanager. Wer glaubt, die größten Fonds, die von den bestverdienenden Fondsmanagern betreut und von den profiliertesten Analysten beraten werden, seien gleichzeitig die mit der besten Performance, irrt. Das genaue Gegenteil ist richtig. Zahlreiche Studien zeigen, dass kleinere Fonds eine bessere Performance erzielen als große.[45] Die meisten Fondsmanager verfolgen nämlich eine Strategie der Über-Diversifikation: Weil es besser ist, gemeinsam mit anderen falschzuliegen, streuen sie die ihnen anvertrauten Gelder auf eine möglichst große Anzahl von Aktien. Damit fehlt ihnen aber noch mehr die Zeit, sich im Detail mit den einzelnen Unternehmen auseinanderzusetzen. Zugleich verliert das einzelne Unternehmen so sehr an Bedeutung, dass es für den Anlageerfolg des Fonds irrelevant wird.

Noch ein Ergebnis zeigt die empirische Kapitalmarktforschung: Fonds mit überdurchschnittlicher Performance (auch Alpha genannt) haben naturgemäß überdurchschnittliche Mittelzuflüsse, die dann mit wachsender Gleichgültigkeit – Verzeihung: Indexnähe – angelegt werden. Das durchschnittliche Portfolio-Alpha geht damit sukzessive zurück und wenn der Fonds seine angestrebte Größe erreicht hat, ist der aktiv gemanagte Teil eines zusätzlichen Mittelzuflusses gleich null.[46]

---

[45] Vgl. etwa: Martijn K. J.; Cremers A. P. (2009).

[46] Dieser Zusammenhang wurde gut dargelegt von: Berk J. B.; Green R. C. (2004).

Getreu dem karriereförderlichen Motto von John Maynard Keynes, wonach es für den eigenen Ruf besser ist, mit konventionellen Methoden zu scheitern als mit unkonventionellen Methoden zu brillieren, entscheiden sich Portfoliomanager häufig zugunsten von Reputation, Größe, Sicherheit, Vertrautheit und Solidität der ausgewählten Unternehmen. Bleibt noch der Zugang zum Management, den Privatkunden nicht haben. Finanzanalysten verbringen viel Zeit damit, mit dem Vorstand zu sprechen. Wofür, frage ich mich. Erwarten sie allen Ernstes von der Unternehmensleitung Ideen, die außerhalb des Konsensus liegen? Viel wichtiger wäre es doch, zusätzliche Informationsquellen wie Kunden oder Lieferanten aufzutun und diese zu befragen. Letztlich ist die Zeit sinnvoller damit verbracht, darauf zu achten, was der Vorstand tut. Taten sagen mehr als Worte, dieses Sprichwort gilt auch an der Börse.

37. Warum mehr Informationen nicht automatisch besser sind

„Unser Leben ist das, wozu unser Denken es macht."

– MARK AUREL

Die meisten Menschen glauben, dass mehr Informationen besser für den Anlageerfolg sind als weniger Informationen. Der nutzlose Teil der Information, so die Argumentation, lasse sich schließlich ausblenden. Viele Anleger versuchen also, alles über ein Unternehmen, in das sie investieren wollen, zu erfahren. Sie lesen sämtliche Geschäftsberichte inklusive des vergnügungssteuerbefreiten Anhangs, zapfen Verwandte und Bekannte nach Informationen über das Unternehmen, seine Wettbewerber und Kunden an und versuchen die sozialen Netzwerke nach nützlichen Informationen auszuwerten.

Unter den wirtschaftswissenschaftlich Geschulten unter Ihnen stammt diese Einstellung aus einem Denksystem, das eine Unersättlichkeit des Menschen voraussetzt, des „Homo oeconomicus". Bei normalen Gütern wird auch bei abnehmendem (Grenz-)Nutzen jeder zusätzlich konsumierten Einheit die größere Anzahl einer geringeren stets vorgezogen. Allerdings sind Menschen keine Computer. Die Kapazität des Menschen, Informationen zu verarbeiten, ist begrenzt. Insofern sind Informationen atypische Güter: Mehr ist nicht zugleich besser. Viel wichtiger ist, wie Sie Informationen verarbeiten und welche Schlussfolgerungen Sie daraus ziehen.

Insbesondere den alltäglichen Marktlärm, Noise genannt, sollten Sie als erfolgreicher Anleger ausschalten. Dabei ist die betäubende Wirkung des Marktlärms durchaus angenehm. Jeden Tag sind neue Informationen zu verarbeiten. Allein das Sichten der Facebook-Postings der letzten Nacht kann bei Social-Media-Junkies mehrere Stunden in Anspruch nehmen.

Durch das Internet ist es zu einfach, an Informationen zu gelangen: Konsensus-Schätzungen, Wirtschaftsdaten, Zusammenfassungen der EZB-Sitzungen, Geburten- und Migrationszahlen, Wahlumfragen, Konsumentenstimmung: Sie finden mit Sicherheit ausreichend Daten, um jede mögliche Meinung zu unterstützen. Sind Sie bearish? Sie finden sicherlich genügend Argumente für Ihre Meinung, angefangen von prozentual rückläufigen Gewinnwachstumsraten über Bewertungskennzahlen, die im historischen Kontext hoch sind, bis hin zu einem verdächtig langen Bullen-Zyklus. Sie sind bullish? Auch hierfür gibt es gute Gründe. Versuchen Sie es doch mit dem aktuellen Verbraucherverhalten, mit Konjunkturdaten oder den Wechselkursen. Für Sie als Anleger ist letztlich keine dieser Informationen von Bedeutung. Die Informationen können interessant sein, für Ihren Börsenerfolg sind sie jedoch irrelevant.

Zumal jede Information unterschiedlich interpretiert werden kann: Wenn die Ölpreise steigen, werden bullish eingestellte Anleger von einer gut laufenden Wirtschaft schwärmen, während bearish eingestellte Anleger vor einem rückläufigen verfügbaren Einkommen warnen. Wenn sich die Sentiment-Kennzahlen verbessern, schreien die Bullen „Folgt dem Trend!", während die Bären davor warnen, dass die Masse immer falschliege. Steigt das Wirtschaftswachstum, freuen sich die Bullen über steigende Gewinne, während die Bären schon vor einer Überhitzung und einer neuen Zinsrunde der EZB warnen.

Daher ist mein Ratschlag: Konzentrieren Sie sich auf diejenigen Faktoren, die die betrachteten Aktien bewegen, und auf die Frage, woher Sie Informationen zu diesen Faktoren bekommen. Die besten Analysten, die ich kenne, konzentrieren sich nur auf einen oder zwei Faktoren pro Unternehmen. Mehr lenkt lediglich ab.

38. Wie Sie mit Niederlagen umgehen sollten

„In unserem Geschäft ist man gut, wenn man sechs- von zehnmal recht hat. Sie werden niemals neun- von zehnmal richtigliegen."
– *PETER LYNCH*

Alle Anleger sind auf der Suche nach dem heiligen Gral der Geldanlage: eine Strategie, die immer funktioniert. Da es diese aber nicht geben kann, bleiben ihnen zwei Möglichkeiten: aufhören, danach zu suchen, oder vorzugeben, eine gefunden zu haben. Probleme bekommen Letztere, wenn es gegen sie läuft. Dabei kennt jeder Investor das Gefühl: fallende Kurse und wir „mittendrin statt nur dabei". Jeder Anleger kennt die Zeiten negativer Erträge oder eine im Vergleich zur Benchmark unterdurchschnittliche Entwicklung. Sie sollte das nicht verunsichern. Denn das Beste (und gleichzeitig das Schlechteste) an der Börse ist, dass Sie nicht perfekt sind. Niederlagen sind gang und gäbe, und selbst eine steigende Aktie kann für Unmut sorgen, wenn sie nur langsamer steigt als andere.

Das Problem an der Börse ist, dass selbst eine rationale Entscheidung zu einem Kapitalverlust führen kann, etwa wenn

▶ Sie die richtige Aktie auswählen, sie zu aber spät kaufen
▶ Sie die richtige Aktie auswählen, sie zu aber früh kaufen
▶ Sie den richtigen Trend vorhersagen, jedoch die falsche Aktie gekauft haben

Selbst die besten Anleger liegen immer wieder falsch. Als Anleger sollten Sie verstehen, dass Sie nicht immer gewinnen werden. Als Anleger sollten Sie sich gegenüber dem Kapitalmarkt eine demütige Grundhaltung angewöhnen. An der Börse gewinnt nicht derjenige, der glaubt, schlauer zu sein als die anderen, sondern der, der verstanden hat, dass er nicht schlauer ist als die anderen.

39. Warum Angst kein guter Ratgeber ist

„Man hat nur Angst, wenn man mit sich selber nicht einig ist."

– HERMANN HESSE

Wir haben über Aktienblasen gesprochen. Es gibt noch eine weitere, riesige Blase, die bislang unerwähnt geblieben ist – die Angstblase, genauer: die Blase unnötiger Angst. Anleger neigen dazu, das Auftreten katastrophaler Ereignisse um ein Vielfaches zu überschätzen. Während bekannte Risiken vernachlässigt werden, werden unbekannte Risiken als übertrieben wahrscheinlich eingestuft. Beispiel Terrorismus: Zwischen 2006 und 2016 starben durch Terrorakte durchschnittlich 19.720 Menschen pro Jahr. Allein in Europa werden jährlich mehr Menschen im Straßenverkehr getötet. Dennoch fürchten die meisten Menschen sich mehr davor, einem Terroranschlag des IS zum Opfer zu fallen.

Anleger unterliegen demselben Muster. Anleger rechnen fest damit, dass Depots durch unwahrscheinliche Ereignisse in die Steinzeit zurückgeworfen werden könnten. Zu diesen zählen Krankheiten (Ebola, SARS oder Vogelgrippe), wirtschaftliche Katastrophenszenarien (Deflation, Hyperinflation oder Staatsbankrott), Umweltdesaster (Tschernobyl, Hurrikans, Fukushima) oder (Nuklear-)Kriege. Dabei ist die Wahrscheinlichkeit für eines dieser Ereignisse kaum messbar.

Wie können Investoren damit umgehen? Der Schlüssel zum Börsenerfolg liegt darin, sich auf diejenigen Risiken zu konzentrieren, deren Eintrittswahrscheinlichkeiten am höchsten sind. Missachten Sie

Warnungen über mögliche Katastrophenszenarien. Erst bei tatsächlich eingetretenen Katastrophen sollten Sie aktiv werden.

40. Warum auch FOMO ihre Performance belastet

„Wir waren der Meinung, im achten Inning zu sein, dabei war es bereits das neunte. Ich habe zu hoch gepokert."

– STANLEY DRUCKENMILLER

Bestimmt findet sich jemand in Ihrem erweiterten Bekanntenkreis, der gerade eine Flasche Champagner aufmacht, weil er eine bestimmte Aktie gekauft hat, die sich verdoppelt hat. Und Sie haben diese Aktie nicht. Sie ärgern sich darüber. Sie ärgern sich über die vertane Chance, selbst wenn Sie ansonsten alles haben, was Sie zum Leben brauchen. In all dem Überfluss, in dem Sie leben, fühlen Sie sich schlecht, weil Sie eine bestimmte Aktie nicht gekauft haben. Psychologen beschreiben diesen Gemütszustand neuerdings als „Fear Of Missing Out", kurz FOMO, auf Deutsch: die Angst, etwas zu verpassen. Auch wenn die Angst, etwas zu verpassen, im Alltagsleben weiterhelfen mag, etwa wenn es darum geht, rechtzeitig am Bahnhof zu sein, um den Zug zu erreichen, kann FOMO im Leben eines Investors gefährlich sein. Nämlich immer dann, wenn man glaubt, eine Aktie unbedingt kaufen zu müssen, ohne sie verstanden zu haben.

Dass selbst die besten Investoren nicht vor FOMO gefeit sind, musste Anfang 2000 auch Stanley Druckenmiller erfahren, einer der erfolgreichsten Fondsmanager der 1990er-Jahre, nachdem sein Quantum Fund große Beträge auf VeriSign gesetzt hatte, bevor diese Aktie mit dem Platzen der Technologieblase in einem einzigen Monat mehr als 50 Prozent an Wert einbüßte. Druckenmiller musste daraufhin seinen Posten räumen.

2

Über Werte, Preise und Risiken

Aktien(märkte) werden von drei Treibern beeinflusst: dem Trend, der Stimmung (im Börsenenglisch Sentiment genannt) und den Fundamentaldaten der Unternehmen. Kurzfristig können die ersten beiden Faktoren den dritten dominieren, aber nur so lange, bis die Mehrheit zu der Meinung gelangt, dass es an der Zeit ist, wieder auf die Fundamentaldaten zu achten. Da auch das Sentiment eine opportunistische Größe ist, die dazu neigt, dem Preis zu folgen, ist es häufig nur der Trend, der die kurzfristige Marschrichtung vorgibt. Mit einer reinen Trendfolgestrategie kann es jedoch nicht gelingen, langfristig an der Börse erfolgreich zu sein. Denn früher oder später wird ein Ereignis eintreten, durch das Anleger das Vertrauen in die Fähigkeit eines Unternehmens verlieren, weiter profitabel *zu wachsen. Spätestens dann werden fundamentale Bedenken nicht länger ignoriert und der Kurs kehrt schnell zu seinem fundamentalen Wert zurück. Ungeachtet desssen werden die Stärke und das Ausmaß von Trends in der Investmentwelt unterschätzt. Märkte, das wusste schon John Maynard Keynes, können länger irrational bleiben als Sie solvent. Insofern bedarf es eines fundamentalanalytischen Grundlagewissens, um von den beiden wertirrelevanten Treibern der Börse, Stimmung und Trend, losgelöst zu bleiben.*

41. Was Sie von einem Spekulanten und Spieler unterscheidet

„Niemand geht dort hin.
Dort ist es zu voll."

– YOGI BERRA

Mark Twain hat einst süffisant bemerkt, dass es im Leben eines Menschen zwei Gelegenheiten gibt, bei denen er nicht spekulieren sollte: einmal, wenn er es sich nicht leisten könne, und einmal, wenn er es könne. Für Sie als Anleger ist es für einen Erfolg an der Börse daher unumgänglich, den grundlegenden Unterschied zwischen Investieren und Spekulieren zu verinnerlichen.

Investieren ist eine aktive Handlung, die einen persönlichen Einsatz erfordert. Investoren investieren langfristig. Sie bevorzugen Aktien mit überschaubaren Risiken, die sie nach eingehender Bewertung und mit einem vorab formulierten Kursziel kaufen. Investoren haben sich mit dem Unternehmen, dem Management und dem Geschäftsmodell intensiv auseinandergesetzt. Die durchgeführte Unternehmensbewertung macht sie selbstbewusst gegenüber den beiden Urinstinkten des Menschen: Angst und Gier. Spekulanten dagegen sind bereit, Risiken auf der Basis von Wahrscheinlichkeiten zu tragen. Spekulanten ist gemein, dass ihr übernommenes Risiko die erwarteten Renditen deutlich übersteigt. Spekulanten kaufen meist hoch und verkaufen niedrig.

Warren Buffett ist ein klassischer Investor. Nachdem er sich an einem Unternehmen beteiligt hat, lehnt er sich in seinen Sessel zurück und erfreut sich der Kursgewinne, die da kommen. Fällt der Aktienkurs wider Erwarten, kauft er nach. Denn er vertraut darauf, dass sein Bewertungsverfahren, das einen wesentlich höheren Wert der Aktie ermittelt hat, als der aktuelle Preis an der Börse signalisiert, funktioniert. Spekulanten dagegen kaufen und verkaufen Aktien, weil sie glauben, bestimmte Kursverläufe vorhersagen zu können. Ihre Kauf- und Verkaufsentscheidungen basieren auf einer Vorhersage der Kauf- und Verkaufsentscheidungen anderer. Mit großem Enthusiasmus kaufen Spekulanten Aktien, wenn sie steigen, und verkaufen sie, wenn sie fallen. Spekulanten sind nachgerade besessen von tagesaktuellen Informationen, sie lesen Blogs und schauen Vlogs, schalten die (spärlichen) Wirtschaftsnachrichten im Fernsehen ein, abonnieren Newsletter von mehr oder weniger seriösen Herausgebern, vertrauen auf Bewertungsmethoden, die sie nicht immer verstehen, und suchen nach Ausreden, wenn der Wert des Depots sich nicht so entwickelt wie erwartet.

Der Erfolg einer spekulativen Beteiligung hängt allein davon ab, ob es gelingt, einen willigen Käufer zu finden, der mehr zu zahlen bereit ist als der vorherige Käufer. Diese Regel gilt im Übrigen nicht nur für Aktien, sondern auch für Oldtimer und Gemälde, für Panini-Bilder, Figuren aus Überraschungseiern und limitierte Sneakers.

Ein Weinberg, ein bestellter Acker oder eine Spritzgießmaschine sind dagegen investive Anlagen, weil sie früher oder später wiederkehrende Erträge in Form von Wein, Getreide oder Kunststoffflaschen abwerfen – Erträge, die dem Investor einen messbaren Nutzen erbringen, den er in einen Geldbetrag eintauschen kann. Spekulative Anlagen generieren demgegenüber naturgemäß keine Cashflows; ihre Nutzenzuflüsse sind nicht messbar, sondern rein subjektiv. Die einzigen Mittelzuflüsse, die sie für ihren Besitzer abwerfen, entstehen bei ihrem Verkauf.

An der Börse favorisieren Spekulanten hochriskante Aktien, deren Geschäftsmodelle sie nicht genau durchdrungen haben und von denen sie allenfalls vermuten, dass sie steigen. Diese Vermutung kann auf unterschiedlichen Gründen beruhen: zum Beispiel auf der Erwartung, dass sich die Ertragslage eines Unternehmens nach einer längeren Durststrecke wieder zum Besseren wenden müsse, weil es so schlecht nicht weitergehen könne. Oder auf der Unterstellung, dass einer Aktie, die in den vergangenen Monaten stark gefallen ist, gar nichts anderes übrig bleibe als zu steigen, weil „der Kursverfall schließlich irgendwann beendet sein muss".

Sie haben es vielleicht bemerkt: In den letzten Sätzen tauchte wiederholt das Wörtchen „muss" auf. Spekulanten können es sich häufig gar nicht anders vorstellen, als dass sich ihre Erwartungen erfüllen müssen. Umso tiefer ist das Loch, in das sie fallen, wenn sich ihre Prognosen nicht bewahrheiten.

Diese Mentalität findet sich häufig auch in Spielcasinos: Wenn die Kugel nur oft genug auf Schwarz gelandet ist, „muss beim nächsten Mal eine rote Zahl kommen". Dabei liegt die Wahrscheinlichkeit, dass die Kugel auf Rot oder Schwarz fällt, vor jedem beliebigen Wurf bei weniger als 50 Prozent – genau genommen bei 48,6 Prozent, denn die Kugel kann auch auf der Null zu liegen kommen. Dann gewinnt die Bank.

So ist es auch an der Börse: Aktien können von jedem beliebigen Niveau aus um 100 Prozent fallen. Die Kursentwicklung des Vortags spielt am Morgen eines jeden beliebigen Börsentags keine Rolle. Trotzdem verhalten sich viele (vor allem charttechnisch versierte) Anleger genau nach dieser Devise: Sie kaufen Aktien, weil sie am Vortag gestiegen sind, und sie verkaufen Aktien, nachdem der Kurs gesunken ist. Ihre Anlagephilosophie unterscheidet sich diametral von der naheliegenden, nämlich günstig zu kaufen und teuer zu verkaufen.

Aufgrund dieser Unterscheidung sind viele Anleger keine Investoren. Dies sieht auch Warren Buffett so. Als er einst von einer Kommission, die die Ursachen der Finanzkrise aufarbeiten sollte, gefragt wurde, wie er Investoren von Spekulanten unterscheide, erklärte das „Orakel von Omaha" der Kommission seinen „wahren Test", mit dem man erkenne, ob eine Person ein Investor oder ein Spekulant sei. „Entscheidend ist, ob es für die Person wichtig ist, dass die Märkte geöffnet sind", antwortete Buffett, denn dann würde „der Spekulant darüber nachdenken, ob der Aktienkurs am nächsten Tag hoch oder runter geht".

So geht es mir persönlich übrigens häufiger. Etwa auf Partys, auf denen sich gelegentlich ein Dialog wie der folgende abspielt.

Gast, gelangweilt, doch routiniert: „Und was machst du so?" (Umschreibung für: Und womit verdienst du deinen Lebensunterhalt?)

Ich: „Ich? Ich bin Finanzanalyst."

Gast, nun deutlich aufmerksamer: „Ach, interessant, was hat denn die Börse (alternativ: der Dollar, der DAX, der Lithiumpreis oder – neuerdings – der Preis von Bitcoin) heute gemacht?"

Ich: „Ich habe keine Ahnung."

Gast, erstaunt: „Was sagtest du noch mal ist dein Beruf? Es ist so laut hier, ich habe dich wohl nicht richtig verstanden."

Spekulanten sind grundsätzlich an den aktuellen Börsenkursen und an den Schwankungen des laufenden Tages interessiert. Spekulanten sitzen nervös vor ihrem Computer und beobachten die Börsenkurse im Stundentakt. Unterstützt wird dieses Verhalten, da die meisten Börsen mehr als 250 Handelstage im Jahr geöffnet sind. Dank des Internetbankings können Spekulanten, wann immer Sie möchten, den Kurs jedes beliebigen Wertpapiers abrufen, können dieses kaufen oder verkaufen. Auch wenn dies im Vergleich zu Zeiten, als Anleger auf die Zeitung des nächsten Tages warten mussten, um die letzten Kurse ihrer Wertpapiere zu überprüfen, als gewaltige Verbesserung erscheinen mag, gibt es dennoch Nachteile der permanenten Verfügbarkeit von Informationen.

So versuchen viele Anleger, mit aller Macht herauszufinden, was uns die Märkte „sagen". Charttechniker interpretieren Chartsignale, Trendwechsel und gleitende Durchschnitte, sogenannte Fundamentalinvestoren jede mehr oder weniger bedeutende Nachricht. Meiner Meinung nach „sagen" uns die Märkte die meiste Zeit überhaupt nichts, nur dass sie von unterschiedlichen Menschen, Institutionen und Kapitalmarktdienstleistern mit widersprüchlichen Zielen, Zeithorizonten, Risikoprofilen, Meinungen und Strategien beeinflusst werden. Das meiste, woran wir uns nach einem Tag, einer Woche oder einem Jahr erinnern, ist nur weißes Hintergrundrauschen, auch „Noise" genannt. Und selbst Noise wird von verschiedenen Menschen unterschiedlich interpretiert. Tatsächlich ist es das große Bild, das die Aktienmärkte bewegt. Dieses ist unabhängig von den tagtäglichen News. Ich vermute sogar, dass man behaupten kann, dass die Fähigkeit, sein Vermögen an der Börse zu steigern, negativ korreliert ist mit der Kenntnis dessen, was gerade an den Börsen passiert.

Von den Spekulanten abzugrenzen sind (Glücks-)Spieler. Spieler akzeptieren bewusst ein auf dem Zufall basierendes Risiko. Beim Glücksspiel übersteigt das Risiko die erwartete Belohnung. Allein der Zufall entscheidet, wie sich der Jackpot zwischen den Gewinnern und Verlierern verteilt. Typische Beispiele für Glücksspiele an der Börse sind Derivate auf Währungen oder Rohstoffe.

42. Warum der Aktienkurs kein Indikator sein kann, ob eine Aktie teuer ist

„Unsere Branche ist voller Menschen, die berühmt wurden, weil sie einmal hintereinander richtiglagen."

– HOWARD MARKS

Bevor wir anfangen, uns mit Werten von Unternehmen zu beschäftigen, ist es erforderlich, zu wissen, was eigentlich das richtige Maß für den Preis einer Aktie ist.

Wie ermittelt man den Preis einer Aktie? Wann ist eine Aktie „teuer"? Nicht wenige Anleger glauben, eine Aktie, die 500 Euro, 1.000 Dollar oder 60.000 Schweizer Franken (Stand: April 2018) kostet, etwa ein Anteilschein des Schweizer Schokoladenherstellers Lindt & Sprüngli AG, sei teuer. Doch ob eine Aktie teuer ist oder nicht, lässt sich nicht mit dem Preis für eine Tafel Schokolade vergleichen.

Ob eine Aktie teuer ist oder nicht, entscheidet nicht der Preis eines Anteilscheins, sondern bestenfalls die sogenannte Marktkapitalisierung. Diese wird berechnet aus dem Preis einer einzelnen Aktie – dem Aktienkurs – multipliziert mit der Anzahl der umlaufenden Aktien. Ein Beispiel soll dies veranschaulichen. Betrachten wir zwei Unternehmen, die Deep Value AG, ein etabliertes mittelständisches Unternehmen, und die Total Desasta Inc., einen krisengeschüttelten Pennystock aus Irland.

Folgende Daten stehen zur Verfügung:

Unternehmen		Deep Value AG	Total Desasta Inc.
Aktienkurs (a)	Euro	250,00	0,50
Anzahl Aktien (b)	Mio.	0,4	100,0
Marktkapitalisierung (c) = (a) · (b)	Mio. Euro	100,0	100,0

Obwohl die Aktienkurse völlig verschieden sind – 0,50 Euro gegenüber 250,00 Euro –, werden die beiden Unternehmen an der Börse mit einer gleich hohen Marktkapitalisierung von jeweils 100,0 Millionen Euro gehandelt. Der Grund ist die unterschiedliche Anzahl von ausstehenden Aktien. Ohne diese Zahl ist es nicht möglich, den gesamten Preis eines Unternehmens zu berechnen, den Preis, zu dem ein Unternehmen aktuell an den Börsen gehandelt wird. Ohne die Anzahl der Aktien kann ein Investor den Preis, den er theoretisch für das gesamte Unternehmen bezahlen müsste, nicht berechnen.

Sie werden sich fragen, wie es dazu kommt, dass Unternehmen unterschiedlich viele Aktien ausgegeben haben. Naheliegend ist es, dass von Large Caps, also den Unternehmen des DAX oder des Dow Jones Industrial Average, eine größere Anzahl an Aktien umläuft als von Small Caps, die erst vor Kurzem an die Börse gegangen sind. Wäre es anders, würde der Kurs einer einzigen Siemens-Aktie heute bei mehreren 100.000 Euro notieren; damit wäre die Aktie an der Börse völlig illiquide, weil sich, abgesehen von Fondsmanagern, keine Privatperson auch nur eine einzige Siemens-Aktie leisten könnte. Damit das „gemeine Volk" von einem Wertpapier nicht ausgeschlossen wird, finden in unregelmäßigen Abständen sogenannte Aktiensplits statt, bei denen Unternehmen die Anzahl ihrer Aktien künstlich vermehren, etwa indem ein Aktionär für jede seiner Aktien eine zusätzliche Aktie in sein Depot eingebucht bekommt. Damit sich der Wert des Unternehmens durch diese rein kapitalmarkthygienische Maßnahme nicht verändert, muss sich allein aus Gründen der Mathematik der Aktienkurs halbieren.

Doch auch die Marktkapitalisierung kann in die Irre führen, wenn es darum geht, welchen Betrag ein Anleger aufwenden müsste, um ein Unternehmen oder einen Unternehmensanteil, sprich eine Aktie, zu erwerben. Stellen Sie sich vor, die Deep Value AG hätte nach vielen Jahren, in denen das Unternehmen seine Gewinne stetig gesteigert hat, nicht nur keine Schulden, sondern auch ein Barvermögen von 20 Millionen Euro, während die Total Desasta Inc. einen Schuldenberg von 60 Millionen Euro vor sich herschieben würde. Würden Sie nun die Deep Value AG vollständig erwerben, würden Sie einen Teil Ihres Kaufpreises durch das Ihnen dann ebenfalls gehörende Barvermögen sofort wieder zurückbekommen. Entscheiden Sie sich dagegen für die Total Desasta Inc., müssen Sie sich vermutlich sofort auf einen Termin mit dem Direktor Ihrer Hausbank einstellen. Im Vergleich zur Marktkapitalisierung erhalten wir durch die Einbeziehung der Nettoverschuldung, also der zinstragenden Bankverbindlichkeiten abzüglich des Bestands an liquiden Mitteln, ein sehr viel sinnvolleres Maß für den Preis eines Unternehmens. Diese Kennzahl wird Enterprise Value (kurz EV) genannt. Aus nachstehender Tabelle wird ersichtlich, dass der Enterprise Value der Deep Value AG nur halb so hoch ist wie der von Total Desasta Inc. Unter ansonsten gleichen Bedingungen hat Deep Value also einen wesentlich günstigeren Preis als Total Desasta.

Unternehmen		Deep Value AG	Total Desasta Inc.
Aktienkurs (a)	Euro	250,00	0,50
Anzahl Aktien (b)	Mio.	0,4	100,0
Marktkapitalisierung (c) = (a) · (b)	Mio. Euro	100,0	100,0
Bankschulden (d)	Mio. Euro	0,0	60,0
Kassenbestand (e)	Mio. Euro	20,0	0,0
Nettoverschuldung (f) = (d) – (e)	Mio. Euro	-20,0	60,0
Enterprise Value (g) = (c) + (f)	Mio. Euro	80,0	160,0

Wenn Sie den Preis eines Unternehmens ermitteln wollen, ist zwingend die Ermittlung des Enterprise Value, also des gesamten Unternehmenspreises, erforderlich.

43. Wovon der Preis einer Aktie abhängt

„Anlegern muss bewusst sein, dass es einen Unterschied zwischen einem guten Unternehmen und einer guten Aktie gibt."

– RICHARD THALER

Das A und O der Kapitalanlage ist es – jetzt bitte genau aufpassen –, Aktien zu einem niedrigen Preis zu kaufen und zu einem höheren Preis zu verkaufen. Nein, ich will Sie nicht auf den Arm nehmen. Die Wahrheit hinter dieser Anlagestrategie liegt in ihren Konsequenzen. Denn ein Anleger, der diese Strategie befolgen will, muss vor einem Einstieg wissen, ob der Kurs der gewünschten Aktie niedrig ist, und vor dem Verkauf wissen, ob der Kurs seines Depotwerts so hoch ist, dass er nicht weiter steigen wird. Dies bringt uns zur Unterscheidung zwischen Werten und Preisen, der essenziellen Voraussetzung für Erfolg an der Börse.

Der englische Lyriker und Dramatiker Oscar Wilde (1854-1900) hat einmal geschrieben: „Ein Narr kennt den Preis von allem, aber den Wert von nichts." Haben Sie eigentlich eine genaue Vorstellung, worin die Unterschiede zwischen Werten und Preisen bestehen? Preise können tagein, tagaus an den Börsen oder Auktionsplattformen beobachtet werden. Sie sind das Ergebnis des Handelns aller Anbieter und Nachfrager nach Wertpapieren, Rohstoffen, Immobilien, Antiquitäten oder Sammelbildern. Preise sind damit abhängig von der Summe der Stimmungen aller handelnden Anleger und Akteure. Kippt die Stimmung ins Negative, ziehen Nachfrager ihre Kaufangebote zurück und Verkäufer können ihre Wertpapiere nur zu niedrigeren Kursen verkaufen. Wird die Stimmung dagegen euphorisch, sind Menschen bereit, höhere Preise zu bezahlen als zuvor, die Wertpapiere wechseln zu höheren Kursen die Besitzer.

Jedoch wissen Anleger nicht, in welchem Aggregatzustand sich die Börsen gerade befinden – wie stabil pessimistisch oder optimistisch –, die Börsen lassen die Anleger über ihre „wahren Absichten" im Unklaren. Nicht wenige Anleger sind sogar so paranoid und schreiben den Börsen eine geradezu hinterlistige Persönlichkeit zu – natürlich vor allem dann, wenn sie mit ihren Anlageentscheidungen falschliegen. Mitverantwortlich für diese Einschätzung der Börsen ist sicherlich der Urvater der Kapitalanlage, Benjamin Graham, der uns in der berühmten Parabel in seinem Standardwerk „The Intelligent Investor" (das sich, 1934 veröffentlicht, heute noch immer rund 100.000-mal pro Jahr verkauft) mit „Mr. Market" bekannt macht, einer „manisch-depressiven Person", die uns jeden Tag sagt, welchen Preis sie für unsere Unternehmensanteile zu zahlen bereit ist und welchen Preis sie für ihre Anteile fordert. Beizeiten ist Mr. Market euphorisch-optimistisch, am nächsten Tag panisch-pessimistisch. Wie ein Jo-Jo geht seine Stimmung rauf und runter. Immer aber bietet er Ihnen Aktien an.

Dabei ist die Börse keine eigenständige Persönlichkeit, sondern spiegelt Abermillionen von Einzelentscheidungen wider. Ungeachtet dessen können die Folgen dieser Entscheidungen dem Verhalten einer übelmeinenden Person durchaus ähneln: nämlich immer dann, wenn der Aktienmarkt starke Verluste erleidet.

Wenn wir davon akzeptieren, dass unsere eigene Entscheidung, ein Wertpapier zu kaufen, unbedeutend ist im Vergleich zu den Entscheidungen vieler, dann müssten wir die Erwartungen der anderen etwa 100 Millionen Marktteilnehmer rund um den Globus kennen, um die Entwicklung der Aktienkurse vorherzusagen. Hinreichende Bedingung dafür, an der Börse durch die Vorhersage von Preisen erfolgreich zu sein, ist also die Kenntnis der Erwartungen der anderen Marktteilnehmer. John Maynard Keynes zog hierzu die Parallele mit einem Schönheitswettbewerb. Der britische Ökonom bemerkte schon in den 1930er-Jahren, dass Investitionsstrategien einem Wettbewerb in einer Londoner Zeitung ähnelten, in dem Bilder von etwa 100 jungen Frauen gezeigt wurden. Gewinner des Wettbewerbs sollte derjenige Zeitungsleser sein, der die am Ende gewählte Liste der fünf hübschesten Frauen richtig vorhergesagt hatte. Eine naive Strategie für die Top-5-Liste wäre, sich auf die eigenen Vorstellungen von Schönheit zu verlassen, um ein Ranking zu etablieren. Wer jedoch ernsthaft versuchen wollte, den Wettbewerb zu gewinnen, müsste nicht diejenigen Damen auswählen, die er selbst für die Schönsten hielte, sondern diejenigen herausfinden, die von anderen Lesern als die Schönsten gekürt würden.[47] Wenn auch andere Leser mit dieser Strategie an die Aufgabe herangehen, müsste man, um zu gewinnen, schätzen, was die anderen glauben, dass die Mehrheit schätze. Und so weiter. Der keynesianische Schönheitswettbewerb vertritt also die Ansicht, dass ein Großteil der Investitionen von den Erwartungen über das, was andere Investoren denken, und nicht von den Erwartungen über die fundamentale Rentabilität einer Investition bestimmt wird. Damit gibt es verschiedene Ebenen des Denkens. Während das Denken in der ersten Ebene bedeutet, zu sagen: „Dies ist ein gutes Unternehmen, man sollte die Aktie kaufen", läuft das Denken auf der zweiten Ebene darauf hinaus, zu sagen: „Dies ist ein gutes Unternehmen, doch alle wissen das und haben die Aktie bereits gekauft. Daher ist die Aktie überbewertet. Man sollte die Aktie verkaufen."

---

47 Vgl. Keynes J. M. (1936): S. 140.

Dies veranschaulicht, dass Kurse nicht nur von den tatsächlichen Ertragsströmen, sondern auch von der Entwicklung der Konsensus-Schätzungen beeinflusst werden. Nicht die neue Information über die aktuelle Ertragslage ist ursächlich für den Preisverfall, sondern die Schlussfolgerungen, die Analysten und Investoren hinsichtlich der langfristigen Ertragsentwicklung ziehen. Nur wenn der Kapitalmarkt die neue Information als Zeichen einer langfristigen Ertragsverschlechterung oder -verbesserung interpretiert, kommt es zu einem unmittelbaren Kursverfall beziehungsweise -anstieg einer Aktie. Wenn sich nicht wieder alles ändert. Denn Börsen tendieren dazu, nicht nach einem Wenn-dann-Schema zu funktionieren.

Jedes Mal, wenn Sie glauben, etwas zu wissen, was andere nicht wissen, sollten Sie die Grundlage dieser Einschätzung hinterfragen. Stellen Sie sich Fragen wie „Warum sollte ich Zugang zu diesen außergewöhnlichen Informationen haben?", „Wie kann ich mir sicher sein, richtigzuliegen, während alle anderen falschliegen?" oder, wenn Sie Ihre Informationen aus dritter Hand bezogen haben: „Warum sollte mir jemand Zugang zu einer so wertvollen Information geben?" Bei all diesen Fragen sollten Sie sich immer daran erinnern, wie schwer es ist, die Zukunft vorherzusagen.

Es tut gut, zu wissen, dass es anderen nicht besser geht. Auch den Kapitalmarktprofis nicht. Diese verlassen sich in ihren Einschätzungen der zukünftigen Kursentwicklung auf den Durchschnittswert der Erwartungen anderer Experten: der Analysten. Diese Durchschnittswerte werden Konsensus-Schätzungen genannt. Sie werden ermittelt zu den einzelnen Kurszielen der Analysten, deren Anlageurteilen und zu den wesentlichen Performance-Indikatoren eines Unternehmens – unter anderem Umsatz, Auftragseingang, EBIT(DA)[48], (Nachsteuer-)Ergebnis je Aktie. Ungewöhnliche Ertragschancen könnten sich ergeben, wenn

---

[48] Mit EBITDA, der Abkürzung von Earnings Before Interest, Taxes, Depreciation and Amortization, wird das Ergebnis vor Zinsaufwendungen, Steuern und Abschreibungen auf Sachanlagevermögen sowie Goodwill bezeichnet.

der anonyme Konsensus die tatsächliche Entwicklung falsch eingeschätzt hat, während man selbst die Entwicklung richtig prognostizieren konnte. Die notwendige Voraussetzung, um von den Fehleinschätzungen anderer zu profitieren, ist es daher, sich ein eigenes und unabhängiges Bild von einem Unternehmen zu machen. Trotzdem kann auch aus der Fähigkeit, die Zukunft richtig zu prognostizieren, nicht automatisch eine überdurchschnittliche Performance an den Börsen abgeleitet werden:

▶ Selbst wenn ein Experte eine bestimmte Entwicklung richtig vorhergesagt hat, wird seine Performance nur durchschnittlich sein, wenn auch alle anderen die Entwicklung richtig vorhergesagt haben.

▶ Dagegen wird seine Performance überdurchschnittlich ausfallen, wenn er eine bestimmte Entwicklung zwar fehlerhaft vorhergesagt hat, alle anderen aber noch stärker von der tatsächlichen Entwicklung abgewichen sind.

Dies zeigt, dass es faktisch unmöglich ist, durch Kenntnis auch detaillierter Marktdaten, die üblicherweise nur Kapitalmarktprofis mit Zugang zu einem Bloomberg-Terminal oder Ähnlichem zur Verfügung stehen, das ersehnte Alpha, also eine Überrendite gegenüber der Benchmark, zu erzielen. Zur Generierung von Alpha, dem heiligen Gral der Kapitalanlage, ist die Kenntnis von Werten erforderlich.

44. Und wovon deren Wert abhängt

*„Den Preis bezahlt man;
der Wert ist das, was
man dafür bekommt."*

– WARREN BUFFETT

Wenn Apple ein neues iPhone auf den Markt bringt, spaltet sich die Menschheit: In der roten Ecke stehen die Gutverdiener, denen es ein Anliegen ist, stets das neueste Smartphone zu besitzen. Sie betrachten iPhones als Trophäe, ihre Zahlungsbereitschaft dafür ist hoch, übersteigt womöglich sogar den geforderten Preis. In der blauen Ecke stehen die Tech-Junkies, die ein Handy nüchtern auf Basis der angebotenen Zusatzfeatures bewerten. Ihre Zahlungsbereitschaft liegt unter Umständen deutlich unter dem geforderten Betrag.

Dieses einfache Beispiel zeigt, dass

▶ der Wert eines Vermögensgegenstands im Auge des Bewerters liegt: Es gibt keine allgemeingültigen Werte. Werte sind individuell verschieden und sind unter anderem von den individuellen Prägungen eines Menschen beeinflusst. Der Preis, den Apple für sein Smartphone fordert, ist dagegen fest und für alle gleich.

▶ Vermögensgegenstände entstehen, wenn ihr individueller Wert aus der Sicht eines Menschen den geforderten Preis übersteigt: Auch der Tech-Junkie würde sich das neue iPhone kaufen, wenn es nur günstiger wäre.

▶ Preise keinen Einfluss auf die ermittelten Werte haben: Die maximale Zahlungsbereitschaft für einen Vermögensgegenstand, beispielsweise eine Aktie, ist unabhängig vom geforderten Preis, also dem Börsenkurs.

▶ der Wert eines Gegenstandes unabhängig ist von den finanziellen Möglichkeiten, diesen zu erwerben. Der Wert, den ein Millionär einem Vermögensgegenstand zuordnet, kann niedriger sein als der Wert, den ein Mensch aus einfachen Verhältnissen demselben Vermögensgegenstand zuordnet.

Preise können in der Regel von einem Preisschild abgelesen werden, das an einem Gegenstand angebracht ist, oder an dem Kurs, zu dem eine Aktie notiert. Werte dagegen können auch in immateriellen Vorteilen gemessen werden, beispielsweise in der Erfüllung, die Sie persönlich durch das neueste technische Gimmick erfahren.

Doch wie ermitteln wir Unternehmenswerte? Der Wert eines Unternehmens ergibt sich aus den von einem Bewerter in der Zukunft erwarteten Zuflüssen, die dieser für sich vereinnahmen kann. Im Gegensatz zum Preis, der von einer anonymen Masse von Anbietern und Nachfragern abhängt, ist der Wert einer Aktie das Ergebnis eines individuellen Entscheidungsprozesses. Mit anderen Worten: Jeder Bewerter ermittelt einen anderen Unternehmenswert. Dass Werte individuell unterschiedlich sind, können Sie anhand eines einfachen Beispiels nachvollziehen. Mit einem kolportierten Bruttojahresgehalt von 32 Millionen Euro (2016) ist Cristiano Ronaldo nicht nur einer der vermögendsten Sportler aller Zeiten, mit den von ihm erzielten mehr als 700 Treffern ist Ronaldo auch einer der besten Fußballspieler aller Zeiten. Nicht zuletzt dank der von ihm erzielten Treffer gewann Real Madrid nicht weniger als viermal die Champions League mit ihm. Daher könnte man das Salär, das Real Madrid für seine Dienste entrichtet, als sinnvolle Anlage bezeichnen. Andere mögen jedoch eine entgegengesetzte Wertvorstellung von Ronaldos linkem (oder rechtem Fuß) haben und behaupten, er sei sein Geld nicht wert.

Während sich der Wert eines Stürmers wie Ronaldo an seinen Toren und Torvorbereitungen misst, ist der Wert eines Unternehmens von drei Faktoren abhängig:

▶ der Höhe der Cashflows des laufenden Jahres,
▶ der Höhe der in Zukunft erzielten Cashflows
 (also der Wachstumsrate der Cashflows) und
▶ dem Risiko, das mit der Erzielung dieser Cashflows
 verbunden ist.

Warum Cashflows, werden Sie sich fragen. Bislang waren Sie vermutlich der Meinung, dass Gewinne das Nonplusultra der operativen Performance eines Unternehmens sind. Allerdings können Gewinne auch aus den buchhalterischen Entscheidungen des Managements entstanden sein und diese sind für die operative Ertragslage eines Unternehmens völlig irrelevant. Sie können von regulatorischen und gesetzgeberischen Maßnahmen beeinflusst sein, die Buchgewinne zur Folge haben, an denen ein Investor aber nicht partizipiert. Insofern sind Cashflows für die Einschätzung eines Unternehmens die weitaus aussagekräftigere Ertragskennzahl.

Der Wert eines Unternehmens ist dabei umso größer,
▶ je höher die Cashflows des aktuellen Jahres sind,
▶ je höher die in Zukunft erzielten Cashflows sind
 (je höher also die Wachstumsrate der Cashflows ist) und
▶ je geringer das Risiko ist, um diese Cashflows zu vereinnahmen.

Dieser Zusammenhang gilt für alle Unternehmen, für große wie für kleine, für junge wie für reife etablierte, für profitable wie für unprofitable. Kennzahlen, die keinen unmittelbaren oder mittelbaren Einfluss auf einen dieser drei Faktoren haben, sind für die Unternehmensbewertung irrelevant.

Sie werden sich fragen, warum Preise, wenn doch die Methode, wie Werte ermittelt werden, allgemein bekannt ist, sich überhaupt von ihren Werten entfernen können. Hierfür gibt es unterschiedliche Erklärungen. Anleger können sich irrational verhalten, indem sie die verfügbaren Informationen zu einem Unternehmen nicht korrekt verarbeiten. Sie erinnern sich an das Beispiel, dass Investoren kürzlich zurückliegenden Ereignissen eine zu große Bedeutung beimessen, sodass Aktien von Unternehmen, deren jüngste Kursentwicklung positiv war, überbezahlt werden.

Doch selbst wenn sich einzelne Anleger irrational verhalten, sie also Aktien kaufen, ohne vorher die betriebswirtschaftlichen Fundamentaldaten eines Unternehmens analysiert und bewertet zu haben, ist deren Einfluss auf den Gesamtmarkt begrenzt. Nur wenn das irrationale Verhalten systematisch auftritt, wenn also größere Gruppen von Anlegern ein bestimmtes Kauf- oder Verkaufsverhalten an den Tag legen, lassen sich dauerhafte Abweichungen der Preise von Werten erklären. Verhaltenswissenschaftler erklären diese Abweichungen durch Übertreibungen: übertriebenes Selbstvertrauen der Anleger, übertriebene Furcht oder übertriebene Angst.

Gerade in Phasen von Übertreibungen ist es umso wichtiger, dass Sie als Kapitalanleger verstehen, wie Unternehmen bewertet werden. Nur wenn Sie Unternehmen bewerten können, sind Sie in der Lage, von Übertreibungsphasen zu profitieren. Denn an der Börse zieht der von Benjamin Graham entwickelte Mr. Market alle Aufmerksamkeit auf sich, während Mr. Value ... wer ist eigentlich Mr. Value?

45. Wie Sie Unternehmensbewertung Ihrem zwölfjährigen Sohn erklären

„Preise schwanken stärker als Werte. Das ist unsere Chance."

– JOEL GREENBLATT

Was bedeutet eigentlich Unternehmensbewertung? Für viele ambitionierte Investoren, die im Laufe ihres Anlegerlebens ein oder mehrere Bücher zum Thema gekauft und gelesen haben, ist Unternehmensbewertung gleichbedeutend mit einer Zahl: „Der Wert einer XYZ-Aktie ist 25 Euro", so das Ergebnis eines Bewertungsprozesses. Wenn sie später erkennen, dass Dinge nicht ausschließlich schwarz und weiß sind, überrascht es nicht, dass diese Anleger nach anfänglichem Interesse dem Thema Unternehmensbewertung zunehmend skeptisch gegenüberstehen. Skeptisch gegenüber der Unternehmensbewertung per se, skeptisch gegenüber den vielfältigen Möglichkeiten, an der Börse erfolgreich zu sein.

Doch Unternehmensbewertung ist alles andere als eine Zahl. Unternehmensbewertung ist vielmehr ein Prozess. Unternehmensbewertung beansprucht nicht, die richtigen Antworten auf die Fragen eines Aktionärs zu haben. Unternehmensbewertung ist aber der bestmögliche Weg, um eine richtige Antwort auf die Bewertungsfrage zu finden. Unternehmensbewertung ist nicht etwas, woran man glauben kann oder auch nicht. Unternehmensbewertung ist etwas, das getan werden muss. Und zwar immer, bei jeder Aktie, die Sie kaufen. Bücher zur Unternehmensbewertung gibt es zuhauf. Ebenso zahlreich und komplex sind die Bewertungsverfahren. Wer sie verstehen will, muss zunächst die Grundlagen des Wirtschaftens verstehen. Diese möchte ich Ihnen erklären, so wie ich sie auch meinem zwölfjährigen Sohn erklären würde.

Stellen Sie sich ein Unternehmen vor, das Ihnen in genau einem Monat eine einmalige Dividende von 100 Euro verspricht und anschließend aufhört zu existieren. Wie viel wären Sie heute bereit, für dieses Unternehmen zu bezahlen, wenn Sie erst in einem Monat darüber verfügen könnten? Sie müssten also für einen Zeitraum von einem Monat auf Ihren Kaufpreis verzichten, um durch diesen Verzicht anschließend einen Zufluss von 100 Euro zu vereinnahmen.

Ich habe dieses Geschäft meinem Sohn vorgestellt. Seine Antwort: 96 Euro. Da er derzeit keine Ausgaben plant, hätte er, ohne große Risiken einzugehen, sein derzeitiges Taschengeld von 16 Euro auf 20 Euro um ein Viertel erhöht. Für einen Zeitraum von einem Monat wäre das ein gutes Geschäft.

Sie dagegen, da Sie mich persönlich nicht kennen, würden diese Dividende wahrscheinlich für einen geringeren Betrag erwerben wollen, sagen wir für 95 Euro. Andere würden vielleicht nur 93 Euro bezahlen oder sogar nur 90 Euro. Bei der Ermittlung Ihrer Zahlungsbereitschaft würden Sie insbesondere den Zeitaufwand (und möglicherweise Reiseaufwand) berücksichtigen, den die Zahlungsabwicklung und Dividendenauszahlung erfordern würden. Die genaue Höhe hängt von Ihrer individuellen Veranlagung ab, doch würden Sie niemals mehr als 100 Euro bezahlen. Es wäre ja völlig widersinnig, einen Betrag zu bezahlen, der Ihren erwarteten Nutzen (also 100 Euro) übersteigt.

Lassen Sie uns nun das Beispiel ausweiten. Wie viel wären Sie bereit, heute für eine Dividende von 100 Euro zu bezahlen, wenn Sie über diese erst in einem Jahr verfügen könnten? Anstelle eines Monats müssten Sie ein volles Jahr auf Ihren Kapitaleinsatz verzichten. Sie zahlen heute einen Betrag und erhalten den Rückfluss von 100 Euro erst in einem Jahr – ein Jahr, in dem eine Menge passieren kann: Zum Beispiel könnte das Unternehmen Insolvenz anmelden oder der Vorstand ohne Hinterlegung einer Postanschrift nach Südamerika auswandern – mit Ihrem Geld. In diesem Fall würden Sie Ihren ganzen Kapitaleinsatz verlieren.

Ihre Zahlungsbereitschaft für einen Cashflow in Höhe von 100 Euro, den Ihnen das Unternehmen in einem Jahr bezahlt, würde gegenüber dem Ausgangsbeispiel (ein Monat) deutlich zurückgehen, sagen wir auf 80 Euro. Ein anderer Investor würde vielleicht nur noch 70 Euro zu zahlen bereit sein, wieder andere würden eine Verdoppelung ihres Einsatzes fordern und dem Unternehmen heute für die Dividende höchstens 50 Euro überweisen. In jedem Fall wäre Ihre Zahlungsbereitschaft niedriger als im Anfangsbeispiel, bei dem Sie nur einen Monat auf Ihren Kapitaleinsatz verzichten mussten.

Genau so funktioniert die Bewertung von Unternehmen. Der einzige Unterschied ist, dass Sie den 100-Euro-Schein durch die vom Unternehmen erwirtschafteten Cashflows ersetzen und davon ausgehen, dass das Unternehmen nicht im nächsten Jahr aufhört zu existieren, sondern die Cashflows auch in den folgenden Jahren (theoretisch unendlich lang) erwirtschaften wird. Das entsprechende Verfahren nennt sich Discounted-Cashflow-Verfahren oder kurz DCF-Verfahren. Um es in die Praxis umzusetzen, sind ein einfacher Taschenrechner oder ein Tabellenkalkulationsprogramm wie Excel erforderlich, nicht jedoch tiefer gehende Programmierkenntnisse. Addieren und Multiplizieren, mehr braucht es nicht für eine aussagekräftige Unternehmensbewertung.

Wie gehen Sie nun im Detail vor? Um den Wert eines Unternehmens zu bestimmen, ist zunächst die Prognose der zukünftigen Cashflows notwendig. Einen ersten Anhaltspunkt liefern die in den Vorjahren erwirtschafteten Cashflows. Nehmen wir an, diese lagen in den vergangenen drei Jahren bei 75 (in t-3), 100 (in t-2) und 125 (in t-1) Millionen Euro.

Nehmen wir ferner an, das Unternehmen, das Sie bewerten wollen, stellt „langweilige" Produkte des täglichen Bedarfs her, sodass Überraschungen eher unwahrscheinlich sind. Dementsprechend könnten Sie für die kommenden zehn Jahre folgende Cashflow-Reihe prognostizieren:

Mio. Euro	Vergangenheit			Zukunft									
	t-3	t-2	t-1	t=0	t+1	t+2	t+3	t+4	t+5	t+6	t+7	t+8	t+9
Cashflow	75,0	100,0	125,0	150,0	175,0	200,0	225,0	250,0	275,0	300,0	325,0	350,0	375,0
Veränderung	n/a [49]	33,3%	25,0%	20,0%	16,7%	14,3%	12,5%	11,1%	10,0%	9,1%	8,3%	7,7%	7,1%

An diesem stark vereinfachten Verlauf erkennen Sie, dass der absolute Zuwachs im Prognosezeitraum zwar unverändert ist (25 Millionen Euro), die prozentuale Wachstumsrate jedoch Jahr für Jahr zurückgeht. Sofern das Unternehmen keine neuen Produkte auf den Markt bringt, ist dies eine naheliegende Annahme. Kurz nach der Produkteinführung werden typischerweise die wertvollsten Kunden eines Unternehmens, die sogenannten „Early Adopters", dieses Produkt kaufen. Sie haben die höchste Zahlungsbereitschaft, weil sie das Produkt unbedingt besitzen wollen. Je länger das Produkt auf dem Markt ist, desto häufiger muss das Unternehmen Preiszugeständnisse machen, um es abzusetzen. Zwar kaufen mehr Menschen das Produkt, aber die Vertriebsanstrengungen, die notwendig sind, um diese Kunden zu überzeugen, nehmen ebenfalls zu – mit entsprechenden Konsequenzen für die Ertragslage.

In einem zweiten Schritt müssen Sie Ihre individuelle Zahlungsbereitschaft für diese Cashflows bestimmen – in der Sprache der Unternehmensbewertung: die Barwerte der Cashflows. Im obigen Dividendenbeispiel lag der Barwert der in einem Jahr ausgeschütteten Dividende von

---

[49] n/a steht für not available, auf Deutsch: nicht verfügbar oder nicht berechenbar.

100 Euro bei 80,00 Euro. Der Abschlag zur Zukunft lag also bei 20,00 Euro. Umgerechnet in Prozent nennt man diesen Abschlag Diskontierungssatz. Der Diskontierungssatz wird errechnet durch eine einfache Division:

$$80,00 = \frac{100,00}{1+x}, \text{ also gilt: } x = \frac{100,00}{80,00} - 1 = 0,25 = 25,0\,\%$$

Der Diskontierungssatz, mit dem der Barwert der zukünftigen Cashflows ermittelt wird, beläuft sich im Beispiel also auf 25,0 Prozent. Zur Ermittlung Ihrer heutigen Zahlungsbereitschaft für den im Jahr t+1 erwirtschafteten Cashflow von 175 Millionen Euro müssen Sie diesen durch den Diskontierungssatz dividieren beziehungsweise mit dessen Kehrwert

$$\frac{1}{1 + 25,0\,\%}$$

multiplizieren. Der heutige Wert (Barwert) der in t+1 erwirtschafteten Cashflows CF_0 liegt also bei

$$CF_0 = \frac{175,0 \text{ Mio. Euro}}{1 + 25,0\,\%} = 140,0 \text{ Mio. Euro}$$

Gar nicht so kompliziert, oder? Wie sieht es aber mit dem Barwert der in t+2 erwirtschafteten Cashflows von 200,0 Millionen Euro aus? Um dessen Wert zu bestimmen, stellen wir uns vor, wir befänden uns in t+1 und müssten den Barwert für den in t+2 erwirtschafteten Cashflow (200,0 Millionen Euro, siehe obige Tabelle) ermitteln. Wir gehen vor wie eben und errechnen in t+1 einen Barwert von 160,0 Millionen Euro, ermittelt aus

$$CF_{t+1} = \frac{200,0 \text{ Mio. Euro}}{1 + 25,0\,\%} = 160,0 \text{ Mio. Euro}$$

Dies ist allerdings erst der Barwert der Cashflows zum Zeitpunkt t+1. Gesucht ist aber der heutige Wert der Cashflows, also in t=0. Dazu müssen wir den Betrag nochmals diskontieren und erhalten schließlich den Barwert des Cashflows zum Zeitpunkt t:

$$CF_0 = \frac{160{,}0 \text{ Mio. Euro}}{1 + 25{,}0\%} = 128{,}0 \text{ Mio. Euro}$$

Einen dieser Rechenschritte können wir uns ersparen, indem wir zur Berechnung der Cashflows auf Potenzen zurückgreifen, denn die Diskontierug von Cashflows über zwei Jahre kann man einfach auch anhand folgender Formel durchführen:

$$CF_0 = \frac{200{,}0 \text{ Mio. Euro}}{(1 + 25{,}0\%)^2} = 128{,}0 \text{ Mio. Euro}$$

oder allgemein:

$$CF_0 = \frac{CF_{t+n}}{(1 + 25{,}0\%)^n}$$

Führen wir diese Rechnung mit allen Cashflows bis t+9 durch, erhalten wir folgende Reihe von Barwerten:

Mio. Euro	t	t+1	t+2	t+3	t+4	t+5	t+6	t+7	t+8	t+9
Barwerte	150,0	140,0	128,0	115,2	102,4	90,1	78,6	68,2	58,7	50,3

Wie Sie erkennen, bleiben die in t erwirtschafteten Cashflows unverändert. Dies ist auch korrekt, haben Sie doch Zugriff auf die Cashflows zu genau dem Zeitpunkt, zu dem sie erwirtschaftet werden. Eine Diskontierung ist daher nicht erforderlich.

Wenn Sie nun wissen wollen, wie hoch der Barwert aller im kommenden Jahrzehnt erwirtschafteten Cashflows ist, müssen Sie die einzelnen Werte nur noch zusammenzählen. Die Summe der Barwerte aus obiger Tabelle beträgt 981,6 Millionen Euro. Nun hört das Unternehmen nach dem zehnten Jahr (t+9) ja nicht auf zu existieren. Also müssen wir die Cashflows auch für die Jahre nach t+9 schätzen, theoretisch bis in die Unendlichkeit. Zum Glück gibt es dazu eine Formel, die diesen Vorgang ein wenig abkürzt. Diese etwas unübersichtliche Formel lautet:

$$TV_0 = \frac{\dfrac{CF_{t+9}\,(1 + g)}{25,0\% - g}}{(1 + 25,0\,\%)^9}$$

Die Formel beschreibt den sogenannten Terminal Value TV, der etwa mit Endwert übersetzt werden kann. Der Endwert entspricht dem Wert eines Unternehmens ab dem Zeitpunkt, an dem dieses Unternehmen keine nachhaltigen Wettbewerbsvorteile mehr hat und nur noch mit einer durchschnittlichen Wachstumsrate g wächst. In unserem Beispiel hatte ich unterstellt, dass das betrachtete Unternehmen für sein neues Produkt über einen Zeitraum von zehn Jahren Wettbewerbsvorteile nutzen kann, eine in der praktischen Unternehmensbewertung nicht unübliche Annahme.

Die Frage, die sich nun stellt, ist, mit welcher Rate das Unternehmen im Terminal Value wächst, wie hoch also g ist. Zunächst müssen wir verstehen, dass diese Wachstumsrate eine langfristig erzielbare Größe darstellt. An dieser Stelle kommt der sogenannte quasi risikolose Zinssatz mit ins Spiel: Der quasi risikolose Zins (er entspricht der Verzinsung langfristiger Staatsanleihen) spiegelt die Summe aller Inflations- und (realen) Wachstumserwartungen in einer Gesellschaft wider, ein unter Wirtschaftswissenschaftlern als Fisher-Formel bekannter Zusammenhang. Zwischen einer risikolosen Anlage und der Wachstumserwartung einer Ökonomie besteht demnach ein unauflösbarer Zusammenhang: In Zeiten einer Rezession mit niedrigen Nominalzinsen (und entsprechend niedrigen Diskontierungssätzen) können für den Terminal Value nicht zugleich Wachstumsraten angesetzt werden, die vom allgemeinen Pessimismus abgekoppelt und deutlich höher sind. Demgegenüber fungieren die üblicherweise zu beobachtenden hohen Zinsen während der Boomphasen als Korrektiv zu den vorherrschenden Wachstumserwartungen im Terminal Value. Zusammengefasst ersetzen wir in der obigen Terminal-Value-Formel die erwartete Wachstumsrate g durch die Verzinsung langfristiger Staatsanleihen. Angenommen, sie liegt bei 1,0 Prozent, dann ergibt sich für unser Beispiel ein Terminal Value von

$$TV_0 = \frac{\dfrac{375,0 \text{ Mio. Euro} \cdot (1 + 1,0\%)}{25,0\% - 1,0\%}}{(1 + 25,0\%)^9} = 211,8 \text{ Mio. Euro}$$

Addieren wir diesen Betrag zu dem Wert, den wir für die ersten zehn Jahre (981,6 Millionen Euro) errechnet haben, ermitteln wir einen Unternehmenswert von 1.193,4 Millionen Euro. Nehmen wir ferner an, das Unternehmen hätte ein Grundkapital von 50,0 Millionen Aktien zu einem Nennwert von 1,00 Euro je Aktie und damit 50 Millionen Stück Aktien. In diesem Fall errechnet sich ein Unternehmenswert von

$$\text{Unternehmenswert} = \frac{1.193,4 \text{ Mio. Euro}}{50,0 \text{ Mio.}} = 23,87 \text{ Euro je Aktie}$$

Dieser Wert entspricht Ihrer individuellen Zahlungsbereitschaft für die von dem Unternehmen in Zukunft erwirtschafteten Cashflows, die wir in unserem Ausgangsbeispiel ermittelt haben. Wird die Aktie an der Börse mit einem Preis von 18,00 Euro gehandelt, bedeutet dies einen erwarteten Kursanstieg von

$$\text{Erwartete Kursentwicklung} = \frac{23,87 \text{ Euro}}{18,00 \text{ Euro}} = 32,6\,\%$$

Die Aktie wäre auf dem aktuellen Kursniveau also unterbewertet.

Natürlich handelt es sich bei der dargestellten Vorgehensweise um eine radikale Vereinfachung des unter Finanzanalysten verwendeten Verfahrens. Beispielsweise ist der verwendete Diskontierungssatz (in unserem Beispiel 25,0 Prozent) in der Realität ein hochkomplexes Gebilde, das ebenfalls von zahlreichen Annahmen beeinflusst wird und nicht wie im Beispiel pauschal festgelegt werden darf. Zudem ist der verwendete Diskontierungssatz mit 25 Prozent eher unüblich hoch und liegt in einer Größenordnung, wie sie gewöhnlich im Bereich hochriskanter Frühphasen-Investments angewendet wird. In der Praxis werden bei durchschnittlich riskanten Unternehmen Diskontierungssätze in einer Größenordnung von sechs bis zwölf Prozent verwendet.

Auch der Zeitraum bis zum Erreichen des Terminal Value ist nicht für alle Unternehmen einheitlich lang. Ein Unternehmen wie Tesla wird diesen Zustand vielleicht erst in 50 Jahren erreichen, während ein börsennotiertes Traditionskaufhaus wie Ludwig Beck sich möglicherweise schon in diesem befindet. Trotzdem findet das große Ganze, der Prozess der Unternehmensbewertung, genauso statt – bei Ihnen zu Hause wie bei den Investmentbanken an der Wall Street.[50]

[50] Für Details verweise ich gerne auf meine Bücher „Quintessenz der Unternehmensbewertung: Was Sie als Investor und Entscheider wissen müssen" und „Aktien richtig bewerten: Theoretische Grundlagen praktisch erklärt", in denen ich auf die Einzelheiten der Unternehmensbewertung eingehe.

46. Warum Multiplikatoren nicht funktionieren

„Ich kann es nicht ändern, dass sich meine Bilder nicht verkaufen. Aber die Zeit wird kommen, in der die Menschen erkennen, dass sie mehr wert sind als die Farbe, mit der sie gemalt sind."

– VINCENT VAN GOGH

Die erfahreneren Anleger unter Ihnen werden fragen, warum ich Ihnen den Prozess der Unternehmensbewertung ausgerechnet an einem so komplexen Verfahren wie dem DCF-Modell erkläre, wo doch Multiplikatoren viel einfacher zu handhaben sind. In der Tat bewerten gefühlte 80 Prozent der Anleger Unternehmen anhand von Multiplikatoren. Was steckt dahinter?

Die Unternehmensbewertung anhand von Multiplikatoren ist zunächst nichts anderes als die Anwendung des ökonomischen „Gesetzes des einheitlichen Preises", wonach gleiche Vermögenswerte auch gleiche Preise haben (sollten). Wäre es anders, gäbe es eine risikolose Arbitragemöglichkeit, die gegen das zentrale Paradigma (und auch die intuitive Praxis) der Finanzierungstheorie verstößt, wonach Marktteilnehmer nicht dauerhafte Möglichkeiten haben dürfen, ihren Wohlstand durch eine bloße Vermögensumschichtung nachhaltig zu vermehren.

Ihnen ist das Gesetz des einheitlichen Preises aus dem täglichen Leben bekannt. Die Information, eine Wohnung koste 200.000 Euro, ist so lange nutzlos, wie nicht auch „Details" über Größe, Lage und Zustand der Wohnung bekannt sind. Auch die Information, die Wohnung habe einen Quadratmeterpreis von 4.000 Euro, wird erst dann zu einer aussagekräftigen Information, wenn bekannt ist, dass die Wohnung in der Münchener Innenstadt liegt, wo Wohnungen durchschnittlich erst ab 6.000 Euro pro Quadratmeter angeboten werden. Unbewusst haben Sie einen Multiplikator gebildet: den Preis je Quadratmeter.

Was bei Wohnungen, Autos oder anderen Gütern des täglichen Bedarfs normal ist, kann doch bei Aktien nicht verkehrt sein, oder? Auch an den Kapitalmärkten kann man vergleichend vorgehen, indem man das in den Aktienkursen oder Transaktionspreisen „gespeicherte" Marktwissen auf andere Unternehmen überträgt, und zwar durch die Bildung von Multiplikatoren.

Der mit Abstand beliebteste Multiplikator ist das Kurs-Gewinn-Verhältnis (KGV), auch hierzulande unter dem angelsächsischen Begriff Price-Earnings Ratio, P/ER oder einfach nur P/E bekannt. Seine Popularität verdankt das KGV nicht zuletzt der Tatsache, dass sich der Jahresüberschuss eines Unternehmens vergleichsweise einfach ermitteln lässt und dass mit dem Aktienkurs lediglich ein weiterer Parameter zur Bestimmung der Kennzahl erforderlich ist, der zudem allen Kapitalmarktteilnehmern in Echtzeit zur Verfügung steht. Rechnerisch setzt das KGV die Marktkapitalisierung ins Verhältnis zum Jahresüberschuss (allgemein: dem Ergebnis nach Steuern und Anteilen Dritter) oder – häufiger – den Aktienkurs ins Verhältnis zum Ergebnis je Aktie, immer gerechnet nach Minderheitsanteilen beziehungsweise nach Anteilen Dritter:

$$KGV = \frac{\text{Marktkapitalisierung [in Mio. Euro]}}{\text{Ergebnis nach Steuern und Anteilen Dritter [in Mio. Euro]}} = \frac{\text{Aktienkurs [in Euro]}}{\text{Ergebnis je Aktie [in Euro]}}$$

Um herauszufinden, ob eine Aktie günstig oder teuer bewertet ist, muss nun das KGV einer Referenzgruppe aus vergleichbaren Unternehmen errechnet und mit dem KGV des zu bewertenden Unternehmens verglichen werden – so wie wir oben Wohnungen in der Münchener Innenstadt miteinander verglichen haben und nicht den Quadratmeterpreis einer Wohnung in München mit dem einer Wohnung in Wilhelmshaven oder Frankfurt an der Oder, west- und ostdeutschen Städte mit starken Abwanderungstendenzen und hohen Leerständen.

Die Aufgabe des Unternehmensbewerters ist es also, Unternehmen desselben Geschäftsbereichs (enge Auslegung) oder derselben Branche beziehungsweise Industrie (weite Auslegung) zu finden. Dadurch wird sichergestellt, dass Unternehmen in vergleichbaren Märkten und Phasen ihres Lebenszyklus miteinander verglichen werden. Darüber hinaus sollten nur Unternehmen ähnlicher Größe einander gegenübergestellt werden. Da dies nicht immer problemlos möglich ist, stellt die Auswahl der Vergleichswerte immer einen Kompromiss dar – mit entsprechenden Auswirkungen auf die Aussagekraft des ermittelten Unternehmenswerts.

Überträgt man den aus Referenzunternehmen abgeleiteten Durchschnittsmultiplikator auf eine korrespondierende Einheit des ausgewählten Zielunternehmens, etwa den Gewinn je Aktie (EPS), erhält man den Marktwert des zu bewertenden Unternehmens:

$$\text{Marktwert} = \text{KGV}_{\text{Durchschnitt der Referenzunternehmen}} \cdot \text{EPS}_{\text{Zu bewertendes Unternehmen}}$$

Lassen Sie mich die Theorie anhand eines Beispiels erläutern. Angenommen, Sie wollen die Aktien eines Immobilienunternehmens bewerten, der Immo-Rental AG. Für die Bewertung stehen Ihnen die Daten von fünf Referenzunternehmen zur Verfügung:

Unternehmen	Kurs (EUR)	Erwartetes EPS (EUR)	Erwartetes KGV (x)
Immo-Müller AG	29,00	2,20	13,2x
Hessische Wohnen AG	39,20	1,90	20,6x
Luxus Immo AG	29,40	1,99	14,8x
WG AG	13,40	1,02	13,1x
Design Immo AG	11,93	0,78	15,3x

Der Durchschnittswert der KGVs beläuft sich auf

$$KGV_{\text{Durchschnitt der Referenzunternehmen}} = \frac{1}{5} (13,2 + 20,6 + 14,8 + 113,1 + 15,3) = 15$$

Im Durchschnitt werden die fünf Referenz-Immobilienunternehmen also mit dem 15,4-Fachen des im kommenden Jahr erwirtschafteten Gewinns bewertet. Legen wir diesen Durchschnittswert auf den erwarteten Gewinn von Immo-Rental in Höhe von 2,10 Euro je Aktie an, ergibt sich ein Marktwert von

$$Marktwert = 15,4 \cdot 2,10 = 32,35 \text{ Euro}$$

Grundlage des KGV ist das Ergebnis nach Steuern und Anteilen Dritter. Dieses wird in den meisten Umfragen als der wichtigste Indikator für die Wertschöpfung eines Unternehmens angesehen, noch vor Cashflows, Dividenden oder Buchwerten. Das berichtete Ergebnis je Aktie (englisch Earnings per Share, kurz EPS) steht meist sogar in der Titelzeile eines Quartalsberichts. Eine Verfehlung der Konsensus-Schätzungen hat beim EPS regelmäßig gravierende Auswirkungen auf die unmittelbare Kursentwicklung. Gleichzeitig kommt das KGV in fast allen Branchen zur Anwendung – was sicherlich auch eine gewisse Zirkularität zur Folge hat: Weil das KGV so weit verbreitet ist, wird ihm auch eine gute Prognosefähigkeit für Kursentwicklungen attestiert.

Doch ist das KGV überhaupt zur Prognose von Aktienkursen geeignet? Um anhand des KGVs die Unter- oder Überbewertung eines Unternehmens zu ermitteln, sind – wie wir gesehen haben – neben den aktuellen Aktienkursen lediglich EPS-Schätzungen für das zu bewertende Unternehmen und die Referenzunternehmen erforderlich. Daraus entsteht eine gewisse Tautologie: Um den inneren Wert einer Aktie zu bestimmen, benötigt man den inneren Wert anderer Unternehmen, der Vergleichsunternehmen – von dem angenommen wird, dass er korrekt ist. Dies offenbart eine erstaunliche Sicht auf die Funktionsweise der Kapitalmärkte. Denn bei der Multiplikatorbewertung wird unterstellt, dass zwar das zu bewertende Unternehmen falsch bepreist ist, die in der Vergleichsgruppe befindlichen Werte, an denen sich die Bewertung orientiert, jedoch richtig bewertet sind. In den Augen der Multiplikator-Anwender gilt die sogenannte „Effizienz der Kapitalmärkte" (wonach Aktienkurse zu jedem Zeitpunkt sämtliche Informationen korrekt widerspiegeln) nur für die Peergroup, während sich die Anleger bezüglich des zu bewertenden Unternehmens vermeintlich ineffizient verhalten – also nicht sämtliche verfügbaren Informationen korrekt verarbeiten. Darüber hinaus wird unterstellt, dass sich diese Ineffizienz, nachdem sie mithilfe der Multiplikatorbewertung aufgedeckt wurde, im Zeitablauf auflöst, und zwar dergestalt, dass sich im Idealfall nur der Aktienkurs des zu bewertenden Unternehmens verändert, während die Kurse der Referenzunternehmen (beziehungsweise deren durchschnittliches KGV) unverändert bleiben. Dass sich diese Entwicklung nicht unbedingt einstellt, liegt auf der Hand. Die Unterbewertung einer Aktie gegenüber einer Referenzgruppe kann sich auch dadurch auflösen, dass die Aktienkurse der Referenzgruppe sinken. Die Multiplikatorbewertung trifft a priori keine Aussage darüber, welcher der beiden Multiplikatoren – der Referenzgruppe oder des zu bewertenden Unternehmens – korrekt ist und welcher nicht.

In der Realität kommt es nicht selten vor, dass nicht bekannt ist, wer für die Unterbewertung verantwortlich ist. Dies liegt daran, dass die

Finanzanalysten in den Investmentbanken und ihre wichtigsten Kunden, die globalen Portfoliomanager, meist auf bestimmte Branchen und Sektoren spezialisiert sind, zum Beispiel auf Software- oder Telekommunikationsunternehmen. Analysten wie Investoren können zwar innerhalb ihres abgeschlossenen Universums überbewertete Unternehmen von unterbewerteten unterscheiden, nicht aber beurteilen, ob ein Logistikunternehmen gegenüber einem Automobilzulieferer oder einem Pay-TV-Sender attraktiv bewertet ist oder nicht. In regelmäßigen Abständen entstehen aufgrund der daraus resultierenden „Betriebsblindheit" der Marktteilnehmer sogenannte Bewertungsblasen. Dann werden nämlich stark überbewertete Unternehmen mit weniger stark überbewerteten Unternehmen verglichen. Was als Unterbewertung eines einzelnen Unternehmens erscheint, könnte tatsächlich eine Überbewertung des gesamten Sektors oder sogar des Kapitalmarkts bedeuten. Mit anderen Worten: Allein die Tatsache, dass Multiplikatorverfahren an den Kapitalmärkten von vielen „Professionals" verwendet werden, ist kein Argument für ihre Eignung, Unternehmenswerte korrekt zu bestimmen.

47. Warum Sie sich nicht als Aktionär, sondern als Unternehmer fühlen sollten

„Value-Investoren sollten ihre Investments nicht als Aktien verstehen, die den täglichen Schwankungen des Marktes unterliegen, sondern als Teileigentum an den zugrunde liegenden Unternehmen."

– SETH KLARMAN

Eine Aktie ist mehr als eine Wertpapierkennnummer oder ein Bloomberg-Ticker. Mit einer Aktie erwerben Sie einen Teil eines Unternehmens, besser: einen Anteil an einem Unternehmen. Mit einer Aktie beteiligen Sie sich an einem realen Geschäftsbetrieb, dem ein Wert zugrunde liegt, der nicht vom jeweiligen Aktienkurs abhängt. Daher sollten Sie vor dem Kauf einer Aktie überlegen, welchen Preis Sie für das gesamte Unternehmen zu zahlen bereit wären.

Aktien kaufen Sie so, als würden Sie den Kiosk übernehmen, den Sie jeden Tag auf dem Weg zur U-Bahn passieren. Der Kiosk verkauft Ihnen morgens genießbaren Kaffee to go und Ihre geliebte Tageszeitung, abends nach der Arbeit einen Hotdog und ein Glas Bier. Welchen Preis würden Sie bezahlen, um diesen Kiosk zu übernehmen? Sie würden nichts allein für den Standort bezahlen, nichts allein für die bunten Pappbecher, nichts allein für die freundliche Bedienung. Der einzige Faktor, der für Ihre Zahlungsbereitschaft relevant ist, sind die von Ihrem Kiosk erwirtschafteten Cashflows.

Genau so sollten Sie vorgehen, genau so sollten Sie sich fühlen und verhalten. Handeln Sie als Miteigentümer des Unternehmens. Dadurch stehen Sie psychologisch auf einer ganz anderen Ebene. Dadurch entwickeln Sie Stärke und Beharrlichkeit, um gegen Widerstände vorwärtszukommen. So wie der Venture-Capital-Investor Paul Graham stets betonte: „Die wichtigste Eigenschaft eines Unternehmers ist nicht Intelligenz, sondern Entschlossenheit."

48. Warum Value Investing nicht immer funktioniert, aber trotzdem der einzig richtige Weg ist

„Wer gesammelt bis in die Tiefe geht, der sieht auch die kleinen Dinge in großen Zusammenhängen."
– EDITH STEIN

Vielfach wird in den Medien von verschiedenen Investmentstilen geschrieben, die angeblich nicht miteinander in Einklang gebracht werden können. Die bekanntesten Gegenspieler sind Value- und Growth-Ansätze, aber auch Paare wie Top-down und Bottom-up, aktiv und passiv, langfristig und kurzfristig, Small Cap und Large Cap oder aggressiv und defensiv.

Wohl nur wenige Elemente der modernen Investitionstheorie sind besser geeignet, die Anleger zu spalten, als die Frage, ob Value die bessere Anlagestrategie sei als Growth. Obwohl sich die Zunft bereits über die Definition von Value und Growth nicht einig ist, wird in den meisten Fällen eine Ad-hoc-Klassifizierung allein anhand der Bewertungsmultiplikatoren vorgenommen. Der Praktiker definiert Value in der Regel über Bewertungsmultiplikatoren, die unter dem Durchschnitt liegen. Growth-Aktien sind demgegenüber mit Multiplikatoren bewertet, die über dem allgemeinen Marktdurchschnitt liegen. Doch so einfach ist es nicht. Growth-Investoren bevorzugen zwar wachstumsstarke Titel, Unternehmen also, die im Vergleich zum Gesamtmarkt überdurchschnittliche Wachstumsraten vermuten lassen, jedoch nur, wenn sich das erwartete Wachstum (noch) nicht im jeweiligen Börsenkurs niedergeschlagen hat. Unabhängig von der Höhe der Multiplikatoren ist also entscheidend, dass diese nicht auf ihrem wachstumsadjustierten, „richtigen" Niveau liegen.

Kein Wunder, dass sich die erfolgreichsten Investoren weltweit, angefangen von Benjamin Graham, dem Urvater der strategischen Kapitalanlage, über Warren Buffett und Peter Lynch bis hin zu den heutigen Superstars wie Joel Greenblatt [51], Davin Einhorn oder Carl Icahn, regelmäßig dieselbe Frage stellen: „Warum bin ich erfolgreicher als andere?" Gibt es Gemeinsamkeiten der erfolgreichsten Investoren und worin bestehen diese?

Beantwortet hat diese Frage Warren Buffett 1984 in einem seiner berühmten Jahresberichte. Damals bat er seine Leser, sich vorzustellen,

---

[51] Joel Greenblatt ist derzeit Managing Principal und Co-Chief Investment Officer von Gotham Funds. Zuvor war er Portfoliomanager bei Gotham Capital, wo er eine durchschnittliche annualisierte Rendite von 50,0 Prozent erzielte. Die niedrigste jährliche Rendite während seiner dortigen Tätigkeit lag bei 28,5 Prozent.

225 Millionen Amerikaner würden am Morgen eines bestimmten Tages aufgefordert, eine Münze zu werfen. Fällt ihre Münze auf Kopf, erhalten sie einen Dollar von denjenigen, deren Münze auf Zahl gefallen ist. Sofern im weiteren Verlauf nur noch diejenigen mitspielen dürfen, deren Münze auf Kopf gefallen ist, bleiben nach zehn Tagen knapp 220.000 Amerikaner übrig, von denen jeder 1.024 Dollar besitzt.

Diese 220.000 Amerikaner werden, bei aller Bescheidenheit, anfangen, darüber zu philosophieren, welche Technik sie beim Werfen der Münzen entwickelt und perfektioniert haben. Auf Cocktailpartys zählen sie zu den begehrten Gesprächspartnern.

Weitere zehn Tage später sind nur noch 215 Menschen übrig, von denen jeder über eine Million Dollar besitzt. Diese 215 Menschen haben also 20-mal in Folge die richtige Seite der Münze geworfen. Jedem von ihnen ist es gelungen, aus einem Dollar eine Million Dollar zu machen.

Würden Sie es diesen 215 Menschen verdenken, wenn sie durchdrehen? Wenn sie Bücher schreiben, die „Wie ich in drei Wochen zum Millionär wurde" heißen? Wenn sie Seminare veranstalten, auf denen sie andere das Münzwerfen lehren? Der Hype um diese 215 Menschen wäre unbeschreiblich.

Spätestens zu diesem Zeitpunkt wird irgendein kluger Professor den Vergleich anstellen, dass dasselbe Ergebnis zu beobachten wäre, wenn 225 Millionen Orang-Utans die Münzen geworfen hätten: Nach 20 Tagen wären eben 215 Orang-Utans anstelle von 215 Menschen übrig, von denen jeder ein Vermögen von einer Million Dollar sein Eigen nennen würde. Die Orang-Utans könnten sich davon eine Menge Bananen kaufen.

Ein ähnliches Argument ist Ihnen bestimmt auch schon untergekommen. Vor allem von Journalisten ist eine derart despektierliche Kritik an der ehrlichen und meist mühevollen Arbeit von erfolgreichen Anlegern immer wieder zu lesen.

Zumal der Einwand nicht passend ist, wenn von den 215 Orang-Utans sagen wir 75 in einem bestimmten Zoo in Omaha (nicht rein zufällig dem Wohnort von Warren Buffett) leben würden. Dann würden die Leute beginnen nachzuforschen. Sie würden den Tierpfleger befragen, was die Orang-Utans zu fressen bekämen, wie groß das Gehege sei und ob den Tieren bestimmte Übungen beigebracht würden. Tierpsychologen würden versuchen herauszufinden, wie sich diese Konzentration ungewöhnlicher Eigenschaften erklären lässt. Wenn derartige Gemeinsamkeiten auftreten, werden sie für die Wissenschaft interessant. Wenn sie etwa nach den Ursachen für eine bestimmte seltene Krankheit suchen, an der zum Beispiel 1.500 Deutsche pro Jahr erkranken, und entdecken, dass 500 von diesen aus einer bestimmten Kleinstadt stammen, dann werden sie höchstwahrscheinlich diesen Ort unter die Lupe nehmen. Sie werden das Wasser analysieren, die Luft, die Arbeitsstätten und die Ernährung der dort lebenden Bevölkerung. Was, wenn es diesen Ort auch am Kapitalmarkt gibt? Wenn man zum Beispiel herausfinden würde, dass eine ungewöhnlich hohe Anzahl erfolgreicher Investoren aus einem bestimmten Ort stammt? Ließe sich dann nicht der Erfolg dieser Investoren aus deren überlegener Anlagestrategie erklären, weil neben geografischen Gemeinsamkeiten auch bestimmte intellektuelle Auffälligkeiten festzustellen sind?

Buffett nennt diese Stadt Graham-and-Doddsville. Benannt hat er sie nach den Begründern des Value Investings, also der wertorientierten Geldanlage, Benjamin Graham und David L. Dodd. In ihnen sieht Buffett seine geistigen Urväter. Sie haben die Anlagephilosophie begründet, wonach Anleger die Unterschiede zwischen dem Wert eines Geschäftsmodells und dem Preis der Aktie ermitteln sollten. Im weiteren Verlauf seines höchst lesenswerten Artikels belegt Buffett anhand mehrerer Beispiele, dass die erfolgreichsten Investoren der USA seit jeher dieselben Anlagekriterien verwenden.

Die Bewohner von Graham-and-Doddsville verfolgen einen Anlagestil, der Value Investing genannt wird. Es gibt viele nicht unbedingt widersprüchliche Meinungen dazu, was unter Value Investing zu verstehen ist. Es gibt die Sichtweise von Benjamin Graham selbst, die auch von Seth Klarman, dem Gründer des Hedgefonds Baupost Group, unterstützt wird, wonach Value Investoren versuchen, ein bestehendes

Asset mit einem Abschlag zum Wert zu erwerben. Daneben gibt es die Warren-Buffett-Philosophie, wonach Value-Investoren Unternehmen, deren Geschäftsmodell von einem sogenannten Burggraben umgeben ist, mit einem Abschlag auf die in der Zukunft erwirtschafteten Erträge oder Cashflows zu erwerben suchen.

Was all diesen Sichtweisen gemeinsam ist, ist das Bestreben, das Verlustrisiko durch einen Kaufpreisabschlag auf den Unternehmenswert zu minimieren. Eine breite Diversifizierung, wie sie bei Vermögensverwaltern üblich ist, ist dagegen nicht notwendigerweise Teil des Ansatzes. Für mich besteht Value Investing daher aus dem Kauf großartiger Unternehmen zu vernünftigen Preisen. Insofern ist Growth nur ein Teil der Gleichung, bei der es darum geht, die Growth-Komponenten mit einem Sicherheitsabschlag auf ihren Wert zu erwerben.

Doch Vorsicht: Würde Value Investing immer funktionieren, täten es alle, was dazu führt, dass es irgendwann nicht mehr funktionieren kann. Value Investing funktioniert nicht immer: Der Markt stimmt nicht jeden Monat oder jedes Jahr mit Ihnen überein. Langfristig wird der Preis einer Aktie immer dem Wert entsprechen, kurzfristig aber – und kurzfristig kann mitunter auch zwei oder drei Jahre andauern – kann es Zeiten geben, in denen Preise und Werte auseinanderklaffen. Die Tatsache, dass Value-Ansätze nicht immer aufgehen, ist jedoch genau der Grund, weshalb sie langfristig funktionieren. Der Value-Ansatz zwingt Anleger dazu, unbeliebte Unternehmen zu kaufen, Aktien, die aktuell niemand mag. Value Investing sucht billig bewertete Aktien, nicht die gehypten, von denen jeder spricht und die genau deshalb überbewertet sind. Viele Anleger haben nicht die Disziplin, an einer Strategie festzuhalten, die über einen Zeitraum von möglicherweise einem oder mehr Jahren keine Outperformance erbringt. Sie geben auf und wechseln zu einer Strategie, die während dieser Zeit funktioniert hat. Langfristig jedoch entstehen 80 Prozent ihrer Anlageperformance aus der Sicherheitsmarge und dem Wachstum der Cashflows. Dies sind die einzigen beiden Faktoren, die ein Anleger wirklich verstanden haben muss.

49. Was wir unter Risiko verstehen

„Die Kunst der Kapitalanlage liegt im Management von Risiken, nicht im Management von Renditen."

– BENJAMIN GRAHAM

Kapitalmarktprofis beantworten die Frage, was Risiko ist, häufig mit kryptischen Begriffen wie „Volatilität von Aktien", mit dem griechischen Buchstaben Beta oder einem „Schwarzen Schwan" [52]. Diese Begriffe will ich Ihnen kurz erklären.

Volatilität ist eine Maßzahl für die Streuung der tatsächlich beobachteten um die durchschnittliche erwartete Rendite eines Wertpapiers. Je höher die Volatilität, die üblicherweise durch die sogenannte Standardabweichung gemessen wird, desto größer ist die Streuung der Renditen und umso unwahrscheinlicher ist es, die von einem Wertpapier erwartete Rendite statistisch korrekt vorherzusagen. Mit anderen Worten: Je größer die Volatilität ist, desto höher ist das mit der Anlage verbundene Risiko. Beta wiederum ist ein historisches Maß für die Entwicklung eines bestimmten Wertpapiers im Verhältnis zu einer Benchmark, beispielsweise einem möglichst breiten Index.

In beiden Fällen verstehen Wirtschaftswissenschaftler unter dem Risikobegriff nicht nur die auf Negativabweichungen ausgerichteten

---

[52] Der Begriff des Schwarzen Schwans als seltenem Ereignis wurde von Nassim Nicholas Taleb in seinem kurzweiligen Buch „Der Schwarze Schwan: Die Macht höchst unwahrscheinlicher Ereignisse" definiert.

Ereignisse: Risiko ist vielmehr die generelle Abweichung von einem erwarteten Ereignis, und zwar nach unten ebenso wie nach oben – was hierzulande üblicherweise als Chance bezeichnet wird. Angelsachsen sind diesbezüglich präziser und unterscheiden zwischen „Downside Risk" und, etwas euphemistisch und eher schwer verdaulich, „Upside Risk". Wenn wir „normale" Bürger dagegen in Meinungsumfragen gefragt werden, was wir unter Risiko verstehen, lauten die Antworten „die Angst, zu erkranken", oder „die Angst, den Arbeitsplatz zu verlieren". Eine Großmutter, die auf dem Weg nach Hause ist, wird die Frage womöglich mit der „Angst, dass die Einkaufstüte reißt", beantworten.

Vergleichbare Risikokonzepte verwenden wir auch, wenn wir die Risiken von Unternehmen einschätzen. Die reißende Einkaufstüte eines Unternehmens ist vergleichbar mit einem Produkt, das floppt. Je größer die Auswirkungen eines unternehmerischen Fehlschlags sind, desto größer ist das operative Risiko eines Unternehmens. Insofern trifft das Bonmot von Carl Richards zu, der da sagte: „Risiko ist, was übrig bleibt, nachdem du an alles gedacht hast."[53]

Bei einem Einproduktunternehmen, das auf Gedeih und Verderb vom Erfolg eines einzigen Produkts abhängig ist, ist das operative Risiko höher als bei einem Konglomerat mit zahlreichen verschiedenen Produkten. Basierend auf den Kündigungsquoten der Vergangenheit und dem durchschnittlichen monatlichen Abopreis können Unternehmen mit abonnentenbasierten Geschäftsmodellen (Bezahlfernsehen, Tageszeitungen, Postpaid-Mobilfunkanbieter) zu Beginn eines Jahres mit hinreichend großer Genauigkeit ihren voraussichtlichen Jahresumsatz vorhersagen. In Märkten mit kundenbasierten Geschäftsmodellen (Werbefernsehen, Boulevardzeitungen, Prepaid-Mobilfunkanbieter) oder in Märkten mit hohem technischen Fortschritt ist dies ungleich schwieriger. Abonnentenbasierte Geschäftsmodelle sind folglich weniger riskant als kundenbasierte Geschäftsmodelle.

---

[53] Richards, C. (2012), S. XII.

Weitere operative Risiken sind beispielsweise das Aufkommen neuer Wettbewerber, das Veralten von Technologien, Ineffizienzen in der betrieblichen Organisation, Streiks oder allgemein: eine dauerhafte Verschlechterung der Ertragsqualität und der Verlust der Wettbewerbsfähigkeit. Diese operativen Risiken bedeuten niedrigere Cashflows und haben damit einen unmittelbaren und oft erheblichen Einfluss auf den Wert des Eigenkapitals eines Unternehmens.

Vom operativen Risiko, das sich aus dem Geschäftsmodell eines Unternehmens ableitet, zu unterscheiden ist das finanzielle Risiko eines Unternehmens, das sich im Wesentlichen aus seinem Verschuldungsgrad sowie aus der Fähigkeit ableitet, im Bedarfsfall frisches (Eigen- und Fremd-) Kapital einzuwerben. Letzteres dürfte im Normalfall profitablen Unternehmen leichter fallen als unprofitablen, großen Unternehmen leichter als kleinen, etablierten Unternehmen leichter als jungen Start-ups.

50. Wie ein Unternehmen sein Risiko verringern kann

„Das Durchschnittliche gibt der Welt ihren Bestand, das Außergewöhnliche ihren Wert." – OSCAR WILDE

Das Risiko eines Unternehmens ist nicht in Stein gemeißelt. Es kann im Zeitablauf steigen oder sinken.

Dies möchte ich gerne an einem Beispiel erläutern. Haben Sie schon darüber nachgedacht, warum die Microsoft-Aktie in den vergangenen Jahren von einem Allzeithoch zum nächsten eilte? Früher hat Microsoft seine Software verkauft. Hierzu musste man das Softwarepaket in einem Laden erwerben oder von der Microsoft-Homepage herunterladen. Für welche Variante man sich auch entschied, so war es doch in jedem Fall ein einmaliger Vorgang, der bei einem neuen Software-Release wiederholt werden musste. Heute müssen Sie die Software abonnieren. Die jährlich neu erscheinenden Updates werden automatisch auf Ihren PC aufgespielt.

Durch diesen Schritt machte Microsoft seine Käufer zu Abonnenten. Abonnentenbasierte Geschäftsmodelle – Sie erinnern sich an das vorherige Kapitel – weisen ein ausgesprochen attraktives Risikoprofil auf: Zwar werden einige Abonnenten im Laufe eines Jahres kündigen, doch werden neue gewonnen. Mithilfe der statistischen Kündigungs- und Kundengewinnungsquoten lassen sich die Abonnentenzahlen des kommenden Jahres im Normalfall gut prognostizieren. Wer die Abonnentenzahlen gut vorhersagen kann, kann die Ertragsentwicklung weitgehend genau vorhersagen und damit den für die Wertentwicklung eines Unternehmens wichtigsten Einzelfaktor.

51. Wie Sie gewinnen, ohne viel zu verlieren

„Nichtstun ist schwieriger,
als es aussieht." – KEN LAMBERT

Die beste Aktie ist die, die dem Anleger eine attraktive Chance auf Kurssteigerung bietet, ohne dass er zugleich ein hohes Risiko eines signifikanten Kapitalverlusts eingehen muss.

Diese Strategie wurde von Monish Pabrai, einem erfolgreichen Portfoliomanager aus der Schule Warren Buffetts, in seinem höchst lesenswerten Buch „Der Dhandho-Investor: So funktioniert Value-Investing auf Indisch"[54], griffig formuliert. Dhandho ist Sanskrit und bedeutet frei übersetzt „Wege zum Wohlstand" oder einfach „Wirtschaften". Denn letztlich ist Wohlstand nichts anderes als das Ergebnis eines intelligenten und konsequenten Wirtschaftens. Die zentrale Prämisse des Buches, die an diversen Stellen hervorgehoben wird, lässt sich auf einen Münzwurf reduzieren: Zahl heißt, dass ich gewinne; Kopf heißt, dass ich nicht viel verliere.

So einfach dieses Prinzip auf den ersten Blick erscheint, so häufig wird ihm in der Realität widersprochen. Denn das Risiko als einer der beiden für die Aktienauswahl ausschließlich relevanten Parameter wird meist ausgeblendet – als ob es für Sie irrelevant wäre, ob Sie sich eine hochriskante Aktie mit einer erwarteten Kursperformance von 20 Prozent oder eine sich stabil entwickelnde Aktie mit derselben erwarteten Kursperformance in Ihr Depot kaufen. Wenn Sie das Risiko als

---

[54] Zitiert nach Pabrai M. (2008): S. 166.

Entscheidungskriterium vernachlässigen, werden sich die Einzelrisiken in Ihrem Depot ansammeln. Früher oder später wird sich dies in Form von dramatisch fallenden Aktienkursen rächen.

Für Sie sollte Risiko dieselbe Bedeutung haben wie der zweite für die Aktienauswahl relevante Parameter: die erwartete Kursentwicklung. Sie sollten die Aktien, deren Erwerb Sie erwägen, immer unter der gemeinsamen Erwägung von Risiko- und Renditegesichtspunkten auswählen. Kommen Sie dabei zu dem Ergebnis, dass das von Ihnen ermittelte Kurspotenzial (=Rendite) nur unter der Inkaufnahme eines für Sie nicht akzeptablen Risikos zu erreichen ist, dann sollten Sie nochmals in sich gehen. Wem es gelingt, Risiken zu kontrollieren, der ist auf dem besten Weg, Verluste zu vermeiden. Wer jedoch Verluste unbedingt vermeiden will, ist auf dem besten Weg, Renditen zu vermeiden.

52. Warum höheres Risiko nicht automatisch mehr Rendite bringt, wohl aber geringeres Risiko mehr Rendite bringen kann

„Es soll auch nicht einfach sein. Jeder, der glaubt, es wäre einfach, ist einfach nur dumm."

– CHARLIE MUNGER

Immer wenn die Aktienmärkte steigen und steigen und es scheinbar keine Schwächephase mehr gibt, tendieren Anleger dazu, ihre Risikoneigung anzupassen. Wenn sie nur risikofreudiger handeln würden, so die mehr und mehr um sich greifende Ansicht, würden sie höhere Renditen erwirtschaften. Schließlich, das weiß jedes Kind seit der Veröffentlichung des bahnbrechenden Buches „Portfolio Selection" des späteren Wirtschaftsnobelpreisträgers Harry Markowitz [55], sind Rendite und Risiko positiv miteinander korreliert.

---

[55] Markowitz H. M. (1959).

Dieser fundamentale Zusammenhang, wonach mehr Risiko auch mit einem Mehr an Rendite verbunden ist, wurde seither gebetsmühlenartig wiederholt: Je mehr Risiko ein Anleger auf sich nimmt, desto höher müssen auch die zukünftigen Renditen sein. Viele Anleger, die dieser Strategie folgen, wollen ihre Anlageziele so schnell wie möglich erreichen. Sie träumen davon, die nächste Google-, Apple- oder Tesla-Aktie ausfindig zu machen, und sind bereit, einen großen Teil ihres Vermögens auf diese eine Aktie zu wetten. Sie haben es vermutlich bemerkt: Ich habe ganz bewusst das Wort „wetten" verwendet, denn von seriösem Anlegen kann bei dieser Vorgehensweise – ich vermeide bewusst das Wort „Strategie" – nicht gesprochen werden.

Was, wenn ich Ihnen nun erkläre, dass es gerade die Aktien mit niedrigem Risiko sind, die Sie langfristig reich machen? Dass es also Aktien mit niedrigem Risiko sind, die höhere Renditen versprechen? Eine auf den ersten Blick unglaubwürdige Aussage, steht sie doch im Gegensatz zu allem, was seit dem Erscheinen von Markowitz' Buch gelehrt wird, nämlich dass weniger riskante Wertpapiere eine entsprechend geringe Rendite erwirtschaften und eine hohe Rendite mit hohem Risiko „erkauft" werden muss.

Doch zunächst zu den Anfängen der Rendite-Risiko-Beziehung. Seit Markowitz gehen Akademiker, Vermögensverwalter und Privatanleger von einem positiven Zusammenhang zwischen Rendite und Risiko wie dem folgenden aus:

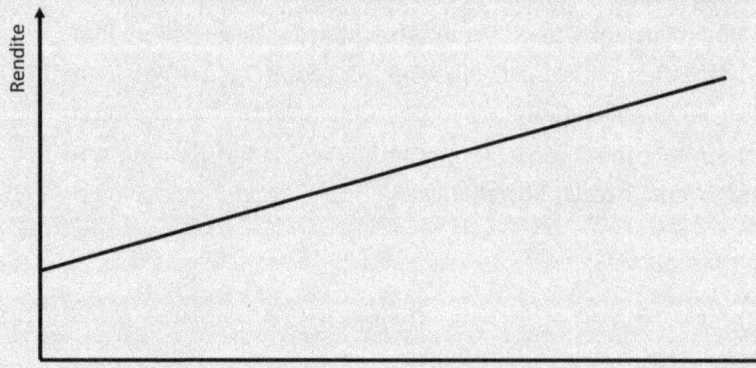

Abbildung 32 **Rendite-Risiko-Zusammenhang in der Theorie**

Rendite

Risiko

Quelle: Eigene Darstellung

Dieser Zusammenhang trifft in Wirklichkeit jedoch nur zum Teil zu. Zwar steigt mit dem Risiko in der Regel auch die erwartete Rendite an. Zugleich aber erweitert sich die Bandbreite der erzielbaren Ergebnisse. Der Zusammenhang zwischen Rendite und Risiko folgt damit eher dem unteren Schema:

Abbildung 33 **Rendite-Risiko-Zusammenhang in der Realität**

Quelle: Eigene Darstellung

Darüber hinaus ist der Zusammenhang zwischen Rendite und Risiko nicht so stabil, wie er in beiden Abbildungen dargestellt wird. Seltsamerweise scheint an den Börsen das genaue Gegenteil zu gelten: ein instabiler Zusammenhang. Dieses Phänomen eines instabilen Zusammenhangs ist in der akademischen Literatur seit Langem unter dem Begriff „Risikoanomalie" bekannt. Zahlreiche und umfangreiche Auswertungen, die über einen Zeitraum von zum Teil mehr als 100 Jahren ausgewertet wurden, kamen zu dem Ergebnis, dass ein Portefeuille aus Aktien mit geringem Risiko ein Portefeuille aus Aktien mit hohem Risiko nicht nur (mindestens um den Faktor 20) schlägt, sondern dass diese Outperformance auch über jeden beliebigen Zeitraum und in jedem relevanten

Aktienmarkt, darunter Deutschland, Großbritannien, Frankreich und USA, beobachtet werden kann.

Da diese Erkenntnis so fundamental wie wichtig ist, formuliere ich sie noch einmal in klarem Deutsch: In der Realität erbringen risikoreiche Aktien im Durchschnitt niedrigere Kursgewinne als risikoarme Aktien – obwohl laut den gängigen Lehrbüchern das Gegenteil der Fall sein sollte. Sie werden zu Recht fragen, warum Sie davon noch nie etwas gehört haben; warum in allen Börsenführern etwas anders geschrieben steht. Um das zu verstehen, müssen Sie sich noch einmal vergegenwärtigen, wie die Börse funktioniert. Es ist nämlich die gesamte Industrie der Kapitalanlage darauf getrimmt, Ihnen, lieber Leser, möglichst risikoreiche Aktien zu empfehlen. Für einen Börsendienst oder ein Anlegermagazin ist es ungleich attraktiver, unbekannte und risikoreiche Aktien aufzunehmen als langweilige, die möglichweise viele schon kennen. Nur durch eine reißerische Aufmachung kann das Auflageziel erreicht und Ihnen der Eindruck vermittelt werden, dass Sie mit den exklusiv von diesem einen Börsenmagazin empfohlenen Aktien schnell und vor allem viel Geld verdienen.

Aber auch Anleger wollen den Reiz aufregender und schlagzeilenträchtiger Unternehmen auskosten, vor allem von aufregenden und neuen Geschäftsmodellen. Wie lässt sich besser im Freundeskreis Eindruck machen als bei einem gemütlichen Bier im Freundeskreis davon zu berichten, dass man sich einmal mehr frühzeitig in innovativen Industrien positioniert habe? Dass sich die visionäre Weitsicht Monate später doch nicht in steigenden Kursen ausgezahlt hat, muss beim nächsten Stammtisch ja nicht unbedingt eingestanden werden.

Vermeintlich risikoarme, ja womöglich langweilige Aktien bleiben dagegen regelmäßig unbeachtet. Genau daraus erwächst für den geduldigen Anleger ein Vorteil. Denn erst die Nichtbeachtung einer Aktie eröffnet die Chance auf überdurchschnittliche Kursgewinne. Nur wenn eine Aktie an der Börse missachtet wird, können Unterbewertungen entstehen, die auszunutzen die Grundlage für zukünftige Kursgewinne ist.

53. Warum Risikomanagement die Performance belasten kann

„Erfahrung ist, was du bekommst, wenn du nicht bekommen hast, was du wolltest."

– HOWARD MARKS

Während Ihres Erstgesprächs mit dem Privatkundenbetreuer Ihrer Bank (sofern diese dieses Berufsbild weiter beschäftigt) oder Ihrem Vermögensverwalter wird Sie dieser ausgiebig nach Ihrer individuellen Risikoneigung befragen. Im Zentrum dieser Befragungsprozedur (und glauben Sie mir, genau das ist es, eine Prozedur!) steht Ihre maximale Verlustbereitschaft: Welcher Teil Ihres angelegten Vermögens darf maximal in einem Jahr verloren gehen?

Auf der Basis Ihrer Antworten wird Ihnen der Berater ein Portfolio zusammenstellen. Grundlage der Depotwerteauswahl sind die in der Vergangenheit beobachteten Schwankungsbandbreiten (auch Volatilitäten oder von Profis kurz „Vola" genannt) der Wertpapiere. Wenn Sie eine geringe Verlustbereitschaft angegeben haben, werden Ihnen nur solche Wertpapiere empfohlen, die in der Vergangenheit eine besonders geringe Volatilität aufgewiesen haben. Ist Ihre Verlustbereitschaft dagegen hoch, „dürfen" Sie auch in volatile, risikoreichere Wertpapiere investieren. Dieser Prozess wird Risikomanagement genannt.

Im Zentrum der (vorgeblich langfristig ausgerichteten) Anlagepolitik einer ganzen Industrie steht also eine Portfoliozusammenstellung, die das Ziel hat, Ihre kurzfristige Verlustbereitschaft einzuhalten. Denn nichts fürchtet der Vermögensverwalter mehr als einen Kunden, der zum Jahresendgespräch – möglicherweise im Beisein seines Anwalts – eine Erklärung fordert, warum das Maximalverlustziel überschritten worden ist. Bestenfalls wird der Kunde sein Mandat kündigen, schlimmstenfalls muss sich der Vermögensverwalter vor Gericht einfinden.

Zu dieser Entwicklung trägt auch das Aufkommen sogenannter risikoadjustierter Renditekennzahlen bei. Die populärste ist das sogenannte Sharpe Ratio. Es ist definiert als

$$\text{Sharpe Ratio} = \frac{E\,(r_i - r_f)}{\sigma_i}$$

also als erwartete Überrendite eines Wertpapiers i über eine risikolose Anlagemöglichkeit, bezogen auf das mit dem Wertpapier verbundene Risiko, repräsentiert durch die Standardabweichung σ_i. Die Regel besagt, dass ein Wertpapier umso attraktiver ist, je höher das Sharpe Ratio ist. Als Beispiel betrachten wir zwei Wertpapiere A und B mit folgenden Sharpe Ratios:

	Wertpapier A	Wertpapier B
Sharpe Ratio	1,50	1,00

Nach der Regel müsste ein Anleger Wertpapier A vorziehen, da es das höhere Sharpe Ratio aufweist. Für jede Einheit an Risiko, die der Anleger durch den Kauf der Aktie aufnimmt, erhält er beim Wertpapier A eine höhere Überrendite als beim Wertpapier B. Betrachten wir nun die dazugehörigen Risiko- und Renditezahlen, stellen wir allerdings fest, dass langfristig Wertpapier B eine deutlich bessere Wertentwicklung verspricht als Wertpapier A:

	Wertpapier A	Wertpapier B
Sharpe Ratio	1,50	1,00
Erwartete Rendite des Wertpapiers ⎫ Erwartete Überrendite	10,0 %	19,0 %
Erwartete risikolose Verzinsung ⎭ des Wertpapiers		1,0 %
Standardabweichung (Risikokennziffer des Wertpapiers)	6,0 %	18,0 %
Wertentwicklung von 10.000 Euro nach 20 Jahren (in Euro)	67.275	324.294

Wie Sie sehen, könnte sich eine Anlageentscheidung, die ausschließlich auf das weithin verbreitete Sharpe Ratio gestützt ist, als problematisch erweisen: Wertpapier A hat nur deshalb ein höheres Sharpe Ratio, weil es eine deutlich geringere Volatilität aufweist als Wertpapier B. Doch diese geringere Volatilität geht mit einer geringeren Rendite einher.

Denjenigen, die einen Anlagehorizont von 20 Jahren haben, kann die geringere Volatilität ziemlich egal sein: Ihr Endvermögen ist nach dem Kauf von Wertpapier B fünfmal höher als beim Kauf von Wertpapier A.

Eine ganze Industrie ist darauf getrimmt, Verlustziele einzuhalten. Das Management langfristiger Ertragsziele wird auf dem Altar des kurzfristig ausgerichteten Risikomanagements geopfert. Natürlich geht dieses Opfer mit Kosten einher, von denen allerdings nur der langfristige Anleger – also Sie – betroffen ist. Erstens tragen Sie die direkten Kosten der Absicherungsstrategie. Jeder in die Portfolioabsicherung investierte Euro fehlt Ihnen, wenn Sie später die langfristige Zinseszinsberechnung anstellen. Dabei hat schon Charlie Munger, legendärer Partner von Warren Buffett bei Berkshire Hathaway, trefflich festgestellt, dass es für einen Anleger besser ist, volatile zwölf Prozent als stabile neun Prozent pro Jahr zu erwirtschaften. Denn bei einem langfristigen Anlagehorizont spielen die zwischenzeitlichen Kursrückgänge keine Rolle. Was für Sie wirklich wichtig ist, ist eine langfristig ansprechende Rendite in einem Zeithorizont, der Ihren Liquiditätsbedürfnissen entspricht.

Noch belastender als die direkten Kosten der Risikoabsicherung sind die Risikomanagementkosten, die durch das schlechte Timing entstehen. Wie Sie wissen, ist es (abgesehen von einer kleinen Minderheit von

Day-Tradern) selbst den besten Investoren nicht möglich, den Markt perfekt zu timen. Was für die Performanceseite gilt, gilt auch für die Risikoseite. Schlimmstenfalls werden Sie (oder Ihr Berater) aufgrund mangelhafter Timing-Qualitäten genau zu dem Zeitpunkt eine Absicherungsstrategie implementieren, an dem der Markt seinen Tiefststand markiert. Verkauft werden dann attraktiv bewertete Wertpapiere, gekauft werden Absicherungsprodukte zu einem Zeitpunkt, zu dem sie am teuersten sind. Können Sie diese Strategie nachvollziehen? Ich auch nicht, dabei ist dieser schlimmste Fall nach meiner Erfahrung der Normalfall. Auch in Bezug auf das Risikomanagement gilt daher: Nichtstun ist meistens die bessere Strategie.

TEIL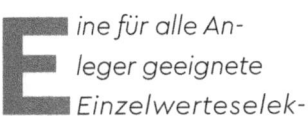

Die
richtige
Auswahl

Eine für alle An-
leger geeignete
Einzelwerteselek-
tion, Asset Allocation oder Investmentstrategie kann es nicht ge-
ben. Kein Anleger kann immer richtigliegen, keine Investmentstrategie immer zu einer Outperformance der Märkte führen. Intellektuelle Brillanz führt, das hat die Pleite von Long-Term Capital Management im September 1998 eindrucksvoll bewiesen, nicht automatisch zu einem besseren Anlageergebnis. Allerdings führt auch
börsentechnische Ahnungslosigkeit zu keinem zufriedenstellenden
Ergebnis, selbst wenn dies von Wissenschaftlern bestritten wird,
die Affen Dartpfeile auf Kurszettel werfen lassen und damit angeblich bessere Renditen als professionelle Fondsmanager erzielen.

Andererseits wird Ihnen kein Anlageberater eingestehen, dass
er auf Ihre Frage, was denn da gerade an den Börsen los sei, am

liebsten „Ich weiß es nicht" antworten würde. Stattdessen wird er in endlosen Worthülsen versuchen, Sie durch Pseudo-Zusammenhänge zu beeindrucken. Komplexität ist Teil der Taktik. Gerade überdurchschnittlich intelligente Menschen fühlen sich zu komplexen Lösungen hingezogen. Und von diesen Menschen gibt es an den Kapitalmärkten viele: Nur wenige Berufe versetzen Menschen in die Lage, durch reines Nachdenken für ihren Arbeitgeber höchst ertragreiche Geschäftskonzepte zu entwickeln. Diese Intelligenz hat jedoch ihren Preis, wenn sich diese Menschen herausgefordert fühlen, auf alle Fragen eine gescheite Antwort geben zu müssen. Sie neigen dazu, alles zu überdenken, und das kann sie in Schwierigkeiten bringen. „Einfach" ist für diese Menschen nicht stimulierend genug. Im Gegenteil: Komplexität wird als intellektuelles Statussymbol eingesetzt.

Dabei ist es nicht nötig, auf alle Fragen eine Antwort haben. Es ist nicht nötig, zu wissen, wie der DAX auf die bevorstehende EZB-Entscheidung reagieren wird. Es ist nicht nötig, zu wissen, welche Partei die nächste Wahl gewinnen und welche Auswirkungen dies auf Versicherungs- oder Auto-Aktien haben wird. Es ist nicht nötig, zu wissen, wer den nächsten Eurovision Song Contest gewinnt.

Oft lautet der Grundsatz: Einfach ist besser! Zumindest an der Börse gilt er. Wenn die Fragestellungen hochkomplex sind, sind komplexe Lösungen oft unzureichend. Eine einfache Philosophie über die Funktionsweise der Börse kann Ihnen dagegen helfen, bessere Entscheidungen bei allen Fragen der Kapitalanlage zu treffen.

54. Warum es sich lohnt, die richtigen Aktien zu suchen

„Kaufen Sie Aktien so, als ob Sie im Leben nur die Aktien von zehn Unternehmen kaufen könnten."

– WARREN BUFFETT

Viele (auch professionelle) Investoren und insbesondere große Teile der akademischen Zunft vertreten die Auffassung, eine aktive Aktienauswahl sei sinnlos. Wenn schon Aktien erworben werden, dann sei es doch viel sinnvoller, Fonds oder ETFs (Exchange Traded Funds) zu kaufen.

Zentrales Argument der Befürworter einer passiven Aktienanlage ist die sogenannte „Schiefe" der Verteilung der Aktienrenditen. Üblicherweise wird in den Wirtschaftswissenschaften – von der Markowitz-Optimierung über das Capital Asset Pricing Model bis hin zum Sharpe Ratio oder dem Value-at-Risk-Konzept – von einer Normalverteilung der Aktienrenditen ausgegangen. Und in der Tat ähnelt die Häufigkeitsverteilung von Aktienrenditen im Normalfall einer Gauß'schen Glockenkurve. Problematisch sind jedoch Zeiten, in denen der DAX ungewöhnliche Kursausschläge zeigt. Extreme Preisausschläge wie beim Platzen der TMT-Blase 2001, der Finanzmarktkrise 2008 oder der Griechenlandkrise 2011 waren sogenannte „Six-Sigma-Ereignisse", die statistisch gesehen nur alle 1.000 Jahre oder seltener auftreten dürften. Da sie aber offensichtlich häufiger auftreten als erwartet, können sie nicht durch die Statistik der Normalverteilung beschrieben werden.

So bequem die Annahme der Normalverteilung von Aktienrenditen für die akademische Forschung ist: Gerade dann, wenn es am wichtigsten wäre, werden dadurch die Risiken am stärksten unterschätzt. Anstelle einer Normalverteilung ist in der Realität eine logarithmische Normalverteilung mit „positivem Bias" zu beobachten, deren Dichtefunktion wie folgt aussieht:

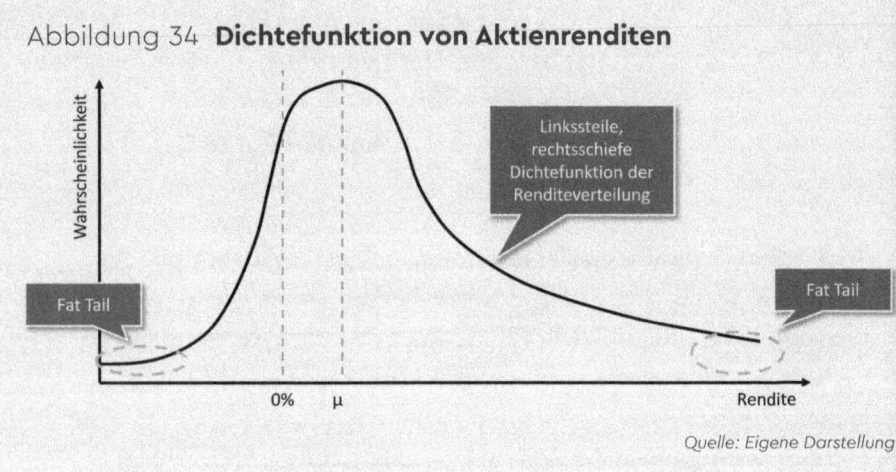

Abbildung 34 **Dichtefunktion von Aktienrenditen**

Quelle: Eigene Darstellung

Aktienrenditen sind nicht normalverteilt, sondern weisen eine negative Schiefe mit sogenannten „Fat Tails" auf. Als extreme Marktereignisse („Tail-Risiken") werden Renditen bezeichnet, die um mindestens drei Standardabweichungen nach links oder rechts vom arithmetischen Mittelwert µ abweichen.

Aufgrund dieses Verteilungsmusters ist es wichtig, nach den richtigen Aktien zu suchen. Es funktioniert nicht, sich die Arbeit zu erleichtern und einen Indexfonds zu kaufen. Indexfonds enthalten zu viele Wertpapiere, die Sie nicht haben wollen. Betrachten wir dazu den DAX: Zu jedem beliebigen Zeitpunkt sind im DAX Aktien enthalten, die einen hohen zweistelligen Prozentsatz an Wert eingebüßt haben, selbst auf Sicht von fünf oder zehn Jahren. Stand Februar 2018 waren dies etwa Commerzbank (-85 Prozent), RWE (-82 Prozent), E.on (-81 Prozent), Deutsche Bank (-87 Prozent) und ThyssenKrupp (-31 Prozent). Derartige Statistiken können zu jedem beliebigen Zeitpunkt für jeden beliebigen Index erstellt werden. So ist nach einer Analyse von CBS Money-Watch im Zeitraum 1983-2008 der Russell 3000 Index (der rund 98 Prozent des in den USA börsennotierten Kapitals umfasst) zwar um insgesamt 1.074 Prozent angestiegen, doch wiesen im selben Zeitraum etwa 40 Prozent der Aktien eine negative Rendite auf, etwa 20 Prozent der Titel waren sogar Totalverluste. 64 Prozent aller Aktien entwickelten sich schlechter als der Russell 3000, während etwa zehn Prozent der Aktien Zugewinne von mehr als 500 Prozent erzielen konnten.[56]

Diese Zahlen zeigen Ihnen, dass es sehr viel weniger „gute" Aktien gibt, als Sie vermutlich gedacht haben. Das Naheliegende, wonach sich ein Drittel der Werte besser, ein Drittel der Werte schlechter und ein Drittel der Werte in etwa wie der Index bewegt: Es trifft nicht zu. Den Großteil der Indexgewinne machen wenige Titel unter sich aus. Dies zeigt Ihnen, dass es wichtig ist, eine gewinnbringende Anlagestrategie zu entwickeln, um die ineffizienten, unterbewerteten Teile des Marktes ausfindig zu machen.

---

[56] Vgl. https://www.cbsnews.com/news/stock-market-gains-come-from-few-top-performers/, abgerufen am 2.2.2018.

55. Wie Sie die richtigen Aktien finden

„Man sollte eigentlich im Leben niemals die gleiche Dummheit zweimal machen, denn die Auswahl ist so groß."

— BERTRAND RUSSELL

Nach all den theoretischen Grundlagen wollen Sie die Sache praktisch anpacken und endlich Aktien kaufen. Aber welche? Ehe eine Aktie für Sie infrage kommt, sollten Sie die Liste der folgenden zehn Fragen beantwortet haben:

1. **Was ist das Geschäftsmodell des Unternehmens?**
Versuchen Sie, das Geschäftsmodell auf die Rückseite einer Visitenkarte zu schreiben. Wenn es Ihnen nicht gelingt, versuchen Sie es erneut. Wenn es Ihnen partout nicht gelingen will, hat das Unternehmen vermutlich kein funktionsfähiges Geschäftsmodell.
2. **Worin besteht die Wertschöpfung des Unternehmens?**
Was macht das Unternehmen mit den eingekauften Produkten beziehungsweise Dienstleistungen? Handelt es sich um ein Forschungs- und Entwicklungs-, ein Produktions- oder Handelsunternehmen?
3. **Wer sind die Zulieferer des Unternehmens, wer seine Kunden?**
Wie viele Zulieferer hat das Unternehmen? Wie groß sind diese?

Bestehen Abhängigkeiten gegenüber bestimmten Lieferanten? Wie viele Kunden hat das Unternehmen? Wie groß sind diese? Bestehen Abhängigkeiten gegenüber bestimmtem Kunden? Wie ist der Einkauf organisiert? Wie ist der Vertrieb aufgestellt?

4. **In welcher Phase des Produktlebenszyklus befindet sich das Unternehmen?**
   Zu unterscheiden sind insbesondere die Einführungs-, Wachstums-, Reife-, Sättigungs- und Niedergangsphase. Bestehen eventuell Substitutionsprodukte, die die gleiche Funktion wie das vom Unternehmen angebotene Produkt erfüllen und die Existenz des Unternehmens gefährden könnten?

5. **Worin besteht der Wettbewerbsvorteil, den das Unternehmen gegenüber seinen Wettbewerbern hat?**
   Wie dauerhaft ist dieser Wettbewerbsvorteil? Wie hoch ist die Wettbewerbsintensität innerhalb der Branche? Finden Übernahmen in dem Markt statt, in dem das Unternehmen tätig ist?

6. **Was sind die Risiken und Bedrohungen für das Geschäftsmodell?**
   Welche unternehmensspezifischen Risiken gibt es? Welche branchenspezifischen Bedrohungen gibt es? Befindet sich das Unternehmen in einem regulierten Markt? Wird das Unternehmen von Patenten oder Lizenzen geschützt?

7. **Wie schätzen Sie das Managementteam ein?**
   Welche Industrieerfahrungen weist das Management aus? Besitzt der Vorstand Aktien des Unternehmens? Besteht eine Incentivierung über Aktienoptionen? Wie steht der Vorstand dem Kapitalmarkt gegenüber? Verfolgen Analysten das Unternehmen?

8. **Welche Strategie hat das Unternehmen eingeschlagen?**
   Verfolgt das Unternehmen eine Kostenführerstrategie, bei dem es der günstigste Anbieter sein will? Oder eine Differenzierungsstrategie, bei der es sich gegenüber den Kunden durch Preis, Image oder Produktvielfalt auszeichnen will? Oder eine

Nischenstrategie, bei der sich das Unternehmen auf bestimmte Produktlinien, Regionen oder Segmente fokussiert?

9. **Wie schätzen Sie die Bilanz- und Ertragslage ein?**
Wie profitabel ist das Unternehmen in Relation zum eingesetzten Kapital? Wie hoch ist die Verschuldung des Unternehmens? Hat das Unternehmen einen Zugang zum Kapitalmarkt, um gegebenenfalls über Kapitalerhöhungen frisches Eigenkapital einzuwerben? Sind hohe Investitionen erforderlich, um die erreichte Marktstellung aufrechtzuerhalten?

10. **Ist die Aktie unter fundamentalanalytischen Gesichtspunkten unterbewertet?**
Welchen Wert ermittelt Ihr Bewertungsverfahren? Wie ist dieser Wert im Vergleich zum aktuellen Aktienkurs einzuschätzen?

In diesem Kapitel ist Ihr persönlicher Einsatz gefragt. Die genannten Fragen zur Unternehmensanalyse dienen allein dem Zweck, herauszufinden, ob das Geschäftsmodell des Unternehmens nachhaltig ist. Dies kann, gelinde gesagt, eine Herausforderung sein. Doch wäre es einfach, würde es schließlich jeder tun.

56. Wann Sie das Verliererspiel spielen sollten oder: Wie Sie die Zukunft doch vorhersagen können

„Man muss sorgfältig sein, wenn man nicht weiß, wohin die Reise geht, weil man ansonsten nicht dort ankommt."

– YOGI BERRA

Der wichtigste Einzelfaktor für die Kursentwicklung einer Aktie sind die zukünftig erwirtschafteten Cashflows. Also liegt der Schluss nahe: Wer unterbewertete Aktien entdecken will, muss die Zukunft vorhersagen. Dass die Zukunft ungeschrieben ist, wusste schon Sarah Connor[57]. Und auch wir wissen nicht erst seit „Terminator", dass es keine hundertprozentige und zweifelsfreie Methode gibt, um die Zukunft vorherzusagen – zumal (außer in Hollywoodfilmen) Reisen in die Zukunft unmöglich sind. Folglich kann die Zukunft auch nicht bewiesen werden. Allein die Gegenwart existiert und ist beweisbar. Wenn ich beweisen soll, dass der Kurs

---

[57] Die in „Terminator 2" sagte: „The future's not set. There's no fate but what we make for ourselves."

einer Aktie gestiegen ist, muss ich nur auf den zugehörigen Chart zeigen und sagen: „Hier, sehen Sie, der Kurs ist gestiegen!"

Wie aber gelingt es einem Investor, glaubhafte und belastbare Erwartungen über die Zukunft zu entwickeln, wenn schon der Begründer der modernen Kapitalanlage, Benjamin Graham, nicht müde wurde, zu erklären, dass der Versuch, die Zukunft zu prognostizieren, notwendigerweise scheitern müsse. In der Tat können die wenigsten Anleger die Zukunft vorhersagen. Journalisten schreiben zum Jahresende gerne launige Artikel, in denen sie sich über die schlechten Prognosefähigkeiten der Analysten mokieren, die nicht einmal in der Lage seien, den Jahresendstand des DAX treffend vorherzusagen. Gerne wird bei dieser Gelegenheit der alte Witz aufgewärmt, wonach ein Aktienstratege ein Wissenschaftler sei, dessen einzige Aufgabe es sei, einen Meteorologen gut aussehen zu lassen. Dabei ist die mangelhafte Prognosefähigkeit keineswegs auf Aktienanalysten beschränkt. Wirtschaftswissenschaftler [58] haben die Erniedrigung unlängst auf eine neue Stufe gehoben, als sie aufzeigten, dass Prognosen des Ölpreises durch die US-amerikanische Energy Information Agency nicht genauer waren als die schlichte Annahme, der heutige Ölpreis sei derselbe wie der in einem Jahr. Eine professionell durchgeführte Prognose hätte demnach dieselbe Treffergenauigkeit wie eine willkürlich durchgeführte Prognose. Mit anderen Worten: Eine Prognose ist so gut wie keine Prognose.

Unwahrscheinliche Ereignisse treten zu jeder Zeit auf. Investoren, die auf den ersten Blick logisch richtige Entscheidungen getroffen haben, verlieren Geld, während andere aus purem Zufall unvorhergesehene Gewinne verbuchen. Auf nichts trifft man an der Börse häufiger als auf Investoren, die aus dem falschen Grund recht hatten und umgekehrt. Mit Ausnahme vielleicht von Analysten [59], die nach Gründen suchen, warum ihre Prognosen nicht eingetreten sind. Die späteren Erklärungen reichen

---

[58] Vgl. Acquits R.; Kilian L.; Vigfusson R. (2011).
[59] Ich kann das bestätigen, da ich seit Anfang der 1990er-Jahren diesen Beruf ausübe.

von „Wenn nur nicht …" über „Etwas Unvorhergesehenes ist eingetreten, deshalb …" bis hin zu „Obwohl das erwartete Ergebnis nicht eingetreten ist, ist es doch beinahe eingetreten, und deshalb war meine Vorhersage korrekt."[60] Gerade Tabellenkalkulationsprogramme wie Microsoft Excel sind für eine Prognose hilfreich, ja sogar notwendig, doch haben sie auch gravierende Nachteile: Das unzählige Datenmaterial, von dem ein Teil sicherlich sinnvoll ist, wirkt zum größten Teil bestenfalls ablenkend, auch als Bleib-bis-Mitternacht-wach-Syndrom bekannt. Dabei sind es die Fähigkeiten des Bewerters, die gefragt sind. Sie ermöglichen es ihm, die richtigen Daten auszuwählen, die entscheidenden Muster zu erkennen und die zutreffenden Schlussfolgerungen zu ziehen.

Der bekannte Wirtschaftswissenschaftler John Kenneth Galbraith unterschied zwei Typen von Prognoseforschern: diejenigen, die nichts wissen – und diejenigen, die nicht wissen, dass sie nichts wissen. Ungeachtet dessen benimmt sich die gesamte Kapitalmarktzunft so, als ob sie die Zukunft vorhersagen könnte. Dies kann nur zwei Gründe haben: Entweder glaubt sie, dass sie es tatsächlich kann, oder sie tut lediglich so, als ob sie es könnte. In beiden Fällen wird es früher oder später gefährlich. Treffend sagte auch Mark Twain: „Nicht das, was du nicht weißt, bringt dich in Schwierigkeiten, sondern das, von dem du sicher glaubst, es zu wissen."

Wenn uns also von allen Seiten gesagt wird, dass die Zukunft nicht vorhersehbar ist, sollten wir dann davon Abstand nehmen, es zu versuchen?

Behilflich hierbei ist die sogenannte „Loser's game"-Strategie, auf Deutsch die Verliererspiel-Strategie.[61] Um sie zu verstehen, sollten wir zunächst einen Blick auf die „Winner's game"-Strategie werfen. Im professionellen Tennis gewinnt ein Spieler das Match, wenn er die Bälle so riskant in die Ecken setzt, dass der Gegner diese irgendwann nicht mehr

[60] Vgl. hierzu das (wie alle Bücher von ihm) höchst vergnügliche Buch von James Montier: Montier J. (2010): S. 63.
[61] Der Begriff wurde von Simon Ramo bereits in den 1970er-Jahren geprägt; vgl.: Ramo S. (1977).

erreicht. Im professionellen Tennis wird ein Match über Siegerschläge gewonnen, über unerreichbare, aber zugleich riskante Schläge. Im Amateurtennis ist diese Strategie wenig hilfreich, einfach weil es uns nicht so professionell Geübten an der Fähigkeit mangelt, den Ball mit ausreichender Wahrscheinlichkeit in die Ecke zu setzen. Viel wahrscheinlicher ist es, dass unser Ball im Aus landet. Wenn ein Freizeitspieler ein Tennismatch gewinnen will, muss er den Ball im Spiel halten und abwarten, dass der Gegner den Ball versehentlich ins Aus spielt. Dies ist die Verliererspiel-Strategie: Derjenige verliert das Match, der einen Fehler begeht.

Die Verliererspiel-Strategie angewendet auf die Börse heißt, dass eine Prognose widerspruchsfrei sein muss. Wenn Sie der Meinung sind, der Ölpreis werde im kommenden Jahr steigen (nicht dass ich glauben würde, es wäre möglich, den Ölpreis vorherzusagen), dann wäre es inkonsistent, für ein Öl einkaufendes Unternehmen steigende Rohertragsmargen vorherzusagen. Wenn ein Lohnabschluss bevorsteht, ist es sinnvoll, eine steigende Personalaufwandsquote zu prognostizieren. Wenn die Zinsen steigen, sind höhere Zinsaufwendungen die Folge.

Die zweite Anforderung an eine Prognose ist, dass sie alle derzeit bekannten Informationen widerspiegeln sollte. Es ist nicht zu viel verlangt, vor dem Kauf einer Aktie die auf der Unternehmenswebsite zur Verfügung stehenden Informationen zu lesen und gegebenenfalls in die Prognose einfließen zu lassen.

Die dritte Anforderung an eine Prognose ist, dass sie alles (in etwa so) beibehält, wie es ist: Das heißt, dass sich Wachstumsraten, Aufwands- und Ertragsquoten in der Zukunft nicht deutlich von den bisherigen unterscheiden sollten. Eine leichte Verbesserung der Ertragsquoten ist akzeptabel, eine deutliche sehr selten. Unternehmen bewegen sich weitaus stärker in engen Trendkanälen, als von vielen angenommen wird.

Daraus ergibt sich die vierte und zugleich wichtigste Anforderung: Keinesfalls sollten Sie Ihre Kaufentscheidung davon abhängig machen, dass Sie eine bestimmte Veränderung prognostizieren. Anders ausgedrückt: Es ist ein Kinderspiel, eine Aktie zum Kauf zu empfehlen, weil

Sie vorhersagen, das Unternehmen werde im kommenden Jahr (Zutreffendes bitte ankreuzen, Mehrfachnennungen sind ausdrücklich zulässig):

▶ seine Margen dramatisch ausweiten
▶ eine bahnbrechende Erfindung machen und als Patent anmelden
▶ einen Wettbewerber erfolgreich übernehmen
▶ ein noch unbekanntes Krebsmedikament zulassen
▶ eine Goldader unter seinem Firmensitz entdecken.

Eine Unterbewertung auf der Basis derartiger Erwartungen auszumachen ist trivial. Jede Aktie, für die eines dieser Ereignisse zutrifft, ist notwendigerweise massiv unterbewertet. Derartige Aktienempfehlungen abgeben kann jeder. Die Frage ist, ob man seriös vorhersehen kann, dass eines dieser Ereignisse eintreten wird. Ich glaube das nicht. Viel schwieriger ist es dagegen, eine Aktie zu finden, die bereits auf Basis des heute Bekannten unterbewertet ist. Die unterbewertet ist, obwohl sich die Ertragslage des Unternehmens nicht dramatisch zum Positiven verändert. Die unterbewertet ist, ohne dass die Erlöse massiv ansteigen. Die unterbewertet ist, ohne dass irgendeine andere Überraschung eintritt.

Beschränken Sie sich bei Ihrer Prognose auf Dinge, die Sie beherrschen. Folgen Sie dem Motto: Wenn wir schon nicht in der Lage sind, zu wissen, was die Zukunft bringt, sollten wir wenigstens in der Lage sein, zu wissen, wo wir uns gerade befinden. Denn eine überlegene Performance an der Börse wird nicht dadurch erreicht, hochwertige Aktien ausfindig zu machen und sie zu kaufen, sondern dadurch, Aktien – unabhängig von deren Qualität – zu einem Preis zu kaufen, der unter ihrem Wert liegt. Daher ist es wichtig, den Unterschied zwischen „gute Aktien kaufen" und „Aktien gut kaufen" zu verinnerlichen. Denn wenn es deutlich weniger Anleger gibt, die die Zukunft richtig vorhersagen können, als Anleger, die an der Börse erfolgreich sind, dann ist die Fähigkeit, die Zukunft zu prognostizieren, offenbar nicht Ursache für ein erfolgreiches Investment.

57. Wie Sie von der goldenen Regel der Ertragsprognose profitieren und lernen, Gewinneraktien von Verliereraktien zu unterscheiden

„Wenn das Unmögliche beseitigt wurde, muss alles, was noch so unwahrscheinlich ist, die Wahrheit sein."

– SHERLOCK HOLMES

Die Antwort, die der Karatelehrer Mr. Miyagi in dem Film „Karate Kid" seinem Schüler gibt, nachdem dieser ihm seine Bedenken äußert, nicht genügend von Karate zu verstehen, um in dem bevorstehenden Wettkampf erfolgreich zu sein, ist ganz einfach: „Daniel-San, vertraue der Qualität deines Wissens, nicht seiner Quantität."[62] Daniel-San muss nicht alles wissen, um seine Antagonisten Johnny und Cobra Kai zu schlagen. Er muss nur die richtigen Dinge wissen und diese wirklich gut.

---

[62] Karate Kid, Columbia Pictures, 1984.

Welches sind die richtigen Faktoren, um unterbewertete Aktien zu erkennen? Wie schwierig bis unmöglich es ist, die Zukunft vorherzusagen, wurde bereits ausführlich beschrieben. Dies gilt vor allem, wenn es darum geht, Veränderungen vorherzusagen. Wesentlich einfacher ist es, vorherzusagen, dass alles so bleibt, wie es ist. Beispielsweise ist die Vorhersage, dass das morgige Wetter so ist wie das heutige, nur unwesentlich ungenauer als die Wettervorhersagen diplomierter Meteorologen.

„Prognosen sind schwierig, besonders wenn sie die Zukunft betreffen." Gegen diesen nicht ganz ernst gemeinten Grundsatz von Mark Twain wird an der Börse täglich verstoßen, vor allem dann, wenn selbst ernannte Aktiengurus versuchen, Ihnen weiszumachen, dass sie eine präzise Vorstellung über die bevorstehenden Quartalzahlen eines bestimmten Unternehmens haben und dass Sie, um davon zu profitieren, im Vorfeld der Zahlen einfach nur die entsprechende Aktie kaufen müssten. Oder wenn grundlegende Veränderungen vorhergesagt werden, die dazu führen werden, dass ein bestimmtes Wertpapier unterbewertet war. Treten die vorhergesagten Veränderungen nicht ein, bleibt die Aktie – wie auch vorher schon – überbewertet.

Erinnern Sie sich noch an das Brexit-Referendum? Wie viele Meinungsforscher zeigten sich vor dem Votum zuversichtlich, den Ausgang mit hoher Wahrscheinlichkeit richtig vorherzusagen? Doch eine 99-prozentige Wahrscheinlichkeit ist eben keine 100-prozentige. An der Börse gilt: Wenn die Begründung, eine Aktie zu kaufen, nur vom Eintritt eines bestimmten Ereignisses abhängt, dann ist dieser Kauf in der Regel keine besonders sinnvolle Strategie. Tritt die vorhergesagte Veränderung nämlich nicht ein, bleibt die Aktie auf Dauer überwertet. Wer will solch eine Aktie in seinem Depot haben?

Viel seltener sind Unternehmen, die unterbewertet sind, wenn alles so weiterläuft wie bisher – Unternehmen, bei denen wir davon ausgehen, dass sie ihre Produkte, die sie seit 20 oder 100 Jahren erfolgreich am Markt verkaufen, auch in den kommenden 20 oder 100 Jahren erfolgreich verkaufen werden. Diese Unternehmen gilt es ausfindig zu machen.[63] Denn langfristige Trends lassen sich in der Tat besser prognostizieren als kurzfristige. Doch wie sollte man sich als Aktionär positionieren? Gibt es Unternehmen, deren langfristige Trends man besser prognostizieren kann als bei anderen?

Es gibt sie. Eine der Regeln, die sich an der Börse meist bewahrheitet hat, lautet: Die Gewinner von gestern sind auch die Gewinner von morgen und die Verlierer von gestern sind auch die Verlierer von morgen. Diese „Goldene Regel der Ertragsprognose" besagt, dass – sofern keine triftigen Gründe oder dramatischen Ereignisse und Umwälzungen dagegenstehen – die Gewinnentwicklung von Unternehmen in engen Bahnen verläuft. Anders als etwa im Sport sind die Trends im Wirtschaftsleben sehr viel langfristiger. Überraschungssieger gibt es kaum und wenn, dann sind sie noch schwieriger vorherzusagen als Pokalpleiten von Bundesligisten gegen Amateurvereine. Unternehmen mit einer guten Marktstellung und einem Bestseller im Produktportefeuille, mit einem visionären Top-Management und umgeben von hohen Markteintrittsbarrieren profitieren von diesen Vorteilen in der Regel nicht nur über eine Periode, sondern über viele. Dies sind die „Gewinneraktien".

Am anderen Ende des Spektrums kämpfen die ewigen Restrukturierer und Dauersanierer; Unternehmen, die gefühlt jedes zweite Quartal eine unvorhergesehene Sonderposition in ihrer Ertragsrechnung verbuchen, die dafür verantwortlich ist, dass das angestrebte Jahresziel nicht erreicht wurde. Dies sind die „Verliereraktien".

---

[63] Ungeachtet dessen kann es auch hier Trendwechsel geben, weil a) ein Wettbewerber ein Patent anmeldet, b) ein Produkt plötzlich nicht mehr nachgefragt wird oder c) ein Wettbewerber einen Erfolg versprechenden M&A-Deal abschließt.

58. Warum Sie nicht zu komplex denken sollten

„Eine Theorie sollte so einfach wie möglich gemacht werden, jedoch nicht einfacher." – ALBERT EINSTEIN

Die Auswahl der richtigen Aktien muss nicht kompliziert sein. Meist liegt die richtige Antwort auf der Hand, trotzdem wird die Entscheidung oft hinausgezögert. Dabei gibt es eine Regel, die Ihnen die Aktienauswahl dramatisch erleichtern kann. Sie nennt sich Ockhams Rasiermesser und ist im angelsächsischen Raum als Occam's Razor ungleich populärer als hierzulande. Das nach Wilhelm von Ockham (1288–1347), einem mittelalterlichen Philosophen, Theologen und kirchenpolitischen Schriftsteller, benannte Sparsamkeitsprinzip besagt, dass von mehreren möglichen Erklärungen für ein und denselben Sachverhalt die einfachste Theorie allen anderen vorzuziehen ist. Überflüssige Erklärungen sollen gleichsam mit einem Messer wegrasiert werden.

Unter Kirchenhistorikern ist heute umstritten, ob Wilhelm von Ockham die ihm zugeschriebenen Worte tatsächlich so gesagt hat. Doch darum geht es hier nicht. Das, was die Worte ausdrücken, hat der Philosoph Ludwig Wittgenstein (1889-1951) einmal so formuliert: „Suche das einfachste Gesetz, das mit den Fakten harmoniert." Dabei bedeutet „einfach" nicht, dass die Theorie einfach ist, sondern dass ihr die wenigsten unbeweisbaren Annahmen zugrunde liegen. Eine Theorie ist einfach, wenn sie möglichst wenige Variablen und Hypothesen enthält und wenn diese in einem klaren Bezug zueinander stehen, sodass der zu erklärende Sachverhalt logisch folgt. Das heißt, dass eine Theorie mit wenigen und einfachen Annahmen leichter falsifizierbar ist als Theorien mit vielen und komplizierten Annahmen.

Wenn sich die Ertragslage eines Unternehmens deutlich verschlechtert, ist die einfachste Erklärung, dass dieses Unternehmen ein neues Produkt anbietet, das den Produkten anderer Anbieter unterlegen ist. Es könnte aber auch ein Virus in den Hauptcomputer der Buchhaltungsabteilung eingedrungen sein, der dem Finanzvorstand den Misserfolg nur vorspiegelt. Diese Annahme setzt jedoch verschiedene andere Annahmen voraus, etwa die eines totalitären Geheimdienstes eines fernen Schurkenstaates, der es auf das betrachtete Unternehmen abgesehen hat, um diesem zu schaden mit dem Ziel, die Produkte des eigenen Landes am Markt zu platzieren. Die erste Erklärung ist ungleich einfacher und im Sinne Ockhams naheliegend, kompliziertere Erklärungsversuche wie der zweite werden mit dem Rasiermesser weggeschnitten.

Gleiches gilt für fallende Aktienkurse. Eine naheliegende Erklärung für fallende Aktienkurse sind Ertragsprobleme. Weniger wahrscheinlich sind die in Aktien-Boards kolportierten Verschwörungstheorien, nach denen der Aktienkurs fällt, weil (Zutreffendes bitte ankreuzen):

▶ ein Aktienfonds aufgelöst wird und deshalb Aktien bestens über die Börse verkauft werden
▶ ein Aktienfonds Steuern bezahlen muss, für die er keine Rückstellungen gebildet hat
▶ der Fondsmanager gewechselt hat und sein Nachfolger bei null anfangen will und deshalb alle Aktienbestände verkauft
▶ in China ein Fahrrad umgefallen ist.

Ockhams Rasiermesser hilft nicht dabei, Beweise zu finden, aber es hilft bei der Auswahl der richtigen Erklärungsversuche, zumindest so lange, wie keine schlagkräftigeren anderen Argumente vorliegen. Ockhams Rasiermesser dient zur schnellen Orientierung und liefert zumeist auch die richtige Antwort. Was will man mehr? Und wenn Ihnen ein Berater ein Investment mit einer Renditechance von 80 Prozent anbietet, dann sollten Sie misstrauisch sein, ob dies nicht eine riskante Anlage ist. Denn dies ist für gewöhnlich die naheliegende Erklärung für Renditechancen dieser Größenordnung.

59. Weshalb Ihnen die Gründe für den Kauf einer Aktie klar sein müssen (und warum einfacher meist besser ist)

„Eine Lehre aus 2008 ist, dass, wenn etwas sehr kompliziert ist und man es nicht versteht, man es vielleicht nicht kaufen sollte."

– HARRY MARKOWITZ

Das A und O der Aktienauswahl ist es, das Unternehmen verstanden zu haben. Sie werden es kaum glauben, aber oft, wenn mir eine Investment-Idee vorgestellt wird, höre ich auf meine Frage, was das

Unternehmen denn so „mache", die Antwort: „Ist das denn wichtig?"
Ja, ist es!

Zu den Grundregeln des Anlegens zählt, dass Sie verstanden haben müssen, warum Sie eine bestimmte Aktie kaufen. Angenommen, Sie läsen in der Zeitung, dass ein Londoner Hedgefonds-Manager in großem Stil Kakaobohnen aufkaufe, nicht nur die Bohnen selbst, sondern auch Kontrakte auf Kakao. Der Grund dafür ist Ihnen unklar. Vielleicht fürchtet der Fondsmanager eine globale Rezession und sieht in Kakao einen guten Hedge (weil doch Schokolade Glückshormone freisetzt). Vielleicht glaubt er, dass die aktuelle Kakaoernte von einem Schädling bedroht wird? Vielleicht hat er selbst diesen Schädling in seinem Labor entwickelt und auf den Kakaoplantagen Südamerikas freigesetzt? Vielleicht ist er auch einfach nur ein besserwisserischer Psychopath. Sollen Sie deshalb Ihre Ersparnisse ebenfalls auf Kakaohersteller setzen? Besser nicht. Besser, Sie essen die Schokolade selbst auf.

Während Schokoladenherstellung noch ein überschaubares Geschäftsmodell ist, gilt es zum Beispiel bei Technologieunternehmen viel Vorarbeiten zu leisten, um herauszufinden, was die Unternehmen eigentlich herstellen. Mein mangelndes Verständnis des Geschäftsmodells ist der Grund, weshalb ich von Technologiewerten häufig Abstand nehme. Dabei liebe ich Technologie-Gimmicks. Wenn ich mich auch nicht unbedingt in die Schlange vor dem Apple Store einreihe, um am ersten Tag die neueste iPhone-Generation zu kaufen (wenngleich es schon vorgekommen ist und eine durchaus empfehlenswerte, weil menschenverbindende Erfahrung ist), erfreut es mich doch, up to date zu sein, was neue Technologie-Produkte angeht. Doch aus meiner Begeisterung für eine Anwendung zu schließen, welches Unternehmen sich langfristig durchsetzen wird … das kann ich nicht. Wird Apple in fünf Jahren noch dieselbe Faszination auf die Kunden ausüben? Werden wir in zehn Jahren alles, wirklich alles bei Amazon kaufen? Fahren wir in 20 Jahren alle Tesla? Bezahlen wir in 30 Jahren unsere Einkäufe mit Bitcoin? Die Gewinner eines Trends vorherzusagen ist unmöglich. Gründen Sie Ihre Anlageentscheidung nicht darauf, dass Ihnen dies gelungen sein soll.

60. Warum Nebenwerte eine bessere Performance versprechen

„Wenn Sie einem Anleger die Nachrichten der nächsten Tage 24 Stunden im Voraus geben würden, würde er in weniger als einem Jahr pleitegehen."

– NASSIM TALEB

Es war 1973, als Burton Malkiel, Professor an der renommierten Princeton University, in seinem Bestseller „A Random Walk Down Wall Street" behauptete, ein Affe, der Dartpfeile auf den Kursteil einer Tageszeitung werfe, könne ein Portfolio zusammenstellen, das eine bessere Entwicklung als ein von professionellen Fondsmanagern gemanagtes Depot aufweisen würde.

Ehe Sie in die nächstgelegene Tierhandlung laufen und einen Dartpfeile werfenden Affen bestellen, lesen Sie zuerst meine Erklärung für dieses Phänomen. Jedes von einem Affen zusammengestellte Portefeuille aus einer begrenzten Anzahl von Wertpapieren, die vorher zufällig aus dem Börsenteil einer Zeitung ausgewählt wurden, muss notwendigerweise überwiegend kleinere Unternehmen enthalten. Fondsmanager hingegen fokussieren sich im Regelfall auf die gemessen an ihrem Börsenwert

(Marktkapitalisierung) größten Titel der Aktienindizes, die Large Caps. Nur mit den Schwergewichten der Indizes können sie ihr Fondsvermögen ohne Verletzung der Anlagekriterien investieren. Sie werden als Standardwerte, Large Caps oder Blue Chips bezeichnet. Die Bezeichnung Blue Chips rührt von den blauen Jetons (Chips) bei Pokerspielen her, die in den Casinos in der Regel den höchsten Wert haben. Cap ist dabei die Abkürzung für die englische Kurzschreibweise von (Markt-)Kapitalisierung. Aktien von Unternehmen mittleren Börsenwerts werden als Mid Caps bezeichnet, Aktien von Unternehmen mit geringer Marktkapitalisierung als Small, Micro und Nano Caps.

Vielfach werden mit Blue Chips nicht nur die größten, sondern auch die vermeintlich solidesten Unternehmen umschrieben. Häufig stimmt das auch, weil große Unternehmen regelmäßig in vielen Ländern mit unterschiedlichen Produkten vertreten sind. Schwächen einzelner Produkte in einem Land können durch Stärken anderer Produkte in anderen Ländern ausgeglichen werden. Immer gilt dies jedoch nicht. Ein DAX-Wert wie ProSiebenSat.1 Media ist zu etwa 90 Prozent von Werbeeinnahmen in hauptsächlich einem Land, nämlich Deutschland, abhängig. Grundsätzlich jedoch sind Kleinstunternehmen im statistischen Durchschnitt weniger bekannt, meist nicht global tätig, sondern nur in wenigen Regionen, haben ein enges Produktspektrum und sind möglicherweise nicht gut kapitalisiert. All das macht sie riskanter als größere Unternehmen und entsprechend weisen sie eine sogenannte Small-Cap-Prämie auf. Die Prämie entspricht der zusätzlichen Rendite, die ein Anleger für ein Engagement in die riskanteren Unternehmensgrößen fordert. Die Performance eines auf den Kursteil einer Zeitung Dartpfeile werfenden Affen führt zu einer Übergewichtung von Kleinstwerten, die statistisch eine bessere Performance erzielen als die stabilen Blue Chips. Quod erat demonstrandum.

Trotz dieser Outperformance werden Nebenwerte von den Finanzanalysten der großen Kreditinstitute links liegen gelassen. Der Grund dafür liegt in der geschäftspolitischen Unterteilung der Banken: Die

Kredit- und Privatkundenabteilungen, die mit Unternehmen und deren Management sehr gute und zum Teil sehr lange Geschäftsbeziehungen unterhalten, sind organisatorisch von den Kapitalmarktabteilungen, zu denen auch die Aktienanalyse zählt, getrennt. Gleichzeitig lässt sich aus Sicht der Handels- und Beratungsabteilungen der Banken nur mit den Schwergewichten aus DAX und MDAX ausreichend Ertrag generieren, Small Caps gelten als Zuschussgeschäft, das von den wenigsten Banken betrieben wird. Trotzdem gibt es gerade unter den mittelgroßen Nebenwerten Unternehmen mit jahrzehntelanger Marktpräsenz, herausragender Marktstellung und überdurchschnittlichen Profitabilitätskennziffern – die aufgrund ihrer Vernachlässigung durch den Kapitalmarkt deutlich unterbewertet sind.

Für Anleger ergibt sich daraus eine hervorragende Chance: Wenn DAX-Konzerne wie Allianz, Daimler oder Siemens eine Pressemeldung veröffentlichen, wird diese innerhalb von Sekunden von Dutzenden Finanzanalysten und Heerscharen von Investoren analysiert und bewertet. Die Einschätzungen lassen sich unmittelbar an den jeweiligen Aktienkursen ablesen: Diese werden sich binnen Sekunden, manchmal sogar nur Bruchteilen von Sekunden, auf ein neues, nun angemessenes Niveau einpendeln. Von der Kursreaktion kann folglich nur profitieren, wem die Informationen vor der Veröffentlichung zur Verfügung standen und wer sich entsprechend positioniert hatte. Da ein derartiger Informationsvorsprung nur durch einen entweder überdurchschnittlichen oder glücklichen Analyseerfolg oder durch strafbare Insiderhandlungen erreicht werden kann, wundert es nicht, dass die meisten DAX-Fondsmanager langfristig keine bessere Kursperformance erzielen als der DAX. Weil die beteiligten Finanzmarktprofis ihren Job so gut machen, sind Large Caps, wie es der spätere Nobelpreisträger Eugene Fama schon 1970 formulierte, zu jedem Zeitpunkt „stark informationseffizient".

Aktives Investieren, das auf der Auswahl von Einzeltiteln basiert, kann daher nur funktionieren, wenn die Konsensus-Meinung anderer (ebenfalls professioneller Anleger) fehlerhaft ist. Natürlich kommt dieses

Szenario gelegentlich vor. Angesichts der hohen Transparenz und Professionalität des Kapitalmarktgeschäfts ist es jedoch selten, dass ein einzelner Fondsmanager die Möglichkeit und den Mut hat, sich gegen die Mehrheit seiner Berufskollegen zu stellen – und dabei auch noch recht behält. Wenn dagegen Nebenwerte eine Pressemeldung abgeben, kann es mitunter Tage dauern, bis diese Information vollständig im Aktienkurs eingepreist ist. Die Folge ist, dass Nebenwerte viel stärker fehlbewertet sein können als die Aktien internationaler Großkonzerne. Also können Sie als Anleger mit den richtigen Nebenwerten deutlich höhere Renditen erwirtschaften als mit den Large Caps aus DAX oder Dow Jones.

61. Wie Sie von Burggräben profitieren

„An der Börse suche ich nach ökonomischen Burgen, die von unzerstörbaren ‚Burggräben' umgeben sind."

– WARREN BUFFETT

Wenn Nebenwerte eine bessere Kursentwicklung versprechen als Standardwerte, stellt sich natürlich die Frage, wie die richtigen Unternehmen zu finden sind. Diese Frage stellt sich seit Jahrzehnten auch Warren Buffett. Er sucht nach den Kriterien, die bessere Unternehmen beschreiben – und er hat die Antwort gefunden. Seiner Meinung nach sind diejenigen Unternehmen attraktiv, die einen dauerhaften Wettbewerbsvorteil aufweisen. Buffett vergleicht diesen Wettbewerbsvorteil mit einem (ökonomischen) Burggraben (englisch „moat"), in dem Piranhas und Krokodile schwimmen. Überlegene Unternehmen werden von diesen Burggräben geschützt, da sie von möglichen Wettbewerbern nur schwer überwunden werden können. Je tiefer ein Burggraben, desto dauerhafter gelingt es einem Unternehmen, die Wettbewerber in Schach zu halten, und desto langfristiger kann es überdurchschnittliche Renditen erzielen.

Abbildung 35 **Auswirkung des Burggrabens auf die Rentabilität von Unternehmen**

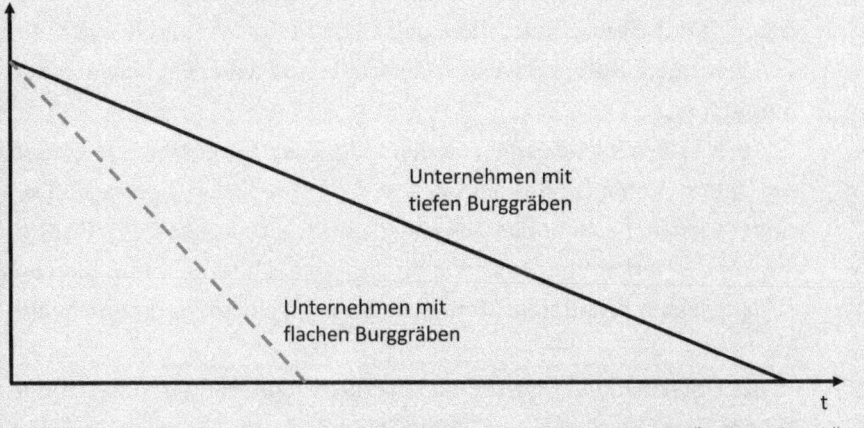

Quelle: Eigene Darstellung

In der obenstehenden Abbildung 35 sehen Sie die Renditen auf das eingesetzte Kapital zweier Unternehmen. Unternehmen mit Burggräben gelingt es über einen längeren Zeitraum, auskömmliche Kapitalrenditen zu erzielen als Vergleichsunternehmen ohne Burggräben, weil es Ersteren besser gelingt, sich vor den Auswirkungen eines intensiven Wettbewerbs abzukoppeln. Die Fläche unter den Geraden entspricht dem ökonomischen Wert, den beide Unternehmen im Zeitablauf generieren. Unmittelbar zu erkennen ist, dass das von einem von Burggraben geschützte Unternehmen deutlich höhere Unternehmenswerte erzielt als das Unternehmen ohne Burggraben.

Von einem Burggraben nachhaltig geschützt zu sein ist im Zeitalter der Digitalisierung wichtiger denn je. Selbst vermeintlich etablierte Plattformen können schnell vom Markt verdrängt werden, Anwendungen können in die Cloud verlagert oder von Smartphone-Lösungen abgelöst werden. In einer Zeit, in der Disruption das vorherrschende Schlagwort ist, müssen Burggräben tiefer sein als früher.

Kann ein Unternehmen seine Produkte zu geringeren Kosten herstellen oder einkaufen als seine Wettbewerber, hat es Kostenvorteile. Es kann dann beim Verkauf seiner Produkte einen höheren Gewinn erzielen als andere Wettbewerber oder diese preislich unterbieten und Kunden für sich gewinnen. Kompetitive Kostenvorteile sind daher ein bedeutender Burggraben.

Auch Skaleneffekte zählen zu den möglichen Burggräben: Je größer ein Unternehmen ist, desto größer ist die betriebliche „Leverage". Darunter verstehen Ökonomen die Fähigkeit eines Unternehmens, Fixkosten auf die verkauften Produkte zu verteilen. Unternehmen, die von Skaleneffekten profitieren, können andere von einem Markteintritt abhalten.

Bei Unternehmen, die von Netzwerkeffekten profitieren, steigt der Nutzen, den ein Kunde aus einem Produkt ziehen kann an, je mehr Menschen dieses Produkt nutzen. In diesem Fall leistet jeder neue Kunde für alle anderen einen positiven Beitrag. Nachrichtendienste wie WhatsApp, soziale Netzwerke wie Facebook oder Betriebssysteme wie Apples iOS sind hierfür gute Beispiele: Je mehr Kunden iOS nutzen, desto mehr Apps werden dafür geschrieben und desto höher ist die Attraktivität des Gesamtsystems.

Auch hohe Wechselkosten können einen unüberwindlichen Burggraben bilden. Die meisten von uns haben die Vermutung, dass ihr

Mobilfunkanbieter nicht der für sie günstigste oder ihre Bank nicht die beste ist. Dennoch ist es uns so unangenehm, den Anbieter zu wechseln, dass die meisten von uns nicht gar nicht erst darüber nachdenken. Anderen Unternehmen gelingt es durch Vernetzung ihrer Produkte mit denen anderer Anbieter, ein „Ökosystem" zu schaffen, aus dem die Kunden nicht ausbrechen können („Netzwerkeeffekte"). Schließlich stellen auch regulatorische Vorgaben, insbesondere Patente und Lizenzen, bedeutende Burggräben dar. Durch sie werden Wettbewerber sogar vollständig hinausgedrängt, da nur jeweils ein Unternehmen Patent- oder Lizenzinhaber sein kann.

Kein Burggraben hingegen ist, obwohl von verschiedener Seite behauptet, die Bekanntheit einer Marke: Marken werden nur dann zu Burggräben, wenn sie es dem Unternehmen ermöglichen, höhere Preise, bessere Konditionen oder andere langfristige Vorteile im Wettbewerb zu erzielen. Nur die wenigsten von uns würden allerdings im intensiven Wettbewerb des internationalen Flugverkehrs einen höheren Preis für ein Flugticket bezahlen, nur weil es von der Lufthansa ausgestellt wurde.

Auch eine Mode stellt keinen Burggraben dar, was für viele im Modebereich tätige Unternehmen nur schwer hinnehmbar ist. Gerade Modeführer halten ihre Marktstellung für unantastbar, nachdem sie einen Modetrend ausgemacht haben und ihre Artikel mit besonders hohen Margen verkaufen. Doch es liegt in der Natur der Sache, dass Unternehmen nicht dauerhaft modische Akzente setzen können. Noch nicht einmal das Management stellt einen Burggraben im engeren Sinne dar: Natürlich kann ein visionärer Vorstandsvorsitzender einen Burggraben konstituieren, verlässt er jedoch das Unternehmen, wird damit auch der Burggraben „zugeschüttet".

62. Was es mit Marktführern auf sich hat

„Courage ist gut, aber Ausdauer ist besser."

– THEODOR FONTANE

Bemerkenswerterweise fällt uns die Zukunftsvorhersage auch bei denjenigen Unternehmen leichter, die in ihrer Nische eine marktführende Stellung innehaben. Meist sind diese Unternehmen schon seit einiger Zeit Marktführer und es ist keine Entwicklung absehbar, die an diesem Zustand etwas ändern könnte. Schließlich hält die Nummer 1 ihre Marktstellung nicht zufällig, sondern in der Regel zu Recht: Der Marktführer hat die besseren Produkte, das bessere Management, die überlegene Fertigungstechnologie oder eine visionäre Forschungsabteilung. Oder er kann seine Produkte günstiger anbieten als die Konkurrenten. Alles läuft auf dasselbe hinaus: Das Unternehmen besitzt die Macht, Preise festzusetzen.

Wenn man also eine attraktive Nische ausgemacht und in dieser den Marktführer identifiziert hat, ist die Umsatz- und Ertragsprognose einfacher, als wenn man sich auch noch Gedanken über die Wettbewerbsintensität oder die wahrscheinliche Entwicklung der Marktanteile machen muss. Für Sie als Aktionär reduziert sich dadurch das Risiko ganz erheblich. Denn nichts ist schmerzhafter, als auf den falschen Trend zu setzen. Allerdings gibt es selbst hier Gegenbeispiele, insbesondere durch sogenannte disruptive Technologien, also Innovationen, die selbst den Erfolg etablierter Technologien und Produkte infrage stellen und aus dem Markt verdrängen können. Bestes Beispiel ist Nokia: Noch 2007 kam weltweit jedes zweite Handy von dem finnischen Mobilfunkunternehmen. Dann kam das Smartphone und heute liegt der Marktanteil von Nokia unter ferner liefen. In der Regel aber gilt für den Marktführer für einen langen Zeitraum: Selbst wenn Sie Milliarden Euro in Werbung investieren würden, würde es Ihnen nicht gelingen, eine Alternative zu Coca-Cola aufzubauen.

Im Umkehrschluss ist es ungleich schwieriger, Wachstumsunternehmen zu bewerten, insbesondere solange sie sich in der Frühphase ihres Lebenszyklus befinden. Diese Unternehmen müssen einen Großteil ihrer Bewertung mit dem visionären Talent ihrer Firmengründer rechtfertigen. Um – wie beabsichtigt – zu wachsen, benötigen sie neue, idealerweise ebenso talentierte Mitarbeiter. Diese müssen sie aus demselben Pool wie alle anderen Unternehmen rekrutieren. Manchen Unternehmen fällt dies leichter als anderen, doch dies vorherzusagen ist kaum möglich. Ein Burggraben, den talentierte Menschen allein durch ihre Vision und Schöpferkraft gegraben haben, reicht auf Dauer nicht aus. Immer wird ein neuer, attraktiverer Arbeitgeber um die Ecke kommen und Schlüsselmitarbeiter abwerben.

63. Weshalb ein bisschen besser sein nicht ausreicht

„Es ist schwierig, systematisch besser zu sein als der Markt. Es ist jedoch nicht besonders schwierig, durch Kosten und Gebühren systematisch Geld in ein Rattenloch zu werfen."

– MICHAEL C. JENSEN
(HARVARD UNIVERSITY)

In der US-amerikanischen Filmkomödie „Verrückt nach Mary" aus dem Jahr 1998 entspinnt sich folgender Dialog, nachdem die männliche Hauptfigur Ted Stroehmann (gespielt von Ben Stiller) einen Anhalter mitgenommen hat und dieser Ted von seiner neuesten Geschäftsidee erzählt.

Anhalter: „Hast du schon mal von der 8-Minuten-Übung gehört?"

Ted Stroehmann: „Ja klar, diese Bauchmuskelübung, dieses Gymnastik-Video."

Anhalter: „Die können ihre Videos einstampfen lassen. Hör dir das an: Die. Sieben. Minuten. Übung. Denk doch mal: Du gehst in die Videothek und siehst das 8-Minuten-Video im Regal. Das 7-Minuten-Video liegt direkt daneben. Welches von den beiden nimmst du wohl, Mann?"

Kaufenswerte Aktien zu entdecken heißt Alleinstellungsmerkmale zu finden. Kein Alleinstellungsmerkmal (englisch Unique Selling Proposition, kurz USP) ist es, um eine Minute schneller zu sein. Der Wert, den ein Produkt oder eine Dienstleistung dem Kunden bietet und der von keinem Konkurrenzangebot in ähnlicher Weise erbracht wird, ist hingegen eines. Ein USP ist das Einzige, das Führende, das Billigste oder das Lauteste, was auf dem Markt zu haben ist.

Jedes Unternehmen sollte ein Alleinstellungsmerkmal haben, durch das es sich von anderen Unternehmen abhebt. Aus einer USP lässt sich die (langfristige) Existenzberechtigung eines Unternehmens ableiten. Neben der Einzigartigkeit muss die USP für den Konsumenten mit einem signifikanten Vorteil verbunden sein. Auch wenn ein Unternehmen einen Handschuh mit einem 70-prozentigen Hanfanteil auf den Markt bringt, ist das keine USP, sondern lediglich Marketing mit überschaubarem Konsumentennutzen.

64. Warum Sie eine Sicherheits- marge ein- planen sollten

„Das Geheimnis der Geldanlage ist, den Wert eines Assets zu bestimmen – und dann deutlich weniger dafür zu bezahlen."
– JOEL GREENBLATT

Unter der Sicherheitsmarge – ein Begriff, der von Benjamin Graham erfunden wurde und die drei wichtigsten Wörter seines Buches „The Intelligent Investor" enthält (Margin of Safety) – verstehen wir den Spielraum einer Anlageempfehlung, der komplett aufgebraucht werden kann, ohne dass eine Aktie bereits als überbewertet eingestuft werden muss. Die Sicherheitsmarge ist also der Abschlag zum Wert eines Unternehmens, den ein Investor fordert, um das Wertpapier zu kaufen. Oberstes Ziel der Kapitalanlage ist es, diejenigen Aktien ausfindig zu machen, die die höchste Sicherheitsmarge bieten. Sie ist ein Puffer für unvorhergesehene Ereignisse, die den inneren Wert einer Aktie negativ beeinflussen könnten.

Ein Beispiel soll Ihnen dies veranschaulichen. Stellen Sie sich eine Aktie vor, die bei 100 Euro notiert. Sie haben für dieses Unternehmen eine fundamentalanalytische Bewertung durchgeführt, beispielsweise anhand eines Discounted-Cashflow-Modells (DCF). Aus diesem errechnen Sie ein Kursziel von 150 Euro. Aktuell ist die Aktie also deutlich unterbewertet und Sie gehen davon aus, dass die Aktie um mindestens 50 Euro oder 50 Prozent steigen wird, bis sie fair bewertet ist. Die Aktie weist also eine verhältnismäßig hohe Sicherheitsmarge auf.

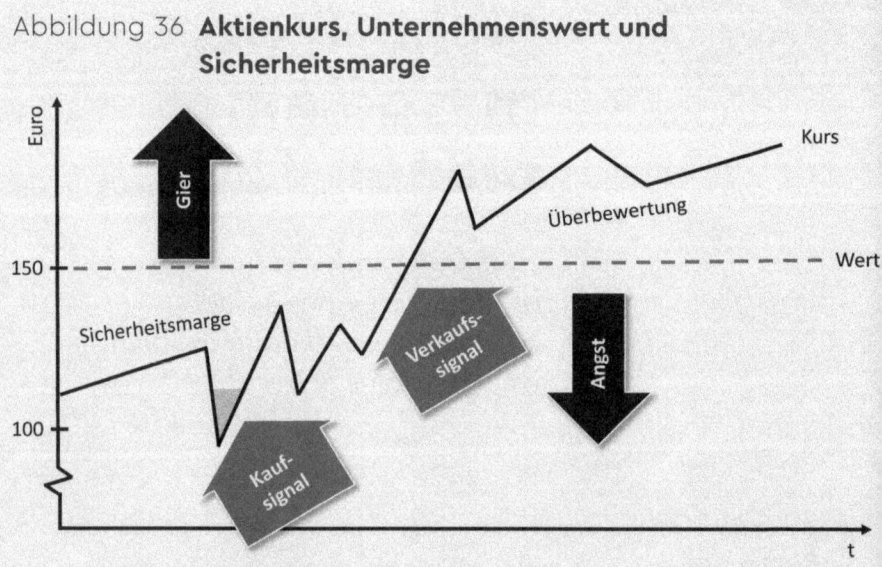

Abbildung 36 **Aktienkurs, Unternehmenswert und Sicherheitsmarge**

Quelle: Eigene Darstellung

Nun wissen Sie, dass Prognosen schwierig sind. Die tatsächliche Entwicklung des Unternehmens kann also auch schlechter laufen als von Ihnen prognostiziert. Sie könnten die Ertragsentwicklung zu optimistisch eingeschätzt haben. Wenn die Profitabilität unter Ihren ursprünglichen Annahmen liegt, hat dies einen niedrigeren Unternehmenswert zur Folge. Haben Sie eine zu geringe Sicherheitsmarge eingeplant, dann bekommen Sie, wenn Sie die Ertragsentwicklung zu optimistisch prognostiziert haben, ein Problem.

Bezogen auf das Beispiel: Ergibt die Unternehmensbewertung nur ein Kursziel von 110 Euro, dann reicht es für eine Überbewertung der Aktie aus, dass Sie nur in einem kleineren Detail zu optimistisch geplant haben. Diese Aktie weist eine zu geringe Sicherheitsmarge auf. Bereits eine kleine Abweichung von Ihren Prognosen führt dazu, dass Sie Geld verlieren oder einen sehr langen Atem benötigen, bis Sie in der Gewinnzone sind.

Dagegen wird sich ein Anleger im Ausgangsbeispiel immer noch über eine sehr gute Kursentwicklung freuen, auch wenn sich in die Unternehmensbewertung ein Prognosefehler eingeschlichen hat. Denn letztlich ist es unerheblich, ob eine Aktie um 50 Prozent oder „nur" um 40 Prozent steigt. Am Ende haben Sie eine sehr auskömmliche Rendite erzielt und das ist es, worauf es an der Börse ankommt.

Eine der zentralen Aufgaben eines Investors ist es, sich damit auseinanderzusetzen, in welchen Aspekten er sich geirrt haben könnte. Wären die Prognosen eines Bewerters immer richtig, wäre eine Unternehmensbewertung vermutlich unnötig. Daher kann es sinnvoll sein, in Szenarien zu denken. Üblicherweise erstellt der Bewerter ein Basisszenario, ein Best-Case-Szenario und ein Worst-Case-Szenario. Das Best-Case-Szenario stellt eine Art Schönwetter-Szenario dar, in welchem dem Unternehmen alles gelingt: Die Margen steigen auf nie da gewesene Niveaus, die Wachstumsraten werden nicht durch Newcomer gestört, der Launch neuer Produkte gelingt ohne Probleme. Ganz anders im Worst-Case-Szenario: Hier werden deutliche Abstriche von den bisher beobachteten Finanzkennzahlen vorgenommen. Alle Prognosen fallen schlechter aus als die in der Vergangenheit beobachteten Werte. Das Basisszenario ist schließlich dasjenige, dem der Bewerter die höchste Eintrittswahrscheinlichkeit zuordnet. Es liegt in der Regel zwischen dem Best- und dem Worst-Case-Szenario. Oft werden die Szenarien mit ihren vermuteten Eintrittswahrscheinlichkeiten gewichtet und das endgültige Kursziel berechnet.

65. Wann Sie sich an jungen Wachstumsunternehmen beteiligen sollten

„In der Geldanlage ist das, was einfach ist, für gewöhnlich nicht profitabel." – ROBERT ARNOTT (INVESTMENT-MANAGER)

Grundsätzlich ergeben sich für einen Anleger große Vorteile, wenn er sich frühzeitig in einem potenziell großen Wachstumsmarkt positionieren kann. Frühphasen-Investoren können ihren Kapitaleinsatz gelegentlich verhundertfachen. Im Dunklen bleiben jedoch die vielen Jungunternehmen, die sich nicht durchsetzen konnten. Können Sie sich noch an Unternehmen wie AltaVista oder Ask Jeeves erinnern, die lange vor Google eine Suchmaschine auf den Markt gebracht hatten? Oder an Friendster oder MySpace, die ihre sozialen Netzwerke noch vor Facebook gestartet hatten?

Die meisten Value-Anleger bevorzugen Unternehmen, bei denen sie Geschäftsberichte über einen Zeitraum von zehn Jahren studieren können, da erprobte Geschäftsmodelle das Risiko einer fundamentalen Fehleinschätzung substanziell verringern. Venture-Kapitalisten (kurz VC für Venture Capital) hingegen bevorzugen das genaue Gegenteil: Sie präferieren junge, „geschichtslose" Unternehmen ohne Track Record, ohne Gewinne und ohne Vermögenswerte. Die Geschäftsmodelle müssen sich erst noch durchsetzen. Die Unternehmensplanung ist nicht viel mehr als ein Stück Papier; es kann so kommen oder auch ganz anders verlaufen. Häufig scheitern die von VC-Gesellschaften finanzierten Unternehmen, weshalb die erfolgreichen eine besonders spektakuläre Wertentwicklung aufweisen müssen, damit der Durchschnittswert der Beteiligungsrenditen dem hohen Risiko des VC-Geschäftsmodells entspricht. Ein stark konzentriertes Portefeuille aus wenigen Werten ist also keine gute Idee, wenn Sie sich partout auf Frühphasen-Unternehmen spezialisieren wollen.

66. Weshalb wir von neuen Trends immer wieder aufs Neue überrascht werden

„Es war einmal vor langer Zeit in einer weit, weit entfernten Galaxis ..."

– KRIEG DER STERNE

Grundsätzlich tun sich Menschen schwer, neue Trends vorherzusagen. Dies gilt nicht nur für Finanzanalysten oder Fondsmanager an der Börse, die auf relativ kurze Sicht Gewinne und Kursentwicklungen vorhersagen sollen, sondern auch für diejenigen, die extrem langfristige Entwicklungen einschätzen wollen. Gute Beispiele hierfür liefern die Drehbuchautoren von Science-Fiction-Filmen. Eigentlich erwarten wir von ihnen, dass sie uns ein Bild von der Zukunft zeichnen für eine Geschichte, die erst in Jahrzehnten oder Jahrhunderten spielt. Drehbuchautoren sollen möglichst fantastische und ungewohnte Zukunftsszenarien entwickeln, die im Idealfall nichts mit der Gegenwart gemeinsam haben. Doch tun sie das auch?

Fangen wir mit den Flachbildschirmen an. Sie fehlen in nahezu allen SF-Filmen, die vor deren Erfindung gedreht wurden. Stattdessen entführen sie uns in Raumschiffe, die zwar durch die Milchstraße und weiter entfernte Galaxien reisen, in denen Astronauten jedoch vor gekrümmten Röhrenbildschirmen mit grüner Phosphorschrift und einer armseligen Bildwiederholrate sitzen.

Werden Videoanrufe gezeigt, wie etwa im Horrorstreifen „Alien" oder bei „Blade Runner", gehen Menschen in Videotelefonzellen, wo sie ihren Anruf nach Einbringen eines physischen Tokens wiederum auf einem CRT-Bildschirm tätigen. Offenbar konnte sich bis in die 1990er-Jahre niemand das Konzept von Smartphones vorstellen. Computerräume werden als Reihen von Kästen mit sich drehenden Spulen von Magnetbändern und blinkenden Lämpchen dargestellt, Matrixdrucker und Faxgeräte sind auch 100 Jahre in der Zukunft noch im Einsatz.

Die Zukunftsszenarien professioneller Zukunftsdenker: Sie sind bestenfalls langweilig. Wenn selbst auf Sicht von Jahrzehnten die Fantasie fehlt, Zukunftsbilder zu entwickeln, sollten wir dann überrascht sein, wenn Unternehmen von Trendwechseln überrascht werden – wenn sie nicht oder verspätet auf im Nachhinein bahnbrechende technologische Veränderungen reagieren? Denken Sie an Kodak, das auf dem US-Fotomarkt einst einen Marktanteil von 90 Prozent innehatte. Die Vision von Firmengründer George Eastman war es, „den Fotoapparat so praktisch wie den Bleistift zu machen". Was ihm durchaus gelungen ist. Zu Spitzenzeiten beschäftigte Kodak mehr als 145.000 Menschen und war eine der bekanntesten Marken der Welt. Dann verpasste das Management eine einzige Technologie und wenig später musste das 1880 gegründete Unternehmen Insolvenz anmelden.

Oder erneut Nokia: Völlig unvorstellbar erschien es lange Zeit, Nokia die Weltmarktführerschaft abspenstig zu machen. Auf einer Analystenveranstaltung, an der ich selbst teilgenommen habe, erklärte der für Mobilfunk zuständige Siemens-Vorstand Ende 2002, dass der Technologiekonzern aus seiner aussichtslosen Positionierung auf dem Handymarkt die Konsequenzen ziehen und sich aus der Handyproduktion verabschieden werde. Keine zehn Jahre später zog sich Nokia selbst aus dem Markt zurück, weil Newcomer wie Apple und Samsung den einstigen Weltmarktführer hoffnungslos abgehängt hatten. Somit darf es nicht verwundern, dass Anleger von neuen Trends immer wieder überrascht werden.

67. Warum Pennystocks meist keine gute Idee sind

„Man kann keine Theorie auf einer Reihe von ‚Vielleichts‘ aufbauen." – ALBERT EINSTEIN

Manche Anleger lieben es, Pennystocks zu kaufen. Diese Aktien werden so bezeichnet, weil ihr Kurs unter einem Euro oder US-Dollar liegt. Wenn eine Aktie, die bei 50 Cent notiert, nur um fünf Cent steigt, so die Anlagephilosophie, bedeutet dies einen Kurszuwachs von zehn Prozent – möglicherweise an einem einzigen Tag. Das löst bei den Befürwortern Begeisterung aus, so als ob die mathematischen Grundrechenarten bei Pfennigaktien, so die deutsche Übersetzung, nicht gelten würden.

Dabei notieren Pennystocks aus einem bestimmten Grund auf ihren gedrückten Niveaus. Ausnahmslos ist bei Pennystocks etwas gehörig aus dem Ruder gelaufen. In der Regel befinden sich die Emittenten von Pennystocks in der Insolvenz oder kurz davor. Um einen Totalverlust zu vermeiden, verkaufen Aktionäre ihre Anteile, kurzfristig orientierte

„Zocker" machen dann genau das Gegenteil: Sie kaufen die kollabierenden Aktien zu Schlussverkaufspreisen und hoffen, dass sich ein Großinvestor findet, der das Unternehmen übernimmt; oder dass ein Wunder eintritt, das Unternehmen Gold im Garten findet und so die Ertragswende schafft – beides keine besonders naheliegenden Szenarien.

Nicht selten werden Aktien von nahezu wertlosen Kleinstunternehmen mithilfe einer halbseidenen PR und Jubelmeldungen in bekannten Diskussionsforen zum Spielball von Pusher-Börsenbriefen, die gezielt für diese angeblichen Geheimtipps mit ihren unglaublichen Kurspotenzialen „trommeln". Vor allem durch Wenn-dann-Analysen nach dem Motto „Wenn das Unternehmen seine Probleme gemeistert hat, dann sehe ich ein Kursziel von 32,86 Euro" werden Kursexplosionen und dreistellige Renditen in Aussicht gestellt. Natürlich nicht für die Leser des Börsenbriefs, sondern für deren Herausgeber, die sich vorher mit den „Wertlospapieren" eingedeckt haben. Ein derartiges „Pump-and-dump-Schema" (Aufpumpen und Abladen) ist als Frontrunning nur dann verboten, wenn auf den Interessenkonflikt nicht im Anhang hingewiesen wird – der von den wenigsten Abonnenten gelesen wird. Sind die ohnehin hochvolatilen Kurse aufgrund der Käufe durch Börsenbriefleser gestiegen, stoßen die Autoren ihre eigenen Bestände in die kurzfristig steigenden Kurse ab und drücken diese letzten Endes wieder auf das Ausgangsniveau zurück. Denn in der Regel lassen sich die Probleme von Pennystocks nicht lösen, sodass die überwiegende Mehrheit der Pennystocks nicht mehr aus eigener Kraft zu einem „Eurostock" aufsteigt.

68. Wann Dividenden attraktiv sind ...

„Aus kleinem Anfang ent- springen alle Dinge." – CICERO

Einst ging es in Hauptversammlungen nur um das Eine: um die Dividende. Aktionäre erwarteten eine Gewinnbeteiligung und deren Höhe war nicht selten das hitzigste und strittigste Thema auf Aktionärstreffen. Auch als Kind waren Ihnen die Wohltaten von Dividenden vertraut: „Die Bank zahlt dir eine Dividende von DM 500" steht auf einer der attraktiveren Ereigniskarten im Spiel Monopoly. Kein Wunder, dass viele Anleger geradezu euphorisch auf Dividendenerhöhungen reagieren. Zu Recht?

Bevor ich auf die Frage komme, zunächst ein paar Hinweise zur korrekten Berechnung der Dividendenrendite: Bei der Berechnung der Dividendenrendite verwenden Sie üblicherweise Ihren persönlichen Einstiegskurs. Wenn Sie die Dividendenrendite bereits als fertig berechnete Prozentzahl auf einem Online-Börsenportal oder in einem Börsenmagazin lesen, liegt der Berechnung dagegen der letzte Schlusskurs zugrunde.

Nun zur Interpretation: Die Dividendenrendite zeigt Ihnen an, wie sich Ihr Aktieninvestment aktuell „verzinst". Ein Beispiel: Angenommen, eine Aktie notiert bei 30,00 Euro und schüttet eine Dividende von 1,50 Euro aus. In diesem Fall beläuft sich Dividendenrendite auf

$$\text{Dividendenrendite} = \frac{\text{Dividende}}{\text{Aktueller Aktienkurs}} = \frac{1,50}{30,00} = 0,05 = 5,0\,\%$$

Doch Vorsicht: Auch wenn Marketingexperten von Banken ihre strukturierten Produkte unter Schlagzeilen wie „Dividende ist der neue Zins" vermarkten wollen: Sie ist es nicht. Dividenden sind keine Kupons. Während der Zins über die Laufzeit einer Anleihe festgeschrieben ist,[64] erfolgen Dividendenausschüttungen entweder aus der Substanz oder aus dem erwirtschafteten Ertrag, der damit nicht substanzerhöhend in das Unternehmen einfließt. Beides hat zur Folge, dass der Kurs einer Aktie am Ausschüttungstag nach der Hauptversammlung zunächst um den Betrag der Dividende zurückgeht. Nur wenn es sich um qualitätsstarke Aktien handelt, wird dieser Dividendenabschlag im Verlauf des Handelstags zum Teil, in seltenen Fällen auch vollständig wieder aufgeholt. In diesen Fällen bekommt der Anleger die Dividende in der Tat auf den ersten Blick „geschenkt".

Lassen Sie uns zum obigen Beispiel zurückkehren und davon ausgehen, dass das betrachtete Unternehmen seine Dividenden in jedem Jahr sukzessive erhöht, zum Beispiel um zehn Prozent. Solche Unternehmen gibt es in der Tat, man nennt sie „Dividenden-Aristokraten". Nun vergleichen wir das Unternehmen mit einer Alternativanlage, einer Anleihe. Diese sei mit einer Effektivverzinsung von fünf Prozent ausgestattet. Im ersten Jahr erhalten Sie also entweder eine Dividendenzahlung in Höhe von 1,50 Euro, was einer Dividendenrendite von fünf Prozent entspricht, oder Sie erhalten Anleihezinsen mit einer effektiven Rendite von ebenfalls fünf Prozent. Damit aber enden die Ähnlichkeiten. Denn während Sie im zweiten Jahr aus der Anleihe weiterhin Zinsen mit einer Rendite von fünf Prozent erhalten, gibt es für die Aktie im zweiten Jahr eine Ausschüttung von 1,65 Euro, im dritten von 1,82 Euro und so weiter. Nach fünf Jahren, was der typischen Laufzeit einer Unternehmensanleihe

---

[64] Ausnahmen sind variabel verzinsliche Anleihen, sogenannte Floater.

entspricht, haben Sie – ohne Wiederanlage der vereinnahmten Zinsen und Dividenden – über die Anleihe Zinsen in Höhe von insgesamt 7,50 Euro erhalten, während Sie über die Aktie Dividenden in Höhe von 9,16 Euro eingenommen haben. Dies entspricht einem Unterschied von 22,0 Prozent.

Und es kommt noch besser: In der Regel liegt die Dividendenrendite eines Unternehmens in einem bestimmten Bereich. Wenn die Dividenden in jedem Jahr steigen, dann ist der einzige Weg, damit die Rechnung konstant bleibt, dass der Kurs der Aktie steigt. Für eine unveränderte Dividendenrendite von fünf Prozent müsste der Aktienkurs im obigen Beispiel auf 43,92 Euro angestiegen sein. Sie hätten also einen Gesamtertrag von

$$\text{Gesamtertrag} = \text{Dividenden} + \text{Kursanstieg} = 9{,}16 + (43{,}92 - 30{,}00) = 23{,}08 \text{ E}$$

vereinnahmen können. Bezogen auf Ihre Anfangsinvestition von 30,00 Euro entspräche dies einer Gesamtrendite von 76,9 Prozent.

Voraussetzung für eine stabile Dividendenausschüttung ist eine stabile Entwicklung der freien Cashflows nach Abzug von Investitionen. Gerade für Unternehmen, die nicht oder nur wenig von Analysten beobachtet werden, so wie dies bei Nebenwerten der zweiten Reihe regelmäßig der Fall ist, ist die Dividende eine hervorragende Gelegenheit, um auf sich aufmerksam zu machen. Wenn nämlich der Kurs einer dividendenstarken Aktie am Tag der Ausschüttung nicht oder nur kaum zurückgeht, dann ist dies für die Presse allemal eine Meldung wert. Was zu neuer Nachfrage nach dieser Aktie führt – mit entsprechender Auswirkung auf den Aktienkurs.

Allerdings lässt sich häufig eine wenig beschriebene Kuriosität beobachten: Nicht diejenigen Aktien, die mit einer besonders hohen Ausschüttung auf sich aufmerksam machen, weisen in der Praxis die beste Kursentwicklung auf. Vielmehr sind es Aktien mit einer Dividendenrendite zwischen 3,0 und 4,5 Prozent. Offensichtlich vertraut der Kapitalmarkt Unternehmen nur in dieser Größenordnung darauf, dass die

Ausschüttungen vorher tatsächlich in Form von Cashflows erwirtschaftet wurden. Bei höheren Dividendenrenditen wird dagegen unterstellt, dass die Dividendenausschüttung aus der Substanz erfolgt – und das wäre kontraproduktiv.

Oben habe ich geschrieben, dass Aktionäre die Dividende „auf den ersten Blick geschenkt bekommen". Es gibt nämlich auch Argumente, wonach Dividenden kontraproduktiv und damit wertvernichtend für den Anleger sind. Typischerweise werden Aktien mit einem Aufschlag auf ihren Buchwert gehandelt. Das Verhältnis aus Marktwert des Eigenkapitals (der Marktkapitalisierung, vgl. hierzu Kapitel 42) und bilanziellem Buchwert des Eigenkapitals, auch Kurs-Buchwert-Verhältnis (kurz KBV) genannt, ist in der Regel größer als 1. Da der Buchwert des Eigenkapitals die Summe der in der Vergangenheit eingeworbenen und thesaurierten Gewinne darstellt, während der Marktwert den Erwartungswert der in Zukunft erwirtschafteten Gewinne widerspiegelt, wird mit einem KBV von größer als 1 unterstellt, dass die in Zukunft voraussichtlich erwirtschafteten Erträge die Erträge der Vergangenheit übersteigen werden. Mit anderen Worten: Wenn ein Unternehmen die erwirtschafteten Gewinne thesauriert und dem Buchwert des Eigenkapitals zuführt, führt dies automatisch zu einer Erhöhung des Marktwerts des Eigenkapitals, und zwar um das Vielfache des KBV. Jeder Euro nicht ausgeschütteten Gewinns erhöht den Aktienkurs folglich um einen KBV-fachen Euro.

Damit ist es für einen Aktionär nicht in jedem Fall erstrebenswert, Dividenden zu vereinnahmen. Solange Unternehmen mit den thesaurierten Gewinnen Renditen auf das eingesetzte Kapital erwirtschaften, die höher sind als Dividendenrenditen, machen Dividenden aus Anlegersicht keinen Sinn. Nur bei Unternehmen, deren Rendite auf das eingesetzte Kapital niedriger ist als die Dividendenrendite, sind Ausschüttungen werterhöhend.

Noch etwas gibt es zu beachten: Die Dividendenrendite kann auch zu einem irreführenden Ergebnis führen, immer dann, wenn der Kurs vor der Hauptversammlung unter Druck geraten ist. Dies liegt an der Berechnung der Dividendenrendite: Die Dividende wird ins Verhältnis zum Aktienkurs gesetzt. Ein fallender Aktienkurs führt somit zu einer steigenden Dividendenrendite. Trotz einer möglicherweise operativen Schwäche wird so der Eindruck einer unternehmerischen Stärke vermittelt. Eine Aktie allein aufgrund ihrer hohen Dividendenrendite zu kaufen kann zu einem negativen Gesamtergebnis führen. Sie sollten sich daher keinesfalls nur auf die Ranglisten der dividendenstärksten Titel verlassen. Diese können einen völlig falschen Eindruck von der Qualität eines Unternehmens vermitteln.

Um diesen Fehler zu vermeiden, ist es notwendig, die Ertragslage im Auge zu behalten. Unterliegt diese einer stetigen Erosion, wird die vereinnahmte Dividende schnell von Kursverlusten „aufgefressen". Dividenden sollten daher aus den erzielten Gewinnen bezahlt werden, nicht aus der Substanz.

Ein weiteres wichtiges Element einer intelligenten Dividendenstrategie ist die Analyse der Verschuldung eines Unternehmens. Die termingerechte Bezahlung der Zinsen und, am Ende der Laufzeit, die Bedienung der gesamten Kreditsumme sind allemal vorrangig gegenüber gewinnabhängigen Dividendenausschüttungen. Bei hochverschuldeten Unternehmen ist die erwartete Ausschüttung keineswegs sicher, sondern wird vom Vorstand unter Umständen auf dem Altar der Schuldentilgung geopfert. Schließlich sollte auch der Bestand an Barmitteln beachtet werden. Nur wenn ein Unternehmen dauerhaft über einen hohen Barbestand verfügt, der gleichzeitig nicht für unternehmerische Zwecke verwendet werden muss, kann überhaupt eine Dividende ausgeschüttet werden.

69. Warum Gratis-aktien ein ausgemachter Quatsch sind

„Der Schnee ist eine erlogene Reinlichkeit."

– JOHANN WOLFGANG VON GOETHE

Gratisaktien werden von manchen Unternehmen anstelle von Dividenden „ausgeschüttet". In den USA seit Jahrzehnten bekannt, sind Gratisaktien hierzulande erst seit wenigen Jahren üblich. Mich erinnern Gratisaktien an den Versuch, seinen Ehepartner zum Geburtstag mit einer in schönes Geschenkpapier eingewickelten leeren Schachtel zu überraschen und dessen (oder deren) fragenden Blick mit dem Satz „Dies ist keine leere Schachtel, sie ist mit meiner Liebe gefüllt" zu beantworten. Die meisten so Beschenkten würden den Trick durchschauen. Die meisten Anleger jedoch durchschauen den billigen Trick mit Gratisaktien nicht.

Wie bei einem Aktiensplit, bei dem sich die Anzahl der Aktien nach dem Split erhöht, haben Anleger nach der Ausgabe von Gratisaktien lediglich eine größere Anzahl an Aktien im Depot, von denen jede einzelne im Gegenzug einen niedrigeren Anteil am Unternehmen ausweist. Durch die Ausschüttung einer Gratisaktie pro Aktie wird die Anzahl der ausstehenden Aktien verdoppelt – und der Nennwert je Aktie halbiert. Das anteilige Eigentumsrecht der Aktionäre ändert sich indes nicht: Ein Aktionär mit 1.000 Aktien von 100.000 Stück insgesamt ausgegebenen

Aktien (der also 1,0 Prozent des Grundkapitals hält) hätte nach der Ausgabe von einer Gratisaktie je Aktie daraufhin 2.000 Aktien von insgesamt 200.000 ausgegebenen Aktien (und folglich immer noch 1,0 Prozent des Grundkapitals). Ein Wert wird durch die Ausgabe von Gratisaktien nicht geschaffen.

Die einzige wertschaffende Begründung für Gratisaktien (oder einen Aktiensplit) ist, wenn der Aktienkurs des Unternehmens solche stratosphärische Niveaus erreicht hat, dass bestimmte Anleger(gruppen) sich die Aktien nicht mehr leisten können. Berkshire Hathaway ist hierfür ein gutes Beispiel. Die Buffett-Aktie notiert aktuell bei rund 300.000 US-Dollar, doch das Orakel von Omaha weigert sich, den Aktienkurs durch die Ausgabe von Gratisaktien künstlich zu verbilligen. Die Liquidität des Wertpapiers ist damit deutlich niedriger als bei einem entsprechenden Unternehmen, dessen Aktien bei lediglich 25 US-Dollar gehandelt würden – was Buffett indes nicht anficht.

70. Warum Familienunternehmen häufig die bessere Wahl sind

„Kaufen Sie Unternehmen, die von Idioten betrieben werden können. Denn früher oder später werden sie es auch."

– WARREN BUFFETT

Ich biete Ihnen eine Wette an: Ich wette, dass Ihnen bestenfalls von einer Handvoll Unternehmen der Vorstand namentlich bekannt ist. Vermutlich verbinden Sie Steve Jobs mit Apple, Jeff Bezos mit Amazon und Mark Zuckerberg mit Facebook. Visionäre Gründertypen, die mit „ihrem" Unternehmen verknüpft werden, suchen Sie in Deutschland vergebens. Dietmar Hopp, einer der Gründer von SAP, ist heute eher aus dem Fußballstadion bekannt, die Familien Thyssen oder Krupp sind noch nicht einmal im Aufsichtsrat der ThyssenKrupp AG vertreten.

Vor allem bei Großkonzernen dominiert hierzulande der Manager-Vorstand, der von außen ins Unternehmen geholt wurde. „Frisches Blut" ins Unternehmen zu bringen muss nicht notwendigerweise eine Verschlechterung der Managementqualität zur Folge haben. Managergeführte Unternehmen beschreiten gegebenenfalls neue Wege. Externe Vorstände können eine bessere Ausbildung haben als die internen Kandidaten, sie waren womöglich schon bei Wettbewerbern beschäftigt und kennen deren Strukturen. Auch ein „So haben wir das schon immer gemacht" findet sich bei managergeführten Unternehmen ungleich seltener als bei gründergeführten Unternehmen.

Allerdings rate ich davon ab, Aktien aufgrund von bestimmten Personen zu kaufen. Ein starkes, von tiefen Burggräben geschütztes Geschäftsmodell kann, wie Warren Buffett es formuliert, von einem Idioten geführt werden – und wird dennoch eine bessere Performance aufweisen als ein in Not befindliches Unternehmen, das von einem visionären Managertypen geführt wird.

So liegt es auf der Hand, dass in Großkonzernen der Einzelne keine überragende Rolle spielen kann. Anders ist dies bei kleinen oder mittelständischen Unternehmen. Bei diesen ist die Eigentümerfamilie oft in das Tagesgeschäft des Unternehmens eingebunden. Statistiken zeigen, dass Familienunternehmen Vorteile in puncto Langfristigkeit der Unternehmensführung aufweisen. Viele Familienunternehmen planen in Generationen, da die Unternehmensanteile häufig den Großteil des Familienvermögens ausmachen. Managergeführte Unternehmen dagegen werden von Vorständen geleitet, die befristete Arbeitsverträge unterschrieben haben. Folgen sie einer individuellen Nutzenmaximierung, werden sie versuchen, während ihrer Amtszeit ein größtmögliches Einkommen – bestehend aus Grundgehalt zuzüglich einer erfolgsabhängigen Komponente (die wiederum meist von der Aktienkursentwicklung abhängig ist) – zu erzielen. In diesem Fall werden sie Investitionen unterlassen, die die kurzfristige Gewinnentwicklung belasten, auch wenn sie die langfristige Gewinnentwicklung begünstigen.

71. Wenn sich der Vorstand unrealistische Ziele setzt

„Kaum verloren wir das Ziel aus den Augen, verdoppelten wir unsere Anstrengungen."

– MARK TWAIN

Wenn ich für die Stellenausschreibung eines Vorstands verantwortlich wäre, würde darin ein Wort einen besonderen Stellenwert einnehmen: Bescheidenheit.

Für den Analysten oder Investor spielt Bescheidenheit eine wichtige Rolle, wenn es um die Formulierung der unternehmerischen Ziele geht, insbesondere der Finanzziele. Diese „Guidance" genannte Prognose bezieht sich meist auf die erwartete Umsatz- und Ertragsentwicklung des laufenden oder folgenden Geschäftsjahres. Sie geht in die Excel-Spreadsheets für die Erarbeitung der Schätzungen der meisten Finanzanalysten ein und hat für die Fundamentalbewertung eine unmittelbare Relevanz.

Umso heftiger sind die Reaktionen des Kapitalmarkts, wenn eine Guidance zu optimistisch war. Analysten, die darauf vertraut haben, dass der Vorstand sein Unternehmen zumindest so gut versteht, um eine erfüllbare Erwartung für die verbleibenden Monate eines Jahres abzugeben, fühlen sich zu Recht betrogen. Nicht selten brechen Aktienkurse nach einer Gewinnwarnung im zweistelligen Prozentbereich ein. Dies ist der Grund, weshalb die Formulierung erreichbarer Ziele (englisch

„Underpromising") und deren anschließende Übererfüllung („Overde-livering") eine so große Bedeutung haben.

Gute Vorstände haben keine Angst davor, Fehler zuzugeben: Wenn ein Unternehmen auf ein schlechtes Jahr zurückblickt, ist ein guter Vorstand stets bereit, darüber zu berichten, was schiefgelaufen ist. Lag das Problem im Einflussbereich des Unternehmens, haben gute Vorstände eine klare Strategie ausgearbeitet, damit sich ein Fehler nicht wiederholt. Schlechte Vorstände hingegen versuchen, alles unter den Teppich zu kehren.

72. Was Ihnen die Investitionen eines Unternehmens sagen

„Wenn man eine Katze an ihrem Schwanz hält, wird man etwas lernen, das man nicht anders lernen kann." – MARK TWAIN

Um zu wachsen, müssen Unternehmen investieren. Diese Banalität ist dennoch vielen nicht bekannt. Oder sie wird verdrängt, etwa weil sie als unwichtig erscheint. Dabei kann die Bedeutung der Investitionen gar nicht hoch genug eingeschätzt werden.

Stellen Sie sich einen Schuhhersteller vor, dessen Produktionskapazität im Dreischichtbetrieb 100.000 Paar Damenstiefel pro Jahr beträgt.

Angenommen, das Unternehmen arbeitet nicht unter Vollauslastung seiner Produktionskapazitäten. Dann ist es einfach, die Produktionsmenge zu steigern: Neue Mitarbeiter werden eingestellt, die Belegschaft muss Überstunden machen, Samstags- und Sonntagsarbeit wird eingeführt, die Maschinenzeiten werden ausgedehnt, bis die Anlage „rattert, knattert, dampft und faucht, ruckelt, zuckelt, klappert, plappert, bebt und bibbert, rollt und raucht".[65] Irgendwann jedoch ist Schluss, die Ausbringungsmenge lässt sich nicht weiter steigern. Der geschäftsführende Direktor der Schuhfabrik, dem die Umsatzformel

Umsatz = Preis · Menge

durchaus geläufig ist, erhöht daraufhin die Preise für seine trendigen Stiefel. Doch auch damit ist bald das Ende der Fahnenstange erreicht. Wenn der Direktor seine Umsätze weiter steigern will, muss er investieren und eine zweite Fertigungshalle bauen.

Damit werden Investitionen notwendig. Mit ihnen kann das Unternehmen seine Produktionsmenge deutlich ausweiten und im Normalfall seine Gewinne steigern. Nun stellen Sie sich ein zweites Unternehmen vor, das jedes Jahr hohe Investitionen tätigen muss, nur um nicht aus dem Markt gedrängt zu werden. Das Unternehmen befindet sich in einer Branche, die von einem raschen Wandel gekennzeichnet ist, etwa weil neue Wettbewerber auftreten, neue Technologien entwickelt werden oder sich die Kundenwünsche rasch ändern. Jahr für Jahr müssen somit erhebliche finanzielle Mittel für Investitionen aufgebracht werden, nur damit das Unternehmen weiterhin im Markt bestehen kann.

Jede Investition stellt einen Kapitalabfluss dar, der den Aktionären nicht mehr zur Verfügung steht. Wenn sich Investitionen wie im Beispiel der Schuhfabrik rentieren, etwa weil sie das Fundament für spätere Umsätze und Gewinne bilden, sind sie unproblematisch. Wenn nicht, werden sie

---

[65] Vgl. „Henriette Bimmelbahn" von James Krüss. Allein aufgrund der Verbvielfalt lohnt es sich auch für Erwachsene, das Lied wieder einmal anzuhören.

zu „Todesfallen". So bezeichnet Warren Buffett Unternehmen oder Branchen, deren Geschäft viel Kapital erfordert, ohne dass zugleich zufriedenstellende Gewinne erwirtschaftet werden können. Was passiert mit dem zweiten Unternehmen, sollte in einer Krise das operative Geschäft nicht genug abwerfen, um weitere Investitionen zu finanzieren? Was, wenn dadurch eine technologische Weiterentwicklung verpasst wird? Was, wenn deswegen der Maschinenpark veraltet? Sie sollten daher Unternehmen bevorzugen, die einen relativ geringen Anteil ihrer Cashflows reinvestieren müssen.

73. Wann Übernahmespekulationen vorteilhaft sind

„Wenn alle Spieler auf eine angeblich todsichere Sache spekulieren, geht es fast immer schief." – ANDRÉ KOSTOLANY

Wirtschaftswissenschaftler neigen dazu, Übernahmen damit zu begründen, dass schwache Unternehmen restrukturiert werden. In Wirklichkeit gibt es nur wenige Hinweise darauf, dass sich Übernahmeziele vor dem Erwerb unterdurchschnittlich entwickelten. Nach der Übernahme ergeben sich dagegen oft starke Schwankungen in der Entwicklung des Aktienkurses sowohl des übernehmenden Unternehmens als auch des Übernahmeziels. Abhängig von der Übernahmeprämie erleiden die Aktionäre des übernehmenden Unternehmens meist Kursverluste, während sich die Aktionäre des Zielunternehmens an Kursgewinnen erfreuen.

Abraten will ich insbesondere von der Strategie, eine Aktie nur deswegen zu erwerben, weil auf eine baldige Übernahme spekuliert wird, insbesondere wenn es sich bei dem Unternehmen um einen Schlecht-Performer handelt. Bleibt die Übernahme aus, sitzt der Anleger auf einer sich unterdurchschnittlich entwickelnden Aktie, der die einzige Perspektive genommen wurde. Übernahmespekulationen machen nur bei Outperformern Sinn, gewissermaßen als Sahnehäubchen auf einer ohnehin schon gut laufenden Unternehmensentwicklung.

74. Was Sie bei einem Börsengang beachten sollten

„Aktiengesellschaft: Raffinierte Einrichtung zur persönlichen Bereicherung ohne persönliche Verantwortung."

– AMBROSE BIERCE

Bislang hat sich dieses Buch mit der Bewertung bereits börsennotierter Unternehmen beschäftigt. Der Kauf von Aktien zum Börsengang (englisch Initial Public Offering, kurz IPO) stellt den Anleger vor einige besondere Probleme. Insbesondere bestehen zum Börsengang Interessenkonflikte unter den beteiligten Parteien, die bei börsennotierten Gesellschaften nicht auftreten:

▶ Die konsortialführende Investmentbank, der neben der Strukturierung und Durchführung der Aktienemission unter anderem auch die Steuerung der Emissionspreisfindung und die Platzierung der Aktien obliegt, versucht als Interessenvertreter der sie mandatierenden Gesellschaft beziehungsweise Altaktionäre einen möglichst hohen Emissionskurs durchzusetzen, schon um die performanceabhängigen Bestandteile des Konsortialvertrags zu maximieren.

▶ Gleichzeitig will die Bank nach Möglichkeit sämtliche Aktien am Markt platzieren und dadurch ihre langfristige Reputation als Emissionsbank stärken – was für einen eher niedrigen Emissionskurs spricht.

▶ Auch der mit dem Börsengang betraute Finanzanalyst versucht einen möglichst niedrigen Unternehmenswert anzusetzen, damit er nach dem Börsengang auf eine gute Performance verweisen kann.

▶ Dass ein Fondsmanager an einem niedrigen Emissionspreis interessiert ist, ist naheliegend. Pokert er allerdings bei der Abgabe seiner Order zu hoch, indem er etwa sein Limit ans untere Ende der vorgegebenen Bookbuilding-Bandbreite setzt, erhält er möglicherweise keine Zuteilung, wenn die abzugebenden Aktien zu einem höheren Kurs platziert werden können. Um nicht leer auszugehen, muss ein Fondsmanager also mindestens den Preis bieten, bei dem er im Falle einer Überzeichnung der Emission das von ihm gewünschte Aktienpaket gerade noch zugeteilt bekommt.

▶ Das Unternehmen schließlich ist nur auf den ersten Blick an einer Maximierung des Emissionspreises interessiert. Im Falle einer mit dem IPO verbundenen Kapitalerhöhung erhöht sich zwar der Mittelzufluss ins Unternehmen. Langfristig hat ein übertriebener Emissionspreis allerdings mit hoher Wahrscheinlichkeit eine negative Kursentwicklung am Sekundärmarkt zur Folge, was das Vertrauen in die Gesellschaft und die Reputation für etwaige spätere Kapitalmaßnahmen belastet.

▶ Je größer die Bereitschaft der Altaktionäre ist, neben der Kapitalerhöhung der Gesellschaft auch eigene Aktien abzugeben, desto weniger werden sie von der zukünftigen Kursentwicklung nach dem Börsengang profitieren. Im Extremfall eines (gar nicht so seltenen) vollständigen Verkaufs durch die Altaktionäre besteht deren Zielfunktion allein in der Maximierung des Emissionspreises. Aber selbst in dem Fall, dass die Alteigentümer nach dem Börsengang am Unternehmen beteiligt bleiben, sind sie an einem möglichst hohen Emissionspreis interessiert, schon allein um eine Verwässerung durch die Kapitalerhöhung zu minimieren.

Insbesondere der letzte Aspekt ist für langfristigen Börsenerfolg von besonderer Bedeutung. Warum teilt ein Anteilseigner die guten Zukunftsaussichten des Börsenkandidaten – denn ohne diese hat vermutlich noch kein Unternehmen den Gang an den Kapitalmarkt gewagt – mit einem ihm unbekannten Investor? Dieses Problem der Informationsasymmetrie ist umso gravierender, je geringer der Primary-Anteil am gesamten Emissionsvolumen ist, das heißt je geringer der Anteil der an die Gesellschaft fließenden Liquidität ist und je höher der Anteil ist, der an die Altaktionäre fließt. Anleger sollten bei Börsengängen sehr darauf achten, ob die Altaktionäre zum Börsengang Anteile verkaufen. Wenn dies in erheblichem Maß der Fall ist, signalisiert das nicht gerade Vertrauen.

75. Warum Langeweile das bessere Geschäftsmodell ist

„Der Kapitalismus ist ein brutales und feiges Gemetzel der Unbewaffneten durch bewaffnete Angreifer."

– EDWARD BELLAMY

Ich habe lange überlegt, dieses Kapitel „Warum Sie gehypte Aktien meiden sollten" zu benennen. Mein Verleger meinte jedoch, dass ich Anglizismen auf ein Minimum reduzieren solle. Im Nachhinein muss ich eingestehen, dass er recht hatte und die jetzige Überschrift das Thema besser trifft.

Meinen Gedanken möchte ich gerne ein Zitat des Nobelpreisträgers Paul A. Samuelson voranstellen: „Anlegen sollte langweilig sein, nicht aufregend. Investieren sollte so sein, als würde man Farbe beim Trocknen oder Gras beim Wachsen zusehen. Wenn Sie Aufregung wollen, nehmen Sie 800 Dollar und fahren Sie nach Las Vegas."

Viele Investoren betrachten die Kapitalanlage als Unterhaltung. Darunter leidet ihre Performance. Dies wird durch Dutzende von Studien belegt.[66] Sie alle zeigen: Langeweile schlägt Aufregung. Nehmen Sie eine „langweilige" Branche wie Lebensmittel, Getränke und Tabak und vergleichen Sie deren Kursentwicklung mit „aufregenden" Technologieunternehmen:

---

[66] Vgl. etwa Dorn D.; Sengmueller P. (2009) oder Grinblatt M.; Keloharju M. (2009).

Während der Markt über jedes Detail des kommenden iPhones spekuliert, erwartet niemand einen revolutionären neuen Geschmack von Coca-Cola. Die Technologiebranche ist von hoher Wettbewerbsintensität gekennzeichnet und es ist unmöglich vorherzusagen, welche Technologien sich in Zukunft durchsetzen und welche Unternehmen von diesen neuen Technologien profitieren werden. Einige neue Technologien mögen zweifellos revolutionär sein, aber wer will vorhersagen, welches Unternehmen sich durchsetzen wird? Zugleich werden Technologie-Aktien immer mit Bewertungsprämien gehandelt, eben weil sie viele Anleger begeistern und inspirieren.

Eine ganze Branche ist darauf ausgerichtet, Ihnen den aktuell heißesten Trend zu verkaufen. Lithium-Aktien, Bitcoin-Anleihen und ETFs, die sich Themen wie „an biblischen Inhalten orientierend" oder „Unternehmen, die unter den Millennials populär sind" annehmen.[67] Es ist sogar zu beobachten, dass Unternehmen ihren Firmennamen ändern, um von einer gestiegenen Börsenbewertung zu profitieren. So erzählt Burton Malkiel in seinem Klassiker „A Random Walk Down Wall Street"[68] die Geschichte eines Unternehmens, das Schallplatten von Haustür zu Haustür verkaufte. Die Geschichte ereignete sich in den 1960er-Jahren, als sich die Vereinigten Staaten im Raketenwettlauf zum Mond befanden. Der Aktienkurs des Unternehmens versechsfachte sich binnen kürzester Zeit, nachdem es sich in Space-Ton umfirmiert hatte.

Sie kaufen nicht Unternehmen, sondern Cashflows. Deshalb ist es wichtig, überdurchschnittliche Unternehmen zu unterdurchschnittlichen Preisen zu kaufen. Wenn Sie diesen Ansatz akzeptiert haben, bleiben Sie dieser Strategie treu und werfen Sie sie nicht bei der erstbesten Gelegenheit wegen einer „Trophy-Aktie", die gerade in aller Munde ist, über Bord.

---

[67] Mit Millennials (auf Deutsch etwa die Jahrtausender), auch Generation Y oder kurz Gen Y oder Generation Me genannt, wird die Bevölkerungskohorte bezeichnet, die im Zeitraum von 1980 bis 2000 geboren wurde. Bedeutung erfährt diese Generation, da es die erste der Digital Natives ist, also Personen, die in der digitalen Welt aufgewachsen sind.

[68] Vgl. Malkiel B. (2016).

76.

Warum Sie regulierte Geschäftsmodelle unbedingt meiden sollten

„Was aufwärts geht, muss auch herunterkommen."

— *SIR ISAAC NEWTON*

Besonders vorsichtig sollten Sie bei Unternehmen in regulierten Märkten wie erneuerbaren Energien, Versorgern, Banken und Versicherungen sein. In regulierten Branchen kommt neben der grundsätzlichen Unsicherheit noch ein zusätzlicher, nicht greifbarer Faktor hinzu: Entscheidungen von Politikern. Veränderungen in der Gesetzgebung können – wenn auch mit zeitlicher Verzögerung – massive und in der Regel negative Auswirkungen auf die Geschäftsmodelle von Unternehmen haben. Erinnern Sie sich noch an Conergy, Prokon, Windreich und S.A.G. Solarstrom? Sie alle gingen mit Aktien, Genussrechten oder Anleihen oder einer Kombination aus allem an die Börse. Sie alle mussten trotz der sprichwörtlichen Nachhaltigkeit ihrer Geschäftsmodelle Insolvenz anmelden, nachdem die für sie relevanten Einspeisevergütungen geändert wurden.

Besonders problematisch bei regulierten Geschäftsmodellen: Als Anleger können Sie nicht genau vorhersagen, wie groß die Auswirkungen einer Gesetzesänderung, etwa einer Subventionsanpassung, sein werden. Unter dieser Unsicherheit eine Aktie zu kaufen gleicht einem Münzwurf, ganz nach dem Motto:

▶ **Kopf:** Die neue Gesetzgebung hat keine Auswirkung auf die Ertragslage.

▶ **Zahl:** Die Cashflows verhalten sich völlig anders als geplant.

Doch mit einer Erfolgswahrscheinlichkeit von lediglich 50 Prozent kann man an der Börse auf Dauer nicht erfolgreich sein. Im Gegenteil: Mit einer Erfolgsquote von 50 Prozent werden Sie auf Dauer alles verlieren.

77. Warum „Buy on bad news" ein zweischneidiges Schwert ist

„Der Aktienkauf ist das einzige Geschäft, das ich kenne, bei dem die Menschen aus dem Laden rennen, wenn die Waren mit Rabatt angeboten werden."

– MARK YUSKO

Aktien werden an Märkten gehandelt, auf denen sich die Menschen wohler fühlen, wenn die Preise steigen. Bei Lebensmitteln, Bekleidung oder dem neuesten Tech-Gimmick ist das anders. Hier kaufen wir am liebsten im Schlussverkauf. Dabei hat schon Warren Buffett festgestellt: „Ob Socken oder Aktien, ich kaufe gerne hochwertige Ware, wenn sie verramscht wird."[69] Verglichen mit anderen Zitaten von Buffett ist dieses nicht besonders innovativ. Alle Wirtschaftswissenschaftler dieser Welt kennen dessen Inhalt aus ihrer ersten mikroökonomischen Vorlesung, in der das Konzept von Angebots- und Nachfragekurven vorgestellt wurde: Steigt der Preis eines Gutes an, geht die von diesem Gut nachgefragte Menge zurück. Geht der Preis eines Gutes zurück, steigt die nachgefragte Menge.

Bei Aktien jedoch scheint dieser Mechanismus nicht zu wirken. Fallen Aktien, gewinnt die Angst die Oberhand und es scheint, als würden die Verluste nie enden. Wenn die Kurse steigen, gewinnt die Gier die Oberhand und wir bekommen das Gefühl, dass immer höhere Renditen naturgegeben sind. Wenn Kurse steigen, sagen alle: „Ah, das scheint eine gute Aktie zu sein", und keiner flüstert: „Jetzt ist die Aktie aber teuer geworden." Anleger leben pausenlos in der Angst, Geld zu verlieren, und in der Angst, eine Chance zu verpassen, noch mehr Geld zu verdienen.

Um sich von den Urtrieben Gier und Angst zu lösen, verwenden Börsenprofis Börsenweisheiten wie „Buy on bad news", auf Deutsch: Aktien sollte man nach schlechten Meldungen kaufen. Ich persönlich konnte mit dieser Börsenweisheit noch nie viel anfangen, zumindest in ihrer pauschalisierten Form. Denn wenn auf schlechte Nachrichten noch schlechtere folgen, dann war ein Aktienkauf keine gute Idee. Schlimmstenfalls greift man in ein fallendes Messer und hat einen späteren Insolvenzkandidaten im Depot. Wer also Aktien nach der Bekanntgabe „schlechter Nachrichten" kauft, sollte genau wissen, was er tut. In seiner pauschalen Form kann „Buy on bad news" also nicht empfohlen werden.

Ohnehin gibt es auch einen ganz anderen Ratschlag. Dieser stammt immerhin von zwei Wirtschaftsnobelpreisträgern: von Eugene Fama und Robert Shiller. Ihr Rat bei „bad news" lautet: nichts tun. Denn die Kapitalmärkte sind im Allgemeinen besser und schneller darin, die

---

[69] Buffett W. (2009).

relevanten Informationen zu bewerten als Sie (Fama). Außerdem beruht ein großer Teil der Abweichungen von der Markteffizienztheorie auf emotionsgetriebenen Überreaktionen und Herdenverhalten (Shiller). Wenn man verkauft, wenn alle verkaufen, ist es ohnehin bereits zu spät. Wenn Sie sich nicht mit dem Gedanken anfreunden können, dass Aktien gelegentlich aus Gründen an Wert verlieren, die mit der langfristigen Entwicklung der Weltwirtschaft nichts zu tun haben, dann sollten Sie besser keine Aktien besitzen.

78. Warum es sich trotzdem lohnen kann, auf „gefallene Engel" zu setzen

„Die Hoffnung ist der Regenbogen über dem herabstürzenden Bach des Lebens."
– FRIEDRICH NIETZSCHE

Wie Sie inzwischen wissen, werden Aktienkurse, vor allem kurzfristig stark von psychologischen Faktoren bestimmt. Sie werden von zukünftigen Erwartungen bestimmt, bei deren Formulierung wir unsere zwei wichtigen Triebkräfte nicht ausschalten können: Angst und Gier. Diesen Triebkräften waren bereits die Steinzeitmenschen unterworfen. Waren sie gierig, taten sie sich zusammen und machten Jagd auf das Mammut mit dem Wissen, dass nicht alle die Jagd überleben würden. Überwog dagegen die Angst, gab es eben nur einen Hasenbraten. Dann musste zwar keiner sterben, aber es wurden auch nicht alle Mitglieder der Sippe satt.

An der Börse haben diese Triebkräfte häufig massive Übertreibungen zur Folge. Dann kommt es vor, dass gut positionierte und hochprofitable Unternehmen nach einer einzigen Pressemeldung richtiggehend abgestraft werden und die Kurse weit mehr verlieren, als durch die Meldung gerechtfertigt erscheint. Damit so ein Kurseinbruch für Sie nachvollziehbar wird, ist es notwendig, die internen Prozesse einer Investmentbank zu verstehen. Stellen Sie sich vor, Sie wären Finanzanalyst einer Investmentbank und müssten die Aktie eines bestimmten Unternehmens bewerten. Dieses stellt in einer gut geschützten Nische wunderbare Produkte her, vertreibt diese zu guten Preisen und ist hochprofitabel bei geringer Verschuldung. Eine perfekte Mischung also und weil Sie von diesem Unternehmen so überzeugt sind, werben Sie bei Ihren Investoren mit der Idee, Aktien dieses Unternehmens zu kaufen. Wenn der Investor Ihre Idee für nachvollziehbar hält, wird er Ihrem Kollegen aus der sogenannten Sales-Abteilung (das sind diejenigen Mitarbeiter einer Investmentbank, die tagein, tagaus mit den institutionellen Investoren sprechen und diese beraten) eine Order zum Kauf der Aktien erteilen.

Plötzlich meldet das Unternehmen ein Problem: Ein Feuer in einer Fabrik, die fehlgeschlagene Entwicklung eines Medikaments, ein CEO, der eine Überweisung in Millionenhöhe fordert … es kommt zu einer Gewinnwarnung und die Aktie kollabiert. In diesem Moment stecken Sie als Analyst in der Klemme. Schließlich war es Ihre Idee, die Sie an die Kunden herangetragen haben. Ihr persönlicher Ruf steht auf dem Spiel, also suchen Sie nach einem Ausweg. Was läge näher als die Schuld abzuwälzen, das Kursziel nach unten anzupassen und das Rating der Aktie herunterzustufen? Denn wie Keynes schon sagte, ist es allemal besser, mit der Masse falschzuliegen als am Ende als Einziger am nun möglicherweise falschen Anlageurteil „hängen zu bleiben". Um sich selbst aus der Schusslinie zu bringen, passen Analysten ihre Kursziele nach unten an, andere folgen. Reihenweise nehmen die Analysten ihre Anlageurteile von „Kaufen" auf „Halten" oder sogar „Verkaufen" zurück. Institutionelle Investoren tun, was die Analysten ihnen empfehlen, und verkaufen. Nicht selten ist in diesen Situationen zu beobachten, dass Aktien in einem Ausmaß an Wert verlieren, das den eigentlichen Schaden deutlich übersteigt. In diesem Fall kann durch die gestiegene Volatilität eine Aktie zu einem Ausverkaufspreis erworben werden.

Der wesentliche Grund für die Überreaktion ist also, dass Anleger neue Informationen deutlich höher gewichten als ältere Informationen. Veröffentlicht ein Unternehmen eine neue, unter den Erwartungen liegende Information, so wird über diese in allen Medien umfassend berichtet. Ältere, möglicherweise positive Informationen werden in den Hintergrund gedrängt. Plötzlich ist alles schlecht, was vorher noch gut war. Von einem Homo oeconomicus, wie er in den Wirtschaftswissenschaften gelehrt wird, kann nun keine Rede mehr sein. An die Stelle eines rational handelnden Investors treten Menschen mit Schwächen, die nicht vor verzerrter Wahrnehmung, Herdenverhalten, Eitelkeiten oder Selbstüberschätzung gefeit sind.

Sie haben es bestimmt schon vermutet: In der übergreifend pessimistischen Reaktion anderer Investoren entsteht für Sie eine Chance. Diese Strategie wird „Contrarian Investing" genannt, was am besten mit Querdenkeranlage zu übersetzen ist. Ein Contrarian Investor kauft Aktien dann, wenn alle anderen sich negativ über dieses Wertpapier äußern und wenn der Preis unter dem Wert des Unternehmens liegt. Damit ist Contrarian Investing vergleichbar mit Value Investing, da sowohl Value- als auch Contrarian-Investoren nach Diskrepanzen zwischen dem Preis und dem Wert einer Anlage suchen.

79. Woran Sie erkennen, dass es bei einem Unternehmen richtig schief-läuft

„Das Wichtigste ist, dass das Wichtigste das Wichtigste bleibt." – STEVEN COVEY

Nach meiner Erfahrung gibt es zehn Gebote, anhand deren Sie erkennen können, ob ein Unternehmen in Schwierigkeiten steckt:

1. Das Unternehmen befindet sich auf dem Höhepunkt des Konjunkturzyklus und erwirtschaftet immer noch keine Gewinne. Ausnahmen: Rohstoffunternehmen wie Öl- und Gasexplorer sowie forschungsintensive Unternehmen, etwa aus der Biotechnologiebranche.
2. Das Unternehmen verliert kontinuierlich Marktanteile.
3. Das Unternehmen hat keine klar definierte Strategie. Stattdessen verfolgt es eine sogenannte „Fuzzy Management"-Strategie, die allumfassend ist und trotzdem Jahr für Jahr geändert wird. Bedenken Sie: Wenn die Strategie nicht auf die Rückseite einer Visitenkarte passt, hat das Unternehmen vermutlich keine.

4. Im Unternehmen gibt es andere mächtige Stakeholder, zum Beispiel Gewerkschaften oder Regierungen. Auch wenn diese ihren Einfluss nicht kontinuierlich ausüben, werden sie, wenn es hart auf hart kommt, ihre Interessen denen des Aktienkapitals vorziehen.

5. Die erwirtschaftete Liquidität wird nicht zielführend investiert beziehungsweise ausgeschüttet. Wenn Kapital nicht effizient genutzt wird, um das Geschäft neu zu beleben, stehen langfristig Probleme bevor.

6. Das Unternehmen hat so hohe Schulden, dass sie über einen Konjunkturzyklus hinweg nicht abgebaut werden können. Eine hohe Verschuldung ist in den meisten Fällen der eigentliche Auslöser für eine finanzielle Krise des Unternehmens.

7. Das Unternehmen hat ein Führungsproblem: Häufige Vorstandswechsel sind nie ein gutes Zeichen. Unternehmen in Schwierigkeiten stehen vor der Aufgabe, ihre betriebliche DNA zu ändern. Dies ist nur mit einer Stetigkeit im C-Level-Management (CEO, CFO et cetera) zu erreichen.

8. Das Unternehmen hat keinen Finanzvorstand.

9. Erfolgreiche Vorstände setzen sich operative Ziele, die sie – getreu dem Motto des „Underpromise and Overdeliver" – nach einem vorgegebenen Managementplan erreichen oder im Zeitablauf sogar anheben. Dann ist der Zeitpunkt erreicht, an dem Aktien eine fundamentale Neubewertung erfahren. Wenn sich aber der Vorstand unrealistische Ziele setzt, die wiederholt nicht erreicht werden, ist dies stets ein Indikator für Probleme.

10. Das Unternehmen wird sogar von aktivistischen Investoren gemieden. Attraktive Unternehmen sind immer das Ziel namhafter institutioneller Investoren. Ist dies nicht der Fall, stecken Unternehmen oft in Schwierigkeiten.

80. Welche Anleihen Sie kaufen sollten

„Jede Wirtschaft beruht auf der irrtümlichen Annahme, der andere werde gepumptes Geld zurückzahlen." – KURT TUCHOLSKY

Was schnell vergessen wird: Die Zinsen befinden sich inzwischen seit mehr als 30 Jahren auf Talfahrt. Einzelne Emittenten weisen für bestimmte Laufzeiten sogar negative Zinsen aus. Aus diesem Grund haben Sie sich vielleicht nicht darüber gewundert, dass in diesem Buch, das sich mit den Möglichkeiten beschäftigt, durch Kapitalanlage reich zu werden, von Anleihen bislang nur wenig die Rede war. Dennoch bin ich der Meinung, dass auch bei diesen Zinssätzen Anleihen einen wenn auch bescheidenen Anteil in Ihrem Portfolio verdienen.

Anleihen, im Deutschen auch unter ihren Synonymen Renten(papiere) und Schuldverschreibungen bekannt, in der Schweiz als Obligationen, im angelsächsischen Sprachraum als (Corporate) Bonds, sind als Wertpapiere verbriefte Forderungsrechte, die am Kapitalmarkt platziert und gehandelt werden. Der Käufer, Anleger oder Investor eines Bonds (englisch für binden, festigen) wird zum Gläubiger, der Verkäufer oder Emittent zum Schuldner. In dieser Gläubiger-Schuldner-Beziehung verspricht der Emittent den Gläubigern im Gegenzug für die Kapitalüberlassung die Zahlung eines zeitabhängigen Entgelts – des Kupons – und die Rückzahlung des ihm überlassenen Nominalbetrags zu im Voraus festgelegten Bedingungen. Gläubiger-Schuldner-Beziehungen gibt es auch bei Darlehen oder Bankkrediten, die jedoch, da sie in der Regel nicht verbrieft werden, an der Börse nicht gehandelt werden. Die Verbriefung hat einen entscheidenden Vorteil: Der Gläubiger kann seine Forderung einem Dritten verkaufen oder abtreten, ohne dass hierfür die Zustimmung des Schuldners erforderlich ist.

Im Gegensatz zur Eigenkapitalfinanzierung, die eine gewinnabhängige, mithin variable Verzinsung verspricht, die nur bezahlt wird, wenn der Emittent einen Gewinn erwirtschaftet hat, erwachsen aus der Anleihefinanzierung unbedingte Zinszahlungs- und Tilgungsverpflichtungen zu fest definierten Zeitpunkten. Sämtliche Verpflichtungen des Emittenten sind in den Anleihebedingungen niedergelegt und gelten während der gesamten Laufzeit der Anleihe für alle Gläubiger gleichermaßen.

Im Wesentlichen gibt es zwei Arten von Emittenten:[70]

▶ **Staatsanleihen:** Dabei handelt es sich um Anleihen, die von einer nationalen oder regionalen Regierung ausgegeben werden. Ihr Laufzeitenspektrum reicht in der Regel von 90 Tagen bis zu 30 Jahren. In der Regel (aber nicht ausnahmslos) sind Staatsanleihen die am niedrigsten verzinsten Anleihen in einer Volkswirtschaft.

▶ **Unternehmensanleihen:** Unternehmensanleihen werden von Unternehmen zur Finanzierung meist größerer Investitionsprojekte ausgegeben. Die Verzinsung ist abhängig vom Ausfallrisiko des Emittenten und der Laufzeit der Anleihe. Dabei wird unterschieden zwischen High-Grade- und High-Yield-Unternehmensanleihen. Erstere sind Anleihen mit einem Investment-Grade-Rating, also mit einem Rating, das besser ist als BBB-. Bei ihnen handelt es sich um Unternehmen mit guter bis sehr guter Kreditwürdigkeit und geringem Insolvenz- oder Default-Risiko.

---

[70] Für die tiefer gehende Lektüre zum Thema Anleihen empfehle ich mein 2013 erschienenes Buch „Unternehmensanleihen – simplified: Hohe Rendite und Risiko perfekt im Griff".

Letztere sind Anleihen von Emittenten unterhalb eines Investment-Grade-Ratings.

Für einen Anleger weisen Anleihen verschiedene Vorteile auf. Zum einen schützen hochwertige Anleihen in schwierigen Zeiten vor Kursverlusten und deflationären Tendenzen. Zumindest kurzfristig bieten Anleihen überdies Diversifikationsvorteile. Nicht übersehen werden sollte jedoch, dass auch Anleihen grundsätzlich hohe Kursverluste erleiden können. Wenig sinnvoll ist es daher für einen durchschnittlichen Anleger, auf Anleihen im High-Yield-Bereich zu setzen. Für einen Anleger, der die Risiken von Aktien vermeiden will, ist es meiner Meinung nach nicht sinnvoll, sich Anleihen von Emittenten zu kaufen, um deren Reputation und Geschäftsmodell er sich im Nachhinein Sorgen machen muss. Angesichts der deutlichen Risikoprämien für Aktien führt selbst der Erwerb hochverzinslicher Anleihen bei nahezu gleichem Risiko zu einem deutlich schlechteren Anlageergebnis. Meiner Meinung nach sollten sich Anleger bei Anleihen auf High-Grade-Emittenten, also Emittenten im Investment-Grade-Bereich, beschränken. Es macht keinen Sinn, aus Risikogesichtspunkten Anleihen zu kaufen, die sich wie Aktien verhalten. Insofern hatte Altmeister Kostolany unbedingt recht, als er einst sagte: „Wer ruhig schlafen will, kauft Renten, wer gut leben will, kauft Aktien."

81. Warum Sie keine Roh- stoffe kaufen müssen

„Jeder Fehler erscheint unglaublich dumm, wenn andere ihn begehen."

– GEORG CHRISTOPH LICHTENBERG

In der klassischen Vermögensverwaltung gibt es eine Regel, wonach ein Anleger zwischen fünf und zehn Prozent seines Vermögens in Rohstoffe investieren sollte. Als Begründung ist zu lesen, dass Rohstoffe unter Diversifikationsgesichtspunkten attraktiv und die jährlich durchschnittlich zu erzielenden Renditen denen von Aktien nicht unterlegen seien. Wie sieht die Realität aus?

Zunächst so, dass ein „normaler" Anleger bis vor wenigen Jahren in Rohstoffe gar nicht investieren konnte. Es handelt sich also um eine relativ junge Assetklasse. Und wie dies an der Wall Street üblich ist, wurde sie mit hoher Intensität in den Markt getragen. Kurz darauf indes kam es zur Ernüchterung, wie folgende Tabelle zeigt:

Abbildung 37 Performance der einzelnen Assetklassen

2007	2008	2009	2010	2011	2012	2013	2014	2015	2016	2017
EM 39,8%	HG Bonds 5,2%	EM 79,0%	SC/MC 26,9%	HG Bond 7,8%	EM 18,6%	SC/MC 38,8%	LC 17,7%	LC 1,4%	SC/MC 21,3%	EM 37,8%
Rohstoffe 16,2%	Cash 1,4%	HY Bonds 57,5%	EM 19,2%	HY Bond 4,4%	International 17,9%	LC 32,4%	Diversifiziert 6,9%	HG Bonds 0,6%	HY Bonds 17,5%	International 25,6%
International 11,6%	Diversifiziert -22,4%	International 32,5%	Rohstoffe 16,8%	LC 2,1%	SC/MC 16,4%	International 23,3%	HG Bonds 6,0%	Cash 0,1%	LC 12,0%	LC 21,8%
Diversifiziert 7,6%	HY Bonds -26,4%	SC/MC 27,2%	HY Bonds 15,2%	Diversifiziert 0,3%	LC 16,0%	Diversifiziert 11,5%	SC/MC 4,9%	International -0,4%	Rohstoffe 11,8%	SC/MC 14,7%
HG Bonds 7,0%	SC/MC -33,8%	LC 26,5%	LC 15,1%	Cash 0,1%	HY Bonds 15,6%	HY Bonds 7,4%	HY Bonds 2,5%	Diversifiziert -1,3%	EM 11,6%	Diversifiziert 14,6%
LC 5,5%	Rohstoffe -35,6%	Diversifiziert 24,6%	Diversifiziert 13,5%	SC/MC -4,2%	Diversifiziert 12,2%	Cash 0,1%	Cash 0,0%	SC/MC -4,4%	Diversifiziert 7,2%	HY Bond 7,5%
Cash 4,4%	LC -37,0%	Rohstoffe 18,9%	International 8,2%	International -11,7%	HG Bonds 4,2%	HG Bonds -2,0%	EM -1,8%	HY Bonds -4,6%	HG Bonds 2,7%	HG Bonds 3,9%
HY Bonds 2,2%	International -43,1%	HG Bonds 5,9%	HG Bonds 6,5%	Rohstoffe -13,3%	Cash 0,1%	EM -2,3%	International -4,5%	EM -14,6%	International 1,5%	Cash 1,0%
SC/MC -1,6%	EM -53,2%	Cash 0,2%	Cash 0,2%	EM -18,2%	Rohstoffe -1,1%	Rohstoffe -9,5%	Rohstoffe -17,0%	Rohstoffe -24,7%	EM 1,5%	Rohstoffe 1,0%

Aktien (LC: Large Caps; SC/MC: Small Caps/Mid Caps; EM: Emerging Markets)

Anleihen (HG: High Grade-Anleihen im Investment Grade Bereich; HY: High Yield-Anleihen im Speculative Grade-Bereich)

Quelle: MFS [71], eigene Berechnungen

Dass Rohstoffe langfristig zu den systematischen Underperformern zählen, hat seinen Grund: Rohstoffe erwirtschaften keine Cashflows und keine Gewinne, Rohstoffe schütten keine Dividenden aus und auch keine regelmäßigen Zinszahlungen wie Anleihen. Ihre Kursentwicklung ist lediglich eine Funktion von Angebot und Nachfrage – die wir nicht vorhersagen können.

Und doch es gibt eine Lösung. Glaubt man dem verstorbenen André Kostolany, dann sollte man bei einem Goldrausch nicht in die Goldgräber investieren, sondern in Schaufelhersteller. Betrachten Sie Rohstoffe als ein Werkzeug, das den Unternehmen hilft, ihre Ziele zu erreichen. Wenn Sie auf die Dynamik eines bestimmten Rohstoffs setzen wollen, müssen Sie nicht diesen Rohstoff kaufen und in einem Bank-

---

[71] Zitiert nach: https://www.mfs.com/wps/FileServerServlet?articleId=templatedata/ internet/file/data/sales_tools/mfsvp_20yrsb_fly&servletCommand=default.

schließfach lagern, sondern die Unternehmen herausfinden, die von diesem Rohstoff profitieren. Durch diese Strategie können Sie außerdem noch von einem anderen Aspekt profitieren: Häufig sind es nämlich gerade die gut aufgestellten Zulieferer, die zu Übernahmezielen avancieren.

82. Warum Sie strukturierte Bankprodukte ignorieren sollten

„Wenn es ernst wird, muss man lügen."

– JEAN-CLAUDE JUNCKER

Die von Banken angebotenen strukturierten Produkte gehen in die Millionen. Aus Sicht der Banken ist das verständlich, denn offensichtlich handelt es sich um ein höchst profitables Geschäftsmodell. Oder glauben Sie allen Ernstes, Finanzdienstleistungsunternehmen würden neue Produkte einführen, wenn sie damit geringere Gewinne erwirtschaften würden? Dies gilt insbesondere, wenn eine Bank ein Produkt herausbringt, das Ihnen angeblich helfen soll, mehr Geld zu verdienen oder Ihr Risiko zu verringern – oder beides. Die einzige Partei, für die dies zutrifft, ist der Emittent des Produkts: die Bank.

Die von Banken angebotenen strukturierten Produkte weisen in der Regel zwei Charakteristika auf, die Sie von einer Investition abhalten sollten:

1. Sie sind komplex und intransparent: Damit verstößt ein Erwerb gegen Kapitel 59 dieses Buches.
2. Die Wahrscheinlichkeit, mit ihnen eine Rendite zu erzielen, die über den Erwartungen liegt, geht gegen null: Damit verstößt ein Erwerb gegen alle anderen Kapitel dieses Buches.

Den mit der Beratung einhergehenden Interessenkonflikt umgehen die Angestellten durch die sogenannte Geeignetheitsprüfung. Hinter diesem Wortungetüm verbirgt sich das ehemalige Beratungsprotokoll, dessen einziger Zweck es ist, die Bankmitarbeiter von Haftungsfragen der Anleger zu exkulpieren. Tatsächlich wäre es sinnvoller, wenn Finanzberater, die Ihnen strukturierte Produkte „andrehen" wollen, einen Warnhinweis tragen müssten. Nachstehend finden Sie meine Liste der fünf passendsten Aufkleber für Finanzberater:

1. Neben Deutsch und Englisch spreche ich fließend Finanzkauderwelsch, natürlich nur, um Sie zu beeindrucken beziehungsweise zu verwirren.
2. Ich weise Sie explizit nicht darauf hin, dass andere Produkte eine für Sie viel günstigere Alternative wären als die überteuerten Fonds, die ich Ihnen anbiete.
3. Ich verkaufe am liebsten jene Produkte, die mir helfen, meine internen Verkaufsquoten zu erfüllen.
4. Ich vereinnahme gerne zusätzliche Prämien, indem ich Ihnen empfehle, auch Versicherungen meines Arbeitgebers zu kaufen. Intern trage ich zu Recht den Ruf eines Cross-Selling-Champions.
5. Meine Spezialität ist es, Ihnen Dinge zu erzählen, die Sie hören möchten, zum Beispiel die Vorteile von „risikolosen Anlagen".

83. Warum Emerging Markets soso sind

„Wissen Sie, was Sie besitzen, und wissen Sie, warum Sie es besitzen." — PETER LYNCH

Es mag durchaus attraktiv sein, sich frühzeitig in Emerging Markets zu positionieren, doch dürfen dabei keinesfalls die übrigen Grundregeln des Anlegens missachtet werden. Emerging Markets, darunter verstehen Börsianer die aufstrebenden Märkte. Meistens verstecken sie sich hinter einem Akronym wie BRIC (Brasilien, Russland, Indien und China).

Der Vorteil von Emerging Markets ist, dass diese Länder alles, was wir als Normalzustand ansehen, noch vor sich haben. Dem stehen jedoch erhebliche Nachteile gegenüber. Abgesehen von den politischen Risiken, die mit Engagements in diesen Ländern verbunden sind, gibt es Währungsrisiken, eine meist geringere Handelsliquidität der Börsen, laxe Insiderregelungen und ein schwach ausgeprägtes Corporate-Governance-Bewusstsein.

Wertpapiere in Emerging Markets können hohe Renditen abwerfen. Anleger müssen sich jedoch darüber im Klaren sein, dass sie mit Risiken verbunden sind, die hierzulande möglicherweise keine Rolle mehr spielen (sollten).

84. Wie Sie das perfekte Portefeuille für sich finden

„Wenn du deine eigenen falschen Ideen zerstören kannst, ist das ein großartiges Geschenk." – CHARLIE MUNGER

Viele, auch professionelle Investoren sind auf der Suche nach dem „perfekten Portfolio", genauer nach dem für sie zu einem bestimmten Zeitpunkt individuell perfekten Portfolio. Ein perfektes Allwetter-Portfolio, das für jeden immer gilt, kann es dagegen nicht geben. Wohl aber ein schlechtestes, das nur aus einem einzigen hochriskanten Wertpapier besteht. Wenn es also Ihr Ziel ist, ein perfektes Allwetter-Portfolio zusammenzustellen, dann haben Sie im Grunde genommen bereits verloren, weil Enttäuschungen vorprogrammiert sind. Das wirklich perfekte Portfolio ist dasjenige, das es Ihnen ermöglicht, Ihrer Anlagephilosophie treu zu bleiben, und Sie nicht dazu verleitet, der erstbesten „Opportunität" hinterherzulaufen.

85. Wann Sie eine Aktie verkaufen sollten

„Oft verliert man das Gute,
wenn man das Bessere sucht."

– PIETRO METASTASIO

Vor einigen Jahrhunderten saß ein chinesischer König mit seinen Beratern zusammen und suchte eine Lösung für die sich immer weiter verschlechternde Wirtschaft seines Landes. Einer der Berater stellte fest: „Mein König, wir sind machtlos, der Grund unserer Misere liegt im Naturgesetz von Angebot und Nachfrage."

Darauf antwortete der König: „Ich bin der König. Ich werde dieses Naturgesetz verbieten."

Schweigend saßen die Minister vor ihm, bis ein besonders mutiger einwandte: „Mein König, das Gesetz von Angebot und Nachfrage kann nicht verboten werden. Das ist wie mit der Schwerkraft."

Darauf der König: „Ich bin der König. Dann werde ich eben auch die Schwerkraft verbieten."

Auch wenn diese kurze Geschichte in Wirklichkeit niemals so stattgefunden haben mag, so liegt ihre Aussage doch auf dem Tisch: Manche Gesetzmäßigkeiten lassen sich nicht verbieten. So wie das Gesetz der Schwerkraft. Oder das Gesetz der Löcher.[72]

---

[72] Das Gesetz der Löcher wird einer Reihe von Urhebern zugeschrieben. Vermutlich erschien es erstmals in der Washington Post vom 25. Oktober 1911, in der zu lesen war: „Nie würde ein weiser Mann, der sieht, dass er in einem Loch ist, sich an die Arbeit machen und blind weitergraben." Zitiert nach Doyle C. C.; Mieder W.; Shapiro F. R. (2012).

Sie kennen das Gesetz der Löcher nicht? Das erste Gesetz der Löcher besagt, dass wenn man sich in einem Loch wiederfindet, man aufhören sollte zu graben. Wenn Sie einen Fehler gemacht haben, sollten Sie diesen akzeptieren und sofort aufhören, ihn erneut zu begehen. Das gilt ganz besonders an der Börse. Wenn Sie eine Aktie gekauft haben, die nicht wie erwartet steigt, sondern fällt, sollten Sie diese verkaufen, auch wenn Sie dabei einen Verlust realisieren. Verluste begrenzen ist eine der Grundregeln des Anlegens, die Sie niemals aus den Augen verlieren sollten.

Weniger bekannt, jedoch mindestens ebenso wichtig ist das zweite Gesetz der Löcher. Es besagt, dass man, wenn man aufgehört hat zu graben, sich immer noch in einem Loch befindet. Auf den Kapitalmarkt übertragen heißt dies, dass es wichtig ist, aus Fehlern zu lernen. An der Börse begeht jeder Anleger früher oder später einen Fehler. Wahnsinnig ist jedoch, wie Albert Einstein sagt, wer denselben Fehler immer wieder begeht. Denn jeder macht Fehler. Nur die, die nichts machen, begehen keine Fehler. Fehler macht man, weil man Dinge übersehen oder falsch interpretiert hat. Dies sollte man sich aber auch eingestehen und die notwendigen Schlüsse daraus ziehen. Ansonsten trifft einen nämlich das dritte Gesetz der Löcher, das ich in seiner zeitgemäßen Variante auch als „Trump'sches Gesetz der Löcher" bezeichnen würde: Wenn man sich in einem Loch wiederfindet, sollte man nicht leugnen, in einem Loch zu sein.

Neben den Dingen, die Sie nicht ändern können, gibt es noch weitere Gründe, eine Aktie zu verkaufen. Manchmal liegt es gar nicht an der Aktie an sich, dass man sie verkaufen sollte. Wenn Sie nicht gerade Jeff Bezos heißen, ist Ihr Vermögen begrenzt. In diesem wahrscheinlichen Fall gibt es häufig bessere Alternativen, die Ihnen eine höhere Rendite versprechen. Manchmal haben in einem Unternehmen Veränderungen stattgefunden: Der Vorstand ist zurückgetreten, ein bestimmtes Produkt läuft schlechter als geplant, ein chinesischer Wettbewerber betritt die Bühne. Wenn Sie befürchten, dass sich die Gesamtsituation dauerhaft verschlechtert, sollten Sie Ihre Aktie verkaufen. Der dritte Grund, eine

Aktie zu verkaufen, ist der angenehmste: Die Aktie ist so stark gestiegen, dass sie Ihr Kursziel erreicht hat. Die Aktie ist nun angemessen[73] bewertet. Den vierten Grund habe ich mir für den Schluss aufgehoben: Meiner Meinung nach sollten Sie eine Aktie verkaufen, wenn sie Ihnen schlaflose Nächte bereitet. Nicht umsonst habe ich dieses Buch nicht „Reich werden um jeden Preis" genannt. Ziel des Buches ist es, zu investieren, um die Lebensqualität zu steigern, nicht um sich ein Magengeschwür einzuhandeln.

---

[73] Anm.: Ich persönlich lehne den Begriff der „fairen Bewertung" ab. Bewertung ist ein wissenschaftlicher Vorgang, der mit dem englischen Wort für gerecht oder anständig nichts zu tun hat.

4

Von der Theorie zur Praxis

Zu viele In-formationen können uns überwältigen. Wir können sie nicht verarbeiten und nehmen deshalb unbefriedigende Abkürzungen. Anstatt sich für eine größere Belohnung unbekannten Risiken auszusetzen neigen viele Menschen daher dazu, diejenige Option zu wählen, die mehr Sicherheit bietet. Andere wiederum tappen in die Überlegenheitsfalle, weil sie glauben, es besser zu wissen als die Experten oder die Masse des Marktes. Dabei macht eine gute schulische und universitäre Ausbildung noch keinen guten Investor.

Es ist kein Geheimnis, dass hinter jedem erfolgreichen Investor eine schriftlich fixierte, messbare und wiederholbare Anlagestrategie steht, schon allein um zu vermeiden, von einem Trade zum nächsten zu springen. Daher sollten auch Sie eine Anlagestrategie entwickeln, die Sie niederschreiben und die messbar ist sowie Ihren langfristigen Zielen entspricht. Dies wird Ihnen helfen, ein wirres Portefeuille aus Einzelaktien zu vermeiden, die als Ganzes betrachtet kein übergreifendes Thema oder Ziel haben.

86. Warum Sie sich Anlageziele setzen und dabei bescheiden bleiben sollten

„Wir denken selten an das, was wir haben, aber immer an das, was uns fehlt."

– ARTHUR SCHOPENHAUER

Den Erfolgreichen an den Kapitalmärkten winkt eine hohe Entlohnung. Kein Wunder, dass Investmentbanken bei Studienabsolventen zu den beliebtesten Arbeitgebern zählen. So gibt es Tausende kluger Menschen, die Ihnen ihre Meinung anbieten. Für jeden ist etwas dabei, für Aktien- und Anleiheanleger, für kurzfristige Zocker und langfristige Investoren, für hohe und überschaubare Risiken. Wer will da den Überblick behalten? Gleichzeitig wird es immer jemanden geben, dessen Strategie sich besser entwickelt als Ihre oder dessen Portefeuille schneller wächst als Ihr Depot. Neid bringt Sie jedoch nicht weiter, zumindest solange die Strategie des anderen nicht auch zu Ihrer speziellen Situation und Ihrem zeitlichen Horizont passt.

Diese Situation ist nicht allein auf Ihre Kapitalmarktentscheidungen beschränkt. Ständig wird Ihnen etwas als Hochleistungsalternative präsentiert: ein Auto, das in drei Sekunden auf 100 km/h beschleunigt, ein Computer, der über noch höhere Rechenkapazitäten verfügt, ein neuer, extrem effizienter Joggingschuh. Doch beim Vergleich von Hochleistungs- mit Basisgeräten geht ein wichtiges Detail verloren: Der neue Laufschuh mag leichter sein, ist jedoch teurer, nicht für Ihr Gewicht geeignet und hat eine kürzere Lebensdauer. Für Sie könnte eine leistungsschwächere Alternative genau das sein, was Sie suchen. Für Sie könnte ein Wertpapier, das eine bestimmte Kursperformance mit deutlich geringeren Ausschlägen erreicht, genau das Richtige sein. Daher sollten Sie sich fragen, ob es sinnvoll ist, nach der besten Aktie des Universums zu suchen, um Ihre Anlageziele zu erreichen, oder ob es nicht ausreichend ist, nach einer überdurchschnittlichen Rendite zu streben. Bleiben Sie bescheiden, sonst übernimmt dies der Kapitalmarkt für Sie.

Hierzu passt eine weitere Geschichte, die der Autor Thomas Phelps in seinem Buch „100 to 1 in the Stock Market" erzählt.[74] Sie berichtet von fünf armen Arabern, die eines Nachts von einem Engel geweckt werden.

„Jeder von euch hat einen Wunsch frei", sagt der Engel.

„Gib mir einen Esel", fordert der erste Araber und er bekommt seinen Wunsch erfüllt.

Der zweite fragt nach zehn Eseln – und zieht mit ihnen von dannen.

Der dritte fragt nach noch mehr: einer Karawane mit hundert Kamelen, hundert Eseln, Zelten, Teppichen, Essen, Wein und Dienern. Auch er bekommt seinen Wunsch erfüllt.

Der vierte, der die Wünsche der drei vorherigen gehört hat, sagt „Mach mich zum König!", woraufhin ihm der Engel prompt ein Königreich überträgt.

Daraufhin beschließt der fünfte Araber, nachdem er alle seine Gefährten gehört hat und deren Wünsche problemlos erfüllt wurden, aufs Ganze zu gehen. „Mach mich zu Allah", befiehlt er dem Engel. Sekunden später findet er sich nackt im Sand wieder, bedeckt mit leprösen Wunden.

Die Moral dieser Geschichte ist, wie Phelps andeutet, dass diejenigen von uns, die wenig vom Leben verlangen, wenig bekommen. Wer viel verlangt, bekommt viel. Wer zu viel verlangt, bekommt nichts.

---

[74] Phelps T. (2014): S. 1ff.

87. Was es mit Ihrer Anlagephilosophie auf sich hat

*„Niemand weiß, was er kann,
bevor er's versucht."*

– PUBLILIUS SYRUS

Haben Sie sich schon einmal mit der Frage auseinandergesetzt, welcher Anlegertyp Sie sind? Nur wenn Sie diese Frage beantwortet haben, können Sie die richtigen Anlageentscheidungen treffen. Zu diesem Thema gehört auch die Frage, ob Sie einen Berater für Ihre Anlageentscheidungen benötigen. Ein guter Berater nimmt sich zunächst Zeit für ein ausführliches Gespräch, in dem er Ihre Risikoeinstellung und Renditeerwartung ermittelt. Dabei informiert er Sie umfänglich über die voraussichtlichen Risiken und Kosten der Geldanlage. Sollte er dagegen Druck ausüben und Sie bereits beim ersten Gespräch zur Erteilung eines Kauf- oder Verkaufsauftrags drängen, dann sollten bei Ihnen die Warnlampen aufleuchten.

Unabhängig davon, ob Sie auf einen Anlageberater zurückgreifen oder Ihr Depot selbst managen, sollten Sie, bevor Sie an den Kapitalmärkten aktiv werden, Ihre Anlagephilosophie erstellen. In diese fließen ein:

▶ Ihre finanzielle Struktur (also Einkommen und Vermögen),
▶ Ihr Risikoprofil (sowohl Ihre Bereitschaft als auch Ihre Fähigkeit, Risiko zu tragen),

▶ Ihr Anlagehorizont und Ihr möglicher Liquiditätsbedarf,
▶ Ihre (langfristigen) finanziellen Ziele.

Die über allem stehende Grundregel lautet, dass Sie nur in Assets investieren sollten, die Sie verstanden haben. Diese Grundregel scheint nur zu offensichtlich zu sein und doch wird gegen sie täglich verstoßen. Ich möchte sogar behaupten, dass Anleger in Fonds oder strukturierten Produkten nur in den seltensten Fällen wissen, worauf sie sich da einlassen. Dabei ist eine der wichtigsten Formen des Risikomanagements das Verständnis von dem, was in Ihrem Depot vor sich geht.

Wissen Sie noch, warum Sie ein bestimmtes Wertpapier, einen Fonds oder eine Anleihe erworben haben? Können Sie angeben, wie stark Sie diversifiziert sind? Angenommen, Ihr Schwager empfiehlt Ihnen eine nie gehörte philippinische Öl-Aktie, angeblich ein todsicherer Tipp. Sie kaufen sofort 10.000 Aktien zum Kurs von 0,40 Euro. Wenige Monate später kommt tatsächlich die angekündigte Pressemeldung und die Aktie springt um 25 Prozent nach oben. Ihnen hilft das leider nicht weiter, da die Aktie unmittelbar nach Ihrem Kauf zunächst stark verloren hat und trotz des Kursprungs noch immer deutlich unter Ihrem Einstandspreis notiert. Worin bestand Ihr Fehlverhalten? Welche wesentlichen Kriterien Ihrer Anlagephilosophie haben Sie verletzt?

1. Sie haben auf einen Tipp gehört und eine Aktie gekauft, ohne das Unternehmen verstanden zu haben.
2. Sie haben einen Pennystock erworben, weil Sie sich damit prozentual höhere Kurschancen versprochen haben.
3. Sie waren gierig. Sie wollten Ihren Einsatz vervielfachen.
4. Sie waren faul: Sie haben sich nicht den Geschäftsbericht angesehen, haben nicht die Finanzzahlen analysiert und keine Unternehmensbewertung vorgenommen.

Anleger, die so handeln, sind durchschnittliche Anleger mit unterdurchschnittlichen Performance-Ergebnissen. Lernen Sie aus Ihren Fehlern. Pflegen Sie ein Aktienbuch, in das Sie die Gründe für den Kauf und Verkauf jedes Ihrer Wertpapiere eintragen. Tragen Sie auch ein, welchen Gewinn (oder Verlust) Sie mit der jeweiligen Aktie erzielen konnten. Denn auch wenn Sie gelegentlich mit einer schlechten Anlagephilosophie erfolgreich sind – auf lange Sicht dominiert die Philosophie das Ergebnis.

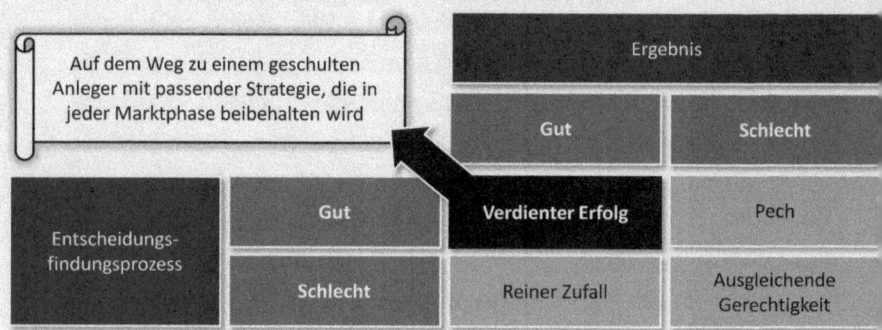

Abbildung 38 **Zusammenhang zwischen Entscheidung und Ergebnis**

Quelle: Eigene Darstellung, in Anlehnung an Russo J. E., Schoemaker P. J. H. (2002)

88. Warum Sie sich ständig hinterfragen sollten

„Wenn wir wollen, dass die Dinge so bleiben, wie sie sind, müssen sich die Dinge ändern."

– GIUSEPPE TOMASI DI LAMPEDUSA

Überzeugungen können eine gute Sache sein. Doch an Überzeugungen festzuhalten, wenn sich die Umwelt geändert hat, kann an den Kapitalmärkten desaströs sein. Charlie Munger, legendärer Partner von Warren Buffett, hat zu diesem Problem das Hammer-Gleichnis bemüht: „Für einen Mann mit einem Hammer sieht jedes Problem wie ein Nagel aus."

Psychologen haben festgestellt, dass Menschen, die auf ein bestimmtes Pferd gewettet haben, unmittelbar im Anschluss viel optimistischer über die Siegchancen ihres Pferdes sind als vor der Wette.[75] Am Kapitalmarkt können wir problemlos unseren Kauf gegenüber uns und unserer Umwelt rechtfertigen, auch wenn sich zwischenzeitlich Veränderungen ergeben haben, die die ursprüngliche Begründung infrage stellen.

Letztlich wird die Hartnäckigkeit, mit der Anleger auf einer einmal gefassten Meinung beharren, nur noch von ihrer Überheblichkeit übertroffen, nämlich dem Glauben, es „ja eh schon immer gewusst zu haben". Psychologen nennen diese Eigenschaft „Rückblick-Verzerrung" oder

---

[75] Vgl. Cialdini R. B. (1993).

Rückschaufehler (englisch „hindsight bias"). Sie führt dazu, dass Menschen die Genauigkeit ihrer Vorhersagen überschätzen. Nur wenige Menschen haben in den Jahren 1999 oder 2008 darauf hingewiesen, dass an den Finanzmärkten eine Blase vor dem Platzen steht. Befragt man heute Anleger nach dieser Zeit, glauben viele daran, dass sie zu der Zeit tatsächlich Zeichen wahrgenommen hätten, die auf eine Blase hingedeutet hatten. Ein unangenehmer Nebeneffekt des Rückschaufehlers ist, dass er Anlegern ein falsches Gefühl der Sicherheit vermittelt. Sie überschätzen die Genauigkeit ihrer früheren Prognosen und werden bereit, übermäßige Risiken einzugehen. Daher lautet die Essenz dieses Kapitels nicht nur, sich zu hinterfragen, sondern auch stets demütig zu sein.

89. Was Sie tun können, wenn es mal gegen Sie läuft

„Ich habe 90 Prozent meines Geldes für Frauen, Drinks und schnelle Autos ausgegeben. Den Rest habe ich einfach verprasst."

– GEORGE BEST

Wer die Aktien unterbewerteter Unternehmen kauft, muss beizeiten in der Lage sein, sich wohlzufühlen, wenn er sich unwohl fühlt. Investieren ist ein Training. Wer beim Jogging Fortschritte machen will, muss es mögen, außer Atem zu sein, muss den Schmerz verkraften und den Muskelkater am darauffolgenden Tag akzeptieren. Wer hohe Renditen erzielen will, muss ebenfalls „Schmerzen" verkraften können, denn auch Investieren hat seinen Preis. Sie bezahlen ihn in Form von Unsicherheit, überraschenden Entwicklungen, Kritik und Angst.

Früher oder später gerät jeder Investor in die Situation, falschzuliegen. Auch die besten Anleger mussten Perioden überstehen, in denen die Performance der ihnen anvertrauten Gelder unterdurchschnittlich war. Auch die besten Anleger machen Fehler. Übrigens auch Unternehmen. Angesprochen auf das fehlgeschlagene Amazon-Handy antwortete Jeff Bezos: „Wenn Sie glauben, dass dies ein großer Fehler ist, lassen Sie sich gesagt sein, dass wir gerade an viel größeren Fehlern arbeiten."

Wenn Anleger mit einer Aktie falschliegen, erklären sie diese gerne zu einem „Langfrist-Investment" – was auf Deutsch etwa heißt, dass sie diese Aktie auf ihrem Höchstkurs und eigentlich nur zu kurzfristigen Trading-Zwecken gekauft haben, sie jetzt aber, um einen Gesichtsverlust zu vermeiden, zu einem dauerhaften Depotkandidaten schönreden. Selbst wenn Sie eine bestimmte Entwicklung korrekt vorhergesagt haben, kann es länger dauern als erwartet, bis sich der Preis Ihren antizipierten Werten annähert. Eine Entwicklung korrekt vorhergesagt zu haben kann dann genauso fatal sein wie eine fehlerhafte Vorhersage.

Zu glauben, dies könne einem professionellen Vermögensverwalter nicht passieren, ist falsch. Vermögensverwalter legen zwar in der Regel nicht ihr eigenes Geld an, sondern das Dritter, haben jedoch grundsätzlich Angst vor Mittelabflüssen. In Zeiten unterdurchschnittlicher Performance tritt dies notgedrungen ein. Infolgedessen neigen Fondsmanager zu einer stärkeren Risikoaversion und einer stärkeren Diversifizierung, als eigentlich für das Depot sinnvoll ist.

Dies zeigt, dass es für Anleger gerade in stürmischen Zeiten wichtig ist, den eingeschlagenen Weg beizubehalten. Dies gilt umso mehr bei zyklischen Tiefständen. Denn der Kardinalfehler, den ein Investor

begehen kann, ist am Tiefpunkt zu verkaufen und nicht von der anschlie-
ßenden Aufwärtsbewegung zu profitieren. Wer zu Tiefstkursen verkaufen muss, kann den Durchschnitt nicht realisieren. Ihm ergeht es wie
der Kuh, über die der Volksmund sagt, dass sie ertrunken ist, obwohl
der Teich im Durchschnitt nur 40 Zentimeter tief war.

90. Und was, wenn alles richtig gut läuft?

„Ich habe einen Traum."
– DR. MARTIN LUTHER KING

„Was will er mir jetzt nun wieder in diesem Kapitel erzählen", werden Sie sich fragen. Wenn sich Ihre Aktienposition dick im
Gewinn befindet, ist doch klar, was Sie tun, oder? Ja, was eigentlich?

Dabei ist die Frage nicht unwichtig. Zwischen 1967 und 2017 notierte der DAX zum Handelsschluss an 550 Tagen auf seinem Allzeithoch,
also an 4,2 Prozent der Handelstage. Mit anderen Worten: An 4,2 Prozent
der Handelstage gab es unter den DAX-Anlegern keine Verlierer, nur
Gewinner.

Abbildung 39 **Anzahl der Allzeithöchststände im DAX nach Jahren, 1967–2017**

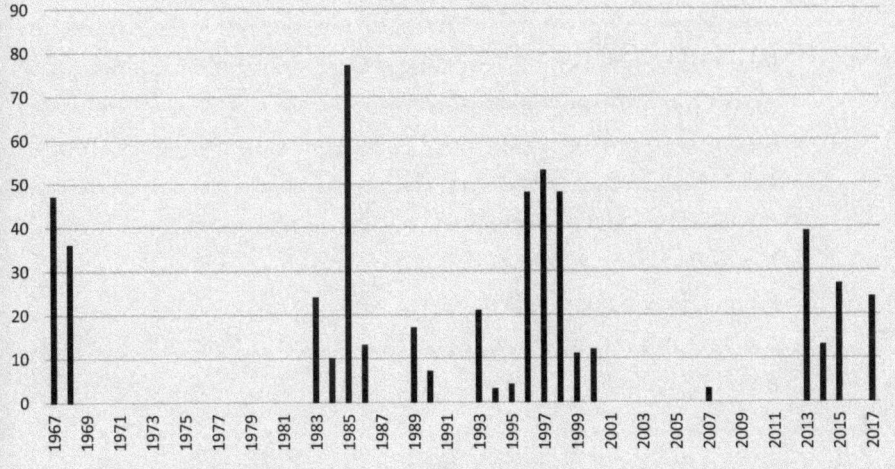

Quelle: Bloomberg, eigene Berechnungen

Auch wenn steigende Aktienmärkte im Vergleich zu fallenden die attraktivere Alternative sind, kann der Umgang mit Buchgewinnen für einen Investor ebenfalls eine Herausforderung darstellen. Empirischen Untersuchungen zufolge neigen Anleger gerade in diesen Phasen zu Hyperaktivität, weil sie nämlich nicht wissen, wie sie mit ihren Buchgewinnen umgehen sollen. Was tun Sie, wenn Sie Facebook zum Börsengang 2012 gezeichnet haben und sich der Kurs bis Ende 2017 versechsfacht hat? Was, wenn Sie Google oder Amazon gezeichnet haben?

Insgesamt stehen Ihnen vier Strategien offen:

▶ Sie können die Aktien weiter halten. Einen Verkauf kategorisch auszuschließen ist zweifellos die einfachste Strategie. Warren Buffett ist ein Vertreter dieser Strategie. Einige seiner Aktien, zum Beispiel die von American Express oder Walt Disney, hält Berkshire Hathaway seit den 1950er-Jahren.

▶ Sie können einen prozentualen Maximalwert festlegen, den eine einzelne Depotposition nicht übersteigen darf. Diese Vorgehensweise ist insbesondere für jene Investoren geeignet, die mit hohen Gewinnen nicht rational umzugehen wissen. Wenn Sie ein Zielgewicht von zehn oder 20 Prozent setzen, wird bei Erreichen automatisch ein sogenanntes „Portfolio-Rebalancing" durchgeführt.

▶ Sie verkaufen die Aktien langfristig, zum Beispiel jedes Quartal einen bestimmten Anteil. Bei steigenden Aktienkursen betreiben Sie damit eine Art „Verkaufsdiversifikation", indem Sie unterstellen, dass es Ihnen ohnehin nicht gelingen wird, Ihre Aktien zum Höchstkurs zu verkaufen.

▶ Sie verkaufen die Aktien, nachdem sie Ihr individuelles Kursziel erreicht haben.

91. Welche Benchmark Sie sich setzen sollten

„Erfolgreiches Investieren heißt, die Vorhersagen anderer vorherzusagen."
– *JOHN MAYNARD KEYNES*

Preisfrage: Wenn ein Fondsmanager, dessen Anlageuniversum aus DAX-Titeln besteht, nach einem Jahr das Fondsvermögen um 20

Prozent steigern konnte, hat er dann einen Bonus verdient oder muss er um seinen Arbeitsplatz fürchten?

Die Antwort lautet: Es kommt darauf an. Ist es ihm gelungen, seine sogenannte Benchmark zu schlagen oder nicht? Benchmarks werden herangezogen, um die Arbeit institutioneller Anleger, in der Regel also Portfoliomanager und Vermögensverwalter, einschätzen zu können. Eine Benchmark ist eine Messlatte, anhand deren die Arbeitsleistung eines Investors überprüft werden kann. In der Praxis werden hierfür meist Aktien- und Rentenindizes oder Mischungen aus beiden herangezogen. Beispiele sind der DAX, der US-amerikanische Dow Jones Industrial Average, der MSCI World (ein weltumspannender Index) und der Deutsche Rentenindex REX für Rentenfondsmanager. Wenn der DAX in unserem Beispiel also um 25 Prozent gestiegen ist, hat sich der Fondsmanager für die falschen DAX-Werte entschieden und er wird in eine andere Abteilung versetzt. Ist der DAX dagegen nur um zehn Prozent gestiegen, hat der Fondsmanager die besten Werte ausgewählt und erhält eine Gehaltserhöhung. Spiegelbildlich ist die Situation in Zeiten fallender Märkte.

Die Existenz von Benchmarks führt zu sonderbaren Verhaltensmustern: Wenn die Börsen steigen, verfallen professionelle Vermögensverwalter regelmäßig in Depressionen, wenn ihre Performance hinter der von Kollegen[76] oder der Benchmark zurückbleibt. Wenn die Märkte fallen, fühlen sie sich großartig, wenn sie ihre Kollegen oder die Benchmark schlagen. Sie verlieren immer noch Geld, aber eben nicht so viel wie andere. Da Sie in Ihrer privaten Vermögensverwaltung nicht auf Kollegen schielen müssen, lautet Ihre einzige relevante Benchmark: Ist Ihr Depot am Ende des Jahres gestiegen oder nicht? Ihr einziger Performance-Indikator ist also, ob Sie am Ende des Jahres reicher sind als zu Beginn des Jahres.

Wenn Sie sich dennoch eine Benchmark setzen, um sie zu schlagen, dann nur um zu verhindern, dass Sie einer Selbsttäuschung hinsichtlich

---

[76] Bei größeren Asset-Managern basiert die erfolgsabhängige Komponente des Gehalts auch auf der relativen Positionierung des Fondsmanagers innerhalb der Abteilung.

Ihres Anlageerfolgs unterliegen. Dabei sollten Sie eine angemessene Benchmark wählen. Es macht wenig Sinn, den DAX als Benchmark zu verwenden, wenn man ein Faible für ausländische Small Caps hat.

92. Warum Ihnen die Liquidität (fast immer) egal sein kann

„Im Allgemeinen sind Neid, Hass, Rache und Selbstmitleid verheerende Denkweisen."

– CHARLIE MUNGER

Es gibt nur weniges, was sich schneller verkaufen lässt als Wertpapiere einer börsennotierten Gesellschaft.[77] Die Unmittelbarkeit des Verkaufs und die Bestimmtheit, zu welchem Preis dies möglich ist, sind enorme Vorteile einer Kapitalanlage in börsengehandelte Wertpapiere. Ungeachtet dessen ist häufig zu lesen, dass sich unerfahrene Anleger auf die Werte des DAX oder des MDAX konzentrieren sollten, da es sich dabei um Werte handle, die problemlos und jederzeit ge- und verkauft werden könnten. Anlageberater preisen hochliquide Papiere an, die Sie

---

[77] Von der Öffentlichkeit registriert werden vor allem jene Aktiengesellschaften, deren Aktien an der Börse gehandelt werden. Doch das ist in Deutschland eine verschwindend kleine Minderheit, die meisten Aktiengesellschaften sind nicht börsennotiert und damit ebenso wenig veräußerbar wie eine GmbH oder KG.

in kürzester Zeit verkaufen können, während sie gleichzeitig die Langfristigkeit eines Börsenengagements predigen und Sie Ihre Anlagen am besten über Jahre hinweg nicht anfassen sollen. Das passt nicht zusammen.

Was das Ganze zu einem richtigen Ärgernis macht: Dass (die meisten) Privatanleger ihr Aktienportfolio in Minutenschnelle in Bargeld umwandeln können, ist mit Kosten verbunden, die den wenigsten Anlegern bewusst sind. Diese Kosten werden im Fachjargon Liquiditätsprämie genannt. Darunter wird der Anteil Ihrer Renditeerwartung bezeichnet, den Sie bereit sind aufzugeben, um Ihre Aktien jederzeit und ohne Kursbeeinflussung verkaufen zu können. Im Nachhinein wird bei zwei ansonsten identischen Unternehmen diejenige Aktie die höhere Rendite aufweisen, die die niedrigere Liquidität aufweist (und umgekehrt). Institutionelle Anleger, die aufgrund ihrer Anlagestatuten ausschließlich in hochliquide Wertpapiere investieren dürfen, müssen diese Liquiditätsprämie hinnehmen und mitbezahlen. Stellen Sie sich einen institutionellen Investor vor, der ein Portefeuille von mehreren Milliarden Euro verwaltet: Glauben Sie, dass dieser sich freiwillig mit Unternehmen auseinandersetzt, die auf den Gesamterfolg seines Portefeuilles keinen Einfluss haben? Bestimmt nicht. Auch ein institutioneller Anleger fokussiert sein Portefeuille auf 15 bis 25 Titel, da bleibt gar keine Zeit, sich mit Small und Nano Caps zu beschäftigen. Sie als Privatanleger dagegen, der Sie sich mit ungleich niedrigeren Beträgen an einem Unternehmen beteiligen, müssen dagegen die Liquiditätsprämie nicht mitbezahlen. Denn die typischen Anlagebeträge eines Privatanlegers von 3.000, 5.000 oder 10.000 Euro für ein einziges Wertpapier sind nur in den seltensten Fällen dazu geeignet, Aktienkurse bei einem zügigen Kauf oder Verkauf nachhaltig zu bewegen. Wenn Sie sich also nicht gerade an Kleinstunternehmen, sogenannten Nano Caps, mit einer Marktkapitalisierung von wenigen Millionen Euro beteiligen wollen, kann Ihnen die Liquidität eines Wertpapiers egal sein.

93. Wann Sie Orders limitieren sollten

„An der Börse ist alles möglich, auch das Gegenteil."

– ANDRÉ KOSTOLANY

Anleger können eine Aktie jederzeit zum aktuellen Kurs kaufen oder verkaufen. Käufe werden dann billigst, Verkäufe bestens aufgegeben. Diese unlimitierten Aufträge werden in der Fachsprache als Market-Order bezeichnet. Die Alternative zu einer Market-Order ist eine Limit-Order. Bei einer Limit-Kauforder geben Sie in der Onlinemaske Ihres Brokers den Wert ein, den Sie maximal bereit sind, für eine Aktie zu zahlen. Umgekehrt geben Sie bei einer Limit-Verkaufsorder den Preis ein, den Sie mindestens für Ihre Aktie erzielen möchten.

Ein Beispiel soll dies veranschaulichen: Eine beliebige Aktie wird derzeit mit 100 Euro gehandelt. Sie sind (aus welchen Gründen auch immer) der Meinung, dass diese Aktie zunächst günstiger werden wird, bevor sie deutlich ansteigt. Geben Sie nun ein Kauflimit von 95 Euro ein, wird die Order erst dann ausgeführt, wenn die Aktie Ihr Kauflimit von 95 Euro erreicht oder unterschritten hat. Fällt die Aktie nicht auf Ihr Limitniveau, werden Sie auch nicht zum Aktionär.

Abgesehen von den hochliquiden Aktien des DAX sollten Sie, sofern Sie nicht den ganzen Tag vor einem Kursbildschirm sitzen, jede Order mit einem Limit versehen. Hierzu ist es hilfreich, die verschiedenen Orderzusätze zu kennen. Ich habe sie in der folgenden Tabelle für Sie zusammengefasst:

Abbildung 40 **Orderzusätze und ihre Wirkung**

Billigst	Unlimitierte Kauforder, bei der die Aktie zum niedrigsten möglichen Kurs gekauft wird
Bestens	Unlimitierte Verkaufsorder, bei der die Aktie zum höchstmöglichen Kurs verkauft wird
Market-to-Limit	Order, die zum aktuellen Marktkurs (bestes Limit im Orderbuch) ausgeführt wird. Bei Teilausführung wird der Rest der Order gelöscht und der noch offene Teil als Limit-Order ausgeführt, bei der das Limit dem Ausführungspreis der ersten Order entspricht
Best-Effort	Beauftragung eines Brokers, der auf eigene Verantwortung die Order bestmöglich ausführt
All-or-Non bzw. All-or-Nothing	Order kann nur vollständig oder gar nicht ausgeführt werden. Dadurch werden Teilausführungen vermieden
Fill-or-Kill	Order muss beim Eintreffen am Markt sofort im Ganzen ausgeführt werden, andernfalls wird sie wieder gelöscht. Auch hier werden Teilausführungen vermieden
Immediate-or-Cancel	Order wird gelöscht, wenn sofortige Ausführung nicht möglich ist. Im Gegensatz zu FOK ist eine teilweise Ausführung erlaubt. Die Order kann limitiert oder unlimitiert aufgegeben werden
Good-till-Date	Order darf nicht vor oder nach einem bestimmten Zeitpunkt ausgeführt werden
Good-for-Day	Order darf nur an dem Tag ausgeführt werden, an dem sie im Handelssystem aufgenommen wurde. Wurde die Order zum Handelsschluss nicht ausgeführt, verfällt sie
Good-till-Date	Order wird so lange in den Büchern der Bank geführt, bis das Ablaufdatum erreicht wurde. Konnte die Order bis dahin nicht ausgeführt werden, wird sie gelöscht
Good-after-Date	Order wird erst zum angegebenen Zeitpunkt an die Börse weitergeleitet, zuvor ist sie inaktiv
Good-till-Cancelled	Order bleibt zeitlich unbefristet im Handelssystem, bis sie ausgeführt oder storniert wurde
Market-on-Open	Order, die zur Börseneröffnung ausgeführt werden soll. Die unlimitierte Order hat Priorität vor anderen Aufträgen und muss vor Beginn des Handelstages ausgeführt werden
Market-on-Close	Order, die zum Börsenschluss ausgeführt werden soll. Auch sie ist eine unlimitierte Order mit Priorität vor anderen Aufträgen. Einige Banken oder Broker verlangen, dass sie frühestens 30 Minuten vor Börsenschluss aufgegeben wird
One-Cancels-the-other	Kombination aus Stop-Loss und Verkaufslimit. Sobald entweder der Stop-Loss-Kurs oder das Verkaufslimit erreicht wurde, wird der eine Auftrag ausgeführt und der andere storniert. Damit ist die Order sowohl nach unten als auch nach oben abgesichert

Quelle: Eigene Recherche

94. Wann eine Stop-Loss-Order problematisch ist

„An unmöglichen Dingen soll man selten verzweifeln, an schweren nie."

– JOHANN WOLFGANG VON GOETHE

Viele Börsenratgeber empfehlen das Setzen einer Stop-Loss-Order. Dabei handelt es sich um eine Verkaufsorder, die ausgelöst wird, nachdem ein bestimmtes, von Ihnen vorher festgelegtes Kursniveau unterschritten wurde. Angenommen, eine Aktie notiert bei 110 Euro und damit in gefährlicher Nähe der psychologisch wichtigen 100-Euro-Marke. Wird diese unterschritten, befürchten Sie, dass die Aktie weiter deutlich nachgibt. Daher entscheiden Sie, eine Stopp-Loss-Order bei 100 Euro zu setzen. Fällt der Kurs unter diese Marke, werden Ihre Aktien automatisch verkauft. Ihr Kursrisiko ist damit auf zehn Prozent begrenzt.

Dennoch können bei Stop-Loss-Orders verschiedene Probleme auftreten. Erstens ist der durch die Stop-Loss-Order ausgelöste Verkaufsauftrag automatisch eine Market-Order, das heißt eine unlimitierte Verkaufsorder. Die Aufträge werden in diesem Fall bestens ausgeführt und damit immer zum nächsten möglichen Preis, zu dem ein Handelsumsatz stattfindet. Besonders in marktengen Titeln, die durch einen geringen Handelsumsatz charakterisiert sind, kann eine unlimitierte Verkaufsorder unerfreuliche Auswirkungen haben. So kann der nächste festzustellende Kurs bei kleinen Nebenwerten um zehn oder 20 Prozent unter Ihrer Stop-Loss-Marke liegen. Anstatt Ihr Risiko auf zehn Prozent zu begrenzen, führt Ihre Stop-Loss-Order plötzlich zu einem Verlust von 20 Prozent. Dies ist insbesondere bei den angesprochenen psychologisch wichtigen Marken von 1,00 Euro, 10,00 Euro oder 100,00 Euro der Fall, die möglicherweise nicht nur Sie, sondern auch eine Reihe von anderen Anlegern als Stop-Loss-Marken gesetzt haben. Wenn Sie also eine Stop-Loss-Order aufgeben, dann sollten Sie diese tunlichst eine Kleinigkeit über diesen Marken setzen.

Zweitens setzen viele Anleger Stop-Loss-Marken zu eng. Bei volatilen, also besonders schwankungsanfälligen Titeln führt ein zu enges Setzen von Stop-Loss-Marken dazu, dass Sie bei der nächstbesten Gelegenheit ausgestoppt werden.

Drittens – und jetzt mache ich mir garantiert manchen Börsenhändler zum Feind – ist zu beobachten, dass die Tageseröffnungskurse bei marktengen Werten immer wieder deutlich unter dem Vortagessschlusskurs liegen, nur um anschließend sofort wieder auf das Vortagesniveau zurückzukehren. Ihre Stop-Loss-Order wird dann ausgeführt, obwohl der Kurs nur ein einziges Mal unter Ihrem Verlustbegrenzungsniveau war. Ein Schelm, wer Böses dabei denkt.

Doch gibt es eine einfache Lösung, um die genannten Probleme zu umgehen: Setzen Sie sich selbst ein (mentales) Stop-Loss-Limit, am besten bereits beim Kauf einer Aktie. Schreiben Sie sich auf, welchen Kurs die Aktie auf keinen Fall unterschreiten darf. Wird dieser doch unterschritten, dann verkaufen Sie selbst konsequent.

95. Warum Sie Aktien immer an der Heimatbörse kaufen sollten

„Mailand oder Madrid –
Hauptsache Italien!"

– ANDREAS MÖLLER

Zweitnotierungen eines ausländischen Unternehmens an einer deutschen Börse (oder eines deutschen Unternehmens an einer ausländischen Börse) dienen meist der Verbreiterung der Aktionärsbasis. Das Unternehmen wird bekannter („Marketingeffekt"), womit das Risiko sinkt, das mit einem Engagement in der Aktie verbunden ist. Dafür gibt es verschiedene Gründe. Erstens werden durch das Dual Listing Investoren und Analysten auf das Unternehmen aufmerksam und Fonds, die nur an ihrer inländischen Börse investieren dürfen, können in das zweitgelistete Unternehmen investieren. Damit wird das Risiko stärker zwischen verschiedenen Investoren verteilt.

Zweitens ist es möglich, dass Unternehmen aufgrund eines geringen Branchen-Know-hows der heimischen Anleger zu niedrig bewertet werden. Sind an der Auslandsbörse Branchenspezialisten ansässig, werden diese dazu beitragen, das Unternehmen besser einzuschätzen, und somit die Bewertung positiv beeinflussen.

Drittens müssen Unternehmen, die sich an einer anderen Börse listen lassen, die dortigen Corporate-Governance-Standards erfüllen.

Entscheidet sich ein Unternehmen für ein Listing an einer Börse mit deutlich höheren Standards, kann es damit auch seinen inländischen Investoren eine höhere Qualität signalisieren.

Bekanntlich stellt das Risiko eines der zentralen Elemente der Unternehmensbewertung dar. Geht das Risiko durch das Dual Listing zurück, führt dies – unter sonst gleichbleibenden Bedingungen – zu einer Erhöhung des Unternehmenswerts. Dies gilt allerdings nur, wenn das Handelsvolumen an der Zweitbörse ausreichend hoch ist. Leider ist das oft nicht der Fall. Empirische Untersuchungen zeigen, dass sich – nach anfänglich bedeutsamer Handelsaktivität an der Zweitbörse – ein ausgeprägter Rückflusseffekt ins Heimatland einstellt. Am Ende dieses Prozesses werden nicht selten 95 Prozent und mehr des gesamten Handelsvolumens an der Heimatbörse gehandelt. Die Zweitbörse verliert ihre Bedeutung und der positive Effekt auf den Unternehmenswert entfällt.

Grundsätzlich bevorzugen Anleger Märkte mit einer hohen Zahl von Marktteilnehmern (und hoher Liquidität), weil dies die Liquiditätskosten verringert. Sie profitieren davon, dass die Spanne zwischen den Kauf- und Verkaufskursen (die sogenannte „Geld-Brief-Spanne") einer Aktie kleiner wird. Je größer die Geld-Brief-Spanne ist, desto höher sind die Verluste, die ein Anleger bei einem Kauf und sofortigen Verkauf eines Wertpapiers hinnehmen muss. Je geringer die Geld-Brief-Spanne ist, desto größer ist die Wahrscheinlichkeit der Ausführung einer Wertpapierorder und desto geringer das Risiko zufällig schwankender Preise.

Besteht die Wahl zwischen mehreren Börsen, die denselben Markt abdecken, so wird sich ein Marktteilnehmer für die Börse mit der größeren Liquidität, also dem größeren Handelsvolumen und der größeren Teilnehmerzahl, entscheiden. Das ist der Grund, weshalb ich Ihnen empfehle, Aktien grundsätzlich an ihrer Heimatbörse zu kaufen.

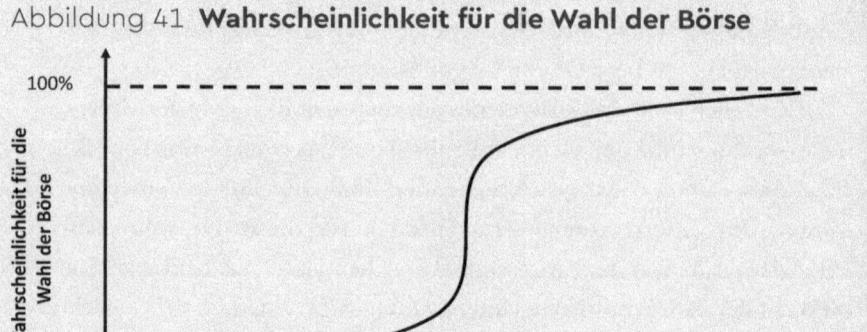

Abbildung 41 **Wahrscheinlichkeit für die Wahl der Börse**

Quelle: Eigene Darstellung

96. Warum Sie bei politischen Börsen gelassen sein sollten

„Angst ist kein guter Ratgeber."
– REDENSART

Die Geschichte hat wiederholt gezeigt, dass es ein Fehler ist, Anlageentscheidungen auf Basis von Sympathien oder Antipathien gegenüber politischen Führungspersonen oder Trends zu treffen. Seit der Wahl von Donald Trump zum Präsidenten der USA haben sich die Gemüter auf der „linken" Seite des politischen Spektrums erhitzt (ähnlich wie jene der „rechts" Gesinnten während der vorangegangenen Obama-Regierung). Viele Anleger lassen sich nach einem politischen Ereignis von ihren persönlichen politischen Überzeugungen leiten und verkaufen Aktien, weil sie ein Katastrophenszenario befürchten. Gerade politische Abwertungen einer inländischen Währung oder massive Steuererhöhungen werden immer wieder für als Gründe für einen vermeintlichen Einbruch der Kapitalmärkte herangezogen.

Auf diese unwahrscheinlichen Ereignisse zu setzen ist an der Börse ein schwerwiegender Fehler. Auch wenn kurzfristig die Angst groß sein mag, so ist sie doch nur in den seltensten Fällen gerechtfertigt. An welchen Crash erinnern Sie sich noch? An den 11. September 2001 vielleicht. Oder an den Tag, an dem Lehman Brothers Insolvenz anmelden musste (15. September 2008). An diesen beiden Tagen war die Sorge vor einer Kernschmelze des marktwirtschaftlichen Systems tatsächlich groß. Im Vergleich dazu nehmen sich alle anderen vorgeblich weltverändernden Ereignisse – Brexit, Wahl von Donald Trump (oder irgendeiner anderen Regierung) – doch nur wie ein besserer Kinderfasching aus. Zudem lässt sich eine gewisse Gelassenheit auch unter ökonomischen Gesichtspunkten rechtfertigen.

Man sagt, dass nicht die Nachrichten selbst die die Kurse an den Börsen verändern, sondern die Reaktionen der Anleger auf diese Nachrichten. Selbst wenn prognostiziert werden könnte, welches politische Ereignis als nächstes eintreten wird, wäre es unmöglich herausfinden, wie die Summe der anderen Investoren auf dieses Ereignis reagiert und inwieweit ein Teil davon bereits in den Börsenkursen eingepreist ist. Schlagzeilen sagen nur selten die zukünftige Entwicklung der Kapitalmärkte voraus, in der Regel beschreiben sie die Entwicklung des vorhergehenden Tages. Doch für die Vergangenheit, so eine der Grundregeln des Wirtschaftens, gibt der Kaufmann nichts.

97. Warum es sich lohnt, ethisch zu handeln

„Tue nie etwas halb, sonst verlierst du mehr, als du je wieder einholen kannst."

– LOUIS ARMSTRONG

Oft ist zu lesen: „Die Börse kennt keine Moral." Ich behaupte das Gegenteil. Stellen Sie sich einen Fondsmanager vor, der sich am Abend mit seinen Freunden auf ein Bier trifft. Gefragt, welche Aktie er heute gekauft habe, antwortet er: „Einen Waffenhersteller." Sie können davon ausgehen, dass der Fondsmanager keinen angenehmen Abend verbringen wird. Ähnlich dürfte es ihm ergehen, wenn er ein der Umweltverschmutzung verdächtigtes Unternehmen oder einen umstrittenen Saatguthersteller nennen würde.

Ja, Sie können an der Börse die Aktien jedes Unternehmens handeln. Die Börse ist, wenn Sie so wollen, nicht moralisch, ebenso wenig hat sie bestimmte Charakterzüge. Trotzdem gibt es ein starkes gesellschaftliches Korrektiv: Investoren denken langfristig. Unter dem Druck eines langfristigen beziehungsweise nachhaltigen Erfolgs reagieren sie mitunter sensibler und wirkungsvoller auf sich ändernde gesellschaftliche Werte als andere Akteure. Trotzdem bleibt die Frage offen, welche Grenzen der einzelne Investor zieht. Gleich in mehreren Passagen der Bibel wird Trunkenheit kritisiert, doch ist es deswegen falsch, Wertpapiere von Alkoholproduzenten zu erwerben? Ist es für einen muslimischen Investor erlaubt, Aktien von Buchverlagen oder Filmproduzenten zu kaufen, die auch Pornos oder Gewalt im Programm haben? Diese Fragen muss jeder Investor für sich selbst beantworten und gegebenenfalls vor seinen Kunden rechtfertigen. Obwohl die ethischen Kriterien, die als Grundlage für die Bewertung von Investitionen herangezogen werden, häufig relativ einfach zu erstellen und zu finden sind, kann die effektive Anwendung in Form tatsächlicher Investitionsentscheidungen weitaus schwieriger sein.

98. Warum Sie Hauptversammlungen besuchen und Ihre Aktionärsrechte wahrnehmen sollten

„Ohne Leiden bildet sich kein Charakter."

– ERNST FREIHERR VON FEUCHTERSLEBEN

Es gibt gute Gründe (wenn es Ihnen denn möglich ist), an einer Hauptversammlung teilzunehmen. Damit meine ich nicht die Wiener Würstchen am Buffet. Nein, der Hauptgrund, an einer HV teilzunehmen, ist vielmehr die Möglichkeit, direkt mit den Unternehmensvertretern – vor allem dem Vorstandsvorsitzenden, dem Finanzvorstand und Mitgliedern des Aufsichtsrats – zu sprechen oder diese – bei Großkonzernen – zumindest live beobachten zu können. Wenn Sie die Möglichkeit haben, im Foyer nach der HV mit den Vorständen ins Gespräch zu kommen, werden Ihnen diese offener antworten, als Sie es von öffentlichen Podiumsdiskussionen gewohnt sind. Indem Sie die Körpersprache beobachten, können Sie feststellen, inwieweit ein Vorstand die Fragen der Aktionäre wahrheitsgemäß beantwortet.

Schließlich können Sie sich mit anderen Investoren austauschen und herausfinden, warum diese wie Sie in das Unternehmen investiert haben. Daher mein Rat: Gehen Sie zu Hauptversammlungen, zumindest zu denen in Ihrer Stadt oder in der Umgebung.

99. Was Sie zu einem wirklich guten Anleger macht

„Jeder Tag, an dem du nicht lächelst, ist ein verlorener Tag."
– CHARLIE CHAPLIN

Kurz vor dem Ende dieses Buches möchte ich Ihnen meine zehn Gebote eines guten Anlegers verraten.

1. Hören Sie nicht auf, wenn Sie etwas erreicht haben. Der erste Erfolg ist nur der Beginn.
2. Nicht das Erreichte ist wichtig, sondern wie Sie es erreicht haben (auch als „Der Weg ist das Ziel" bekannt).
3. Glauben Sie nicht, in allem gut sein zu können. Fokussieren Sie sich.
4. Betrachten Sie Rückschläge als notwendige Erfahrungen auf Ihrem Weg.
5. Gehen Sie immer einen Schritt weiter als die anderen.
6. Übernehmen Sie die Verantwortung, wenn ein Investment schlecht gelaufen ist. Schieben Sie nicht die Schuld auf andere. Nicht das Investment war schlecht. Schlecht war immer der Investor.
7. Versuchen Sie nicht, recht zu haben, versuchen Sie, das bestmögliche Ergebnis zu erzielen.
8. Akzeptieren Sie es, dass Glück eine wesentliche Rolle in Ihrem Anlegerleben spielt.
9. Akzeptieren Sie die Welt, wie sie ist.
10. Glauben Sie daran, dass Sie (an der Börse, im Leben und so weiter) erfolgreich sein können.

Ob Sie lernen, Fahrrad zu fahren oder Klavier zu spielen: Nur die Wiederholung bringt Sie ans Ziel. Das Gleiche gilt für die Bewertung von Aktien und für die Geldanlage. Dabei sollten Sie nicht ungeduldig sein. Warren Buffett beschäftigt sich zum Teil jahrelang mit einer Aktie, bevor diese einen Preis erreicht, der ihn zuschlagen lässt.

100. Was Sie als guter Anleger einfach ignorieren sollten

„Es ist für mich vollkommen überflüssig, zu wissen, was ich nicht ändern kann."

— PAUL VASELY

U nd zuletzt noch meine zehn Dinge, um die Sie sich ab sofort nicht mehr kümmern sollten:

1. Ignorieren Sie die Entwicklung Ihres Depots im Vergleich zum Vormonat, Vorquartal oder Vorjahr.
2. Ignorieren Sie nutzlose Benchmarks (die mit Ihren persönlichen Anlagezielen nichts gemeinsam haben) und wie sich Ihr Depot im Vergleich zu diesen entwickelt hat.
3. Ignorieren Sie die Börsengewinne Ihres Schwagers oder Nachbarn.
4. Ignorieren Sie, was Sie auf Twitter, Facebook oder Snap über die Börse lesen.
5. Ignorieren Sie Crash-Propheten, ohne Ausnahme.
6. Ignorieren Sie Wahlen.
7. Ignorieren Sie Tipps zu Aktien, bei denen angeblich eine „Riesensache" bevorsteht.
8. Ignorieren Sie Kursschwächen. Nach jedem Kursrückgang kommt wieder ein Kursanstieg. Wer beim einen nicht dabei ist, verpasst auch den anderen.

9. Ignorieren Sie, wie lange der DAX (oder ein beliebiger anderer Index) schon gesunken oder gestiegen ist oder sich seitwärts bewegt.

10. Ignorieren Sie alle, die einen Tenbagger[78] im Portfolio halten und Ihnen davon auf einer Cocktailparty erzählen, aber ansonsten mit der Börse nichts am Hut haben.

Sie müssen nicht für alle Vorkommnisse an den Kapitalmärkten eine Erklärung haben. Wenn wir keine Erklärung haben, denken wir uns Geschichten aus, die das Geschehene erklären sollen. Menschen fühlen sich besser, wenn sie ihre Anlageentscheidungen begründen können. Daher möchte ich dieses Buch mit einem Zitat von Mahatma Gandhi beschließen: „Deine Überzeugungen werden zu deinen Gedanken. Deine Gedanken werden zu deinen Worten. Deine Worte werden zu deinen Taten. Deine Taten werden zu deinen Gewohnheiten. Deine Gewohnheiten werden zu deinen Werten. Deine Werte werden zu deinem Schicksal."[79]

Antworten auf die Fragen zu Kapitel 6

1	Welche Fläche hat die Sahara?	9.400.000 km²
2	Wie groß ist die Entfernung, wenn die gesamte DNA eines Menschen aneinandergelegt wird?	1 Milliarde Kilometer (ca. Erde-Saturn)
3	Wie hoch ist die Höchstgeschwindigkeit der Luft beim Niesen?	1.000 km/h
4	Wie schwer ist die Erde?	6.000 Trillionen Tonnen
5	Wie lange braucht ein Faultier, um sein Essen zu verdauen?	14 Tage
6	Mit welcher Geschwindigkeit bewegt sich die Erde um die Sonne?	29,8 km/s
7	Wann wurde die Mona Lisa gemalt?	1503
8	Wie lang ist der Mekong?	4.500 km
9	Wie oft kreiste die Raumstation MIR um die Erde?	86.320-mal
10	Wie viel Staub landet am Tag aus dem Weltall auf der Erde?	40 t

[78] Als Tenbagger wird eine Aktie bezeichnet, die sich verzehnfacht hat.

[79] Zitiert nach: Soo B. H. (2016): o. S.

Antworten auf die Fragen zu Kapitel 6

Wenn vor Ihnen zehn Äpfel liegen und Sie nehmen davon sechs weg, wie viele Äpfel haben Sie dann?

Wenn Sie sechs Äpfel weggenommen haben, haben Sie selbstverständlich sechs Äpfel.

Wie könnte die Zahlenreihe 1–3–5 fortgesetzt werden?

Natürlich werden Sie sofort sagen, dass die Zahlenreihe mit 7, 9 und 11 weitergehen muss. Sie haben ein Muster erkannt und dieses sogleich als richtig eingestuft. Wenn ich Ihnen dann entgegne, dass diese drei Zahlen nicht erlaubt sind, geben die meisten sofort auf. Das „Ach, so war das gemeint!" fällt erst, wenn die Zusatzinformation angegeben wird, dass es nur darauf ankommt, immer größere Zahlen zu bilden, nicht darum, immer größere ungerade Zahlen aufzuführen. Aus dem kurzen Muster 1-3-5 wird sofort eine allgemeine Regel abgeleitet – und das Wesentliche übersehen.

Wenn ich ein Stück Kohle ins Tote Meer werfe, was passiert dann damit?

Es wird nass. Aus der (unnötigen) Zusatzinformation „Totes Meer" versuchen die Menschen einen Zusammenhang mit der hineingeworfenen Kohle abzuleiten, den es nicht gibt, Dies zeigt: Die einfachsten Antworten (das beweist das Gesetz von Ockham) sind häufig die richtigen.

Das dreckige Dutzend: Meine Liste der wirklich empfehlenswerten Börsenbücher

Wie viel von dem, was Sie heute lesen, wird Sie in einem Jahr noch interessieren? Die Hälfte? Ein Viertel? Ein Zehntel? Irgendwas davon? Ich stelle mir häufig diese Frage und die Antwort ist erschreckend. Daher möchte ich Ihnen eine Liste der wahrhaft empfehlenswerten Börsenbücher an die Hand geben. Eine Liste von zwölf Büchern, die Sie auf eine Insel mitnehmen sollten (natürlich nur, wenn Sie der Überzeugung sind, dort einen Internetzugang zum Kauf und Verkauf von Wertpapieren vorzufinden, ansonsten würde ich Ihnen eher Bücher von Arno Schmidt, David Foster Wallace oder Thomas Bernhard empfehlen).

Aswath Damodaran (2012): *Investment Valuation: Tools and Techniques for Determining the Value of Any Asset*, 3. Auflage, New York
Damodaran ist Professor an der renommierten New York University Stern Business School, wo er den Lehrstuhl für Unternehmensbewertung innehat, kurz: mein persönlicher Guru der Unternehmensbewertung.

David Einhorn (2010): *Fooling Some of the People All of the Time, A Long Short (and Now Complete) Story*, Hoboken
Über einen langen, langen Kampf durch die Institutionen.

Benjamin Graham (2013): *Intelligent Investieren*, München
Mark Twain definiert einen Klassiker als etwas, das jeder gelesen haben möchte, aber niemand lesen will. Ben Graham hat 1949 diesen Klassiker geschrieben, aus dem sich doch so viel ableiten lässt.

Peter Thilo Hasler (2011): *Aktien richtig bewerten*, Berlin-Heidelberg
Darf man sein eigenes Buch empfehlen? Ich finde, ja, denn alle Methoden zur fundamentalanalytischen Bewertung von Aktien werden hier umfänglich auf rund 500 Seiten mit zahlreichen Beispielen erklärt.

Daniel Kahneman (2016): *Schnelles Denken, langsames Denken,* München
Das menschliche Denken ist systematisch unlogisch. Nobelpreisträger Kahneman sagt, warum das so ist.

Burton Malkiel (2016): *Börsenerfolg ist (k)ein Zufall,* München
Malkiels Stil ist, seine Ansichten zu präsentieren und gleich auch die Argumente dagegen.

James Montier (2007): *Behavioural Investing: A Practitioners Guide to Applying Behavioural Finance,* Chichester
Mehr als 700 höchst lesbare Seiten über die Psychologie der Kapitalanlage, in der Montier die Theorie der Markteffizienz schreddert und Behavioral-Finance-Ansichten propagiert.

Jim Paul und Brendan Moynihan (2013): *What I Learned Losing a Million Dollars,* New York
Eines der ehrlichen und selbstkritischen Investment-Bücher: Glück schlägt Können, doch Glück ist endlich.

Guy Spier (2017): *Die Lehr- und Wanderjahre eines Value-Investors: Mein ganz persönlicher Weg zu Reichtum und Weisheit,* München
Ansichten eines Mannes, der 650.100 Dollar für ein Mittagessen mit Warren Buffett ausgab und das im Nachhinein als Schnäppchen bezeichnet.

Alice Schroeder (2010): *Warren Buffett – Das Leben ist wie ein Schneeball,* München
Autorisierte Biografie des Lebens des erfolgreichsten Investors aller Zeiten.

Nassim Nicholas Taleb (2013): *Narren des Zufalls: Die unterschätzte Rolle des Zufalls in unserem Leben,* München
Viel zu spät (dafür sehr gelungen) ins Deutsche übersetztes Erstlingswerk eines polarisierenden Wissenschaftlers: Entweder liest man Taleb immer wieder oder man gibt nach wenigen Seiten auf.

Richard H. Thaler und Cass R. Sunstein (2011): *Nudge: Wie man kluge Entscheidungen anstößt,* Berlin
Antworten auf die Frage, warum Menschen faul, unmotiviert und uninformiert sind und deshalb schlechte Entscheidungen fällen.

Literaturverzeichnis

Acquits R.; Kilian L.; Vigfusson R. (2011): „Forecasting the Price of Oil", in: *International Finance Discussion Papers,* Nr. 1022

Arthur, B. W. (1994): *Increasing Returns and Path Dependence in the Economy,* Ann Arbor

Autore D. M.; Danling J. (2017): „The Preholiday Corporate Announcement Effect", SSRN-Paper

Barber B. M.; Odean T. (2000): „Trading Is Hazardous to Your Wealth: The Common Stock Investment Performance of Individual Investors", in: *Journal of Finance,* Vol. 55, S. 773-806

Barber B. M.; Lee Y.; Liu Y.; Odean T. (2009): „Just How Much Do Individual Investors Lose by Trading?", in: *Review of Financial Studies,* Vol. 22, S. 609-632

Berk J. B.; Green, R. C. (2004): „Mutual Fund Flows and Performance in Ratio nal Markets", in: *Journal of Political Economy,* Vol. 112, S. 1269-1295

Buffett W. (2009): Letter to Berkshire Hathaway Shareholders

Cohen R.; Polk C.; Silli B. (2009): „Best Ideas", SSRN-Paper

DellaVigna, S.; Pollet, J. E. (2008): „Investor Inattention and Friday Earnings Announcements", in: *Journal of Finance,* Vol. 64, S. 709-749

Dennett D. C. (2013): *Intuition Pumps and Other Tools for Thinking,* New York

Dorn, D.; Sengmueller P. (2009): „Trading as Entertainment", in: *Management Science,* Vol. 55, S. 591-603

Doyle C. C.; Mieder W.; Shapiro F. R. (2012): *The Dictionary of Modern Proverbs,* New Haven

Economides N. (1993): „Network Economics with Application to Finance", in: *Financial Markets, Institutions & Instruments,* Vol. 2, S. 89-97

Eschbach, A. (2003): *Eine Billion Dollar,* Bergisch Gladbach

Finke M. S.; Huston S. J. (2003): „The Brighter Side of Financial Risk: Financial Risk Tolerance and Wealth", in: *Journal of Family and Economic Issues,* Vol. 24, S. 233-256

Galbraith J. K. (1990): *A Short History of Financial Euphoria,* New York

Gay M. L. (2012) *Least Risk Investing: More Wealth, Less Worry, Greater Confidence,* Bloomington

Grinblatt, M.; Keloharju M. (2009): „Sensation Seeking, Overconfidence, and Trading Activity", in: *Journal of Finance,* Vol. 64, S. 549-578

Haghani V.; Dewey R. (2016): „Rational Decision-Making Under Uncertainty: Observed Betting Patterns on a Biased Coin", SSRN-Paper

Hasler P. T. (2013): *Unternehmensanleihen – simplified: Hohe Rendite und Risiko perfekt im Griff,* München

Keynes J. M. (1936): *The General Theory of Employment, Interest and Money,* Norwalk

Lintner J. (1965): „The Capital Asset Pricing Model: Theory and Evidence", in: *Journal of Economic Perspectives,* Vol. 18, S. 25-46

Mackay, C. (1841): *Memoirs of Extraordinary Popular Delusions and the Madness of Crowds*, London

Malkiel B. (2016): *A Random Walk Down Wall Street: The Time-tested Strategy for Successful Investing*, New York

Markowitz H. M. (1959): *Portfolio Selection: Efficient Diversification of Investments*, Yale

Martijn K. J.; Cremers, A. P. (2009): „How Active Is Your Fund Manager? A New Measure That Predicts Performance", in: *The Review of Financial Studies*, Vol. 22, Nr. 9, S. 3329-3365

Martin G. S.; Puthenpurackal J. (2008): „Imitation is the Sincerest Form of Flattery: Warren Buffett and Berkshire Hathaway", SSRN-Paper

Montier, J. (2010): *The Little Book of Behavioral Investing: How not to be your own Worst Enemy*, Hoboken

Moore D.; Healy P. J. (2008): „The Trouble with Overconfidence", in: *Psychological Review*, Vol. 115, S. 502-517

Mossin J. (1966): „Equilibrium in a Capital Asset Market", in: *Econometrica*, Vol. 34, S. 768–783

Pabrai M. (2008): *The Dhandho Investor: The Low-Risk Value Method to High Returns*, Hoboken

Phelps T. (2014): *100 to 1 in the Stock Market: A Distinguished Security Analyst Tells How to Make More of Your Investment Opportunities*, Brattleboro

Price R. (2010): *Observations on Reversionary Payments: On Schemes for Providing Annuities for Widows, and for Persons in Old Age; On the Method of Calculating the Values of Assurances on Lives; And on the National Debt: To Which Are Added Four Essays*, o. O.

Ramo S. (1977): *Extraordinary Tennis for the Ordinary Tennis Player*, New York

Richards C. (2012): *The Behaviour Gap: Simple Ways to Stop Doing Dumb Things with Money*, London

Russo J. E., Schoemaker P. J. H. (2002): *Winning Decisions: Getting It Right the First Time*, New York

Sharpe W. (1964): „Capital Asset Prices: A Theory of Market Equilibrium Under Conditions of Risk", in: *The Journal of Finance*, Vol. 19, S. 425-442

Shefrin H. M.; Statman M. S. (1985): „The Disposition to Sell Winners too Early and Ride Losers too Long: Theory and Evidence", in: *Journal of Finance*, Vol. 40, S. 777-790

Soo B. H. (2016): *The Business Wisdom of Ancient Chinese Entrepreneurs*, Singapore

Svenson O. (1981): „Are we all less risky and more skillful than our fellow drivers?", in: *Acta Psychologica*, Vol. 47, S. 143-148

Taleb N. N. (2018): *Skin in the Game: Hidden Asymmetries in Daily Life*, New York

Treynor J. (1962): *Toward a Theory of Market Value of Risky Assets.* Unveröffentlichtes Manuskript

Van Rooij M.; Lusardi A.; Alessiee R. (2011): „Financial Literacy and Stock Market Participation", in: *Journal of Financial Economics*, Vol. 101 (2), S. 449-472